JN098140

標準 著作権法
第5版

高林 龍【著】
TAKABAYASHI Ryu

Copyright Law From
the Ground Up
Copyright

yuhikaku
有斐閣

●標準 著作権法〔第5版〕──目次

第2章

著作権の主体　　　　107

著作権侵害とその救済手続　277

第9章

著作権をめぐる条約　325

はじめに ── 凡例を兼ねて

1 著作権法を学ぶ意義

　本書は，知的財産権法のうちの著作権法の基本を解説するものである。

　2002（平14）年7月に，情報化時代における知的財産立国を目指すわが国の基本的知的財産政策を描いた知的財産戦略大綱が発表され，その中では，大学をはじめとする教育機関における知的財産教育の重要性が指摘されている。そして，大綱に示した知的財産に関する施策を計画的に推進することを目的とした知的財産基本法が同年11月末に成立した。また，司法制度改革の重要な要素となる新たな法曹養成教育機関として2004（平16）年4月にいっせいに開校した法科大学院では，専門性のある実務法曹養成の方策の一つとして知的財産権法分野の充実が強調されている。「知の時代」といわれる現代において，知的財産権法の基礎的知識を得ておくことの重要性はますます高まっているということができる。

　知的財産権法のうちでも著作権法は，誰でもが産み出し，また誰でもが日々利用している知的創作の成果物である著作物を対象とするものであるだけに，法律の専門家やこれを目指す者だけでなく，経済活動や社会生活一般においても著作権法の概要を知っておくことの意義は大きい。司法試験においても，知的財産法と銘打ちながら，実際の出題範囲は，特許法と著作権法の2法となっており，その重要性がうかがえる。

　しかし，身近なはずの著作権法の体系は，より専門的なはずの特許法と比べても複雑であって，これを理解するのは容易ではないというのが実感である。法科大学院生であれば両法を学ぶことになろうが，そうでない者であっても，できることならば本書を読むのに先立って，あるいはこれと並行して，私の『標準 特許法〔第7版〕』（2020年・有斐閣）を読むことを勧めたい。同書では序章で知的財産権法の概説をしているし，特許法を理解したうえで著作権法の学習に進んだ方が，知的財産権法全体の体系が，より理解しやすいように思われるのである。というのも，自然法則を用いた技術を対象とした法律であることもあってだろうか，特許法の方が権利の実体や効力の規定の仕方などにおいても，より論理的で整然とした構成となっているためである。

2 本書の性格

　本書は，法学部学生や法科大学院生ばかりではなく，他学部の学生あるいは社会人まで含めた，初めて著作権法を学ぶ者を広く読者に想定して執筆したものである。早稲田大学法学部の2年生以上向け講義のために蓄積してきた講義案をもとにして，より広い読者に読んでもらえるよう次のようなことに心がけながら執筆した。

　①　章や節の最初の個所で，これから述べる内容の概略を説明するようにした。これは，講義の最初に，その日話す内容を簡単に述べておくと学生の理解が深まるという経験からである。また，初学者は自分が全体の中のどの部分を勉強しているのかを見失いやすいので，道に迷いやすい個所では全体に占める位置づけを示すようにした。

　②　具体例をできるだけたくさん挙げた。それもあまり高度すぎることなく一般にも理解できるものを吟味して選んだ。知的財産は本来的に抽象的な対象であるが，抽象的な言葉だけでこれを説明することも理解することもできないからである。

　③　難解な専門用語は言い換えたり，説明を付加したりして，わかりやすくすることを図った。法律用語についてはもちろんであるが，業界用語についても，初学者が戸惑わないように解説してある。

　④　ただし，本書は，書名は『標準 著作権法』であるが，すべての面において「標準」であることを企図したものではない。著作権法のすべての分野に触れ，そこで標準的，すなわち通説的な見解を述べ，多数の判例を引用した基本書が，初学者にとっても，また，著作権法の内容を辞書をひくようにして知りたいと思っている者にとっても有用であることは十分に承知している。しかし，本書は，これとは異なり，私が17年間にわたり裁判官として実務に携わり，その後27年間にわたり法学部や法科大学院などで講義を行ってきた経験に基づいて，叙述すべき部分にメリハリを付けたし，また，判例・通説がいずれであるかを明示したうえでではあるが，自説を展開している個所も少なからずある。総花的な叙述の概説書より，一つの立場から書かれた概説書の方が，興味も湧くし，記憶にも残る。これは，今から50年も昔のことになるが，我妻栄先生の名著である一連の『民法講義』（岩波書店）を使って民法の勉強を初めてしたときから，私に刷り込まれている教訓である。

3 本書の読みかた

したがって，本書を読むときは，次のようなことに留意してもらいたい。

① 本書は基本的には，序章から第1章，第2章と，順を追って読んでもらうことを想定している。後ろの記述を知ってからでないとよく理解できない説明が先に来ている個所もあるが，そのようなところにはその旨を指摘している。まずは一通り最後まで読んで，理解できなかったところは前に戻って読む，というようにしてほしい。

② 本文より小さな活字で書かれている部分も，できるだけ飛ばさずに読んでもらいたい。本書ではその部分が非常に多い。ここに書いてあるのは，いわゆる注ではなく，用語の解説であったり，誤解しやすい点についての指摘であったり，そこで説明していることが全体の中でどこに位置づけられるものであるかの説明であったりする。また，本文で「前述」「後述」とあるときに，この部分を指していることも少なくない。すくなくとも最初は，読み飛ばさないことを強く勧める。

③ 著作権法の勉強は本書だけで完結するものではない。本書では概要を解説したが，資格試験などのためには細かく覚えておくべき制度もある。また，本書では 論点研究 として，タイプフェイスの法的保護，キャラクター，中古ゲームソフトの頒布，パブリシティ権の4つの分野についてより詳細に判例や学説に対する検討を加えているが，詳細に検討しておくべき論点はこれに尽きるものでないことはもちろんである。ただ，本書の内容を理解していれば，そのような勉強もそれほど困難ではないはずである。

4 凡 例

① 法令は，2022年11月1日現在で成立しているものに基づいて記述した。

② かっこ内では，原則として法令につき略語を用いた。有斐閣『六法全書』巻末の「法令名略語」に準拠し，以下の略語を用いた。

意匠：意匠法	商標：商標法
刑：刑法	著作：著作権法
刑施：刑法施行法	特許：特許法
刑訴：刑事訴訟法	不正競争：不正競争防止法
憲：日本国憲法	民：民法

民執：民事執行法　　　　　　　　　　民訴：民事訴訟法

③　判例集・判例データベースについては以下の略語を用いた。

刑録：大審院刑事判決録
民集：最高裁判所民事判例集
刑集：最高裁判所刑事判例集
高刑集：高等裁判所刑事判例集
下民集：下級裁判所民事裁判例集
無体裁集：無体財産関係民事・行政裁判例集
知的裁集：知的財産関係民事・行政裁判例集
新聞：法律新聞（法律新聞社）
判時：判例時報（判例時報社）
判タ：判例タイムズ（判例タイムズ社）
LEX/DB：TKC 法律情報データベース　LEX/DB インターネット（TKC）

④　定期刊行物については以下のもののみ略語を用いた。

最判解：最高裁判所判例解説（法曹会）
ジュリ：ジュリスト（有斐閣）
曹時：法曹時報（法曹会）
知管：知財管理（日本知的財産協会）
百選：著作権判例百選（有斐閣）
法教：法学教室（有斐閣）

⑤　文献については以下のもののみ略語を用いた。

入門：島並良＝上野達弘＝横山久芳『著作権法入門〔第 3 版〕』（2021 年・有斐閣）
高林・特許：高林龍『標準 特許法〔第 7 版〕』（2020 年・有斐閣）
中山：中山信弘『著作権法〔第 3 版〕』（2020 年・有斐閣）
岡村：岡村久道『著作権法〔第 5 版〕』（2020 年・民事法研究会）
加戸：加戸守行『著作権法逐条講義〔7 訂新版〕』（2021 年・著作権情報センター）
渋谷：渋谷達紀『著作権法』（2013 年・中央経済社）
半田：半田正夫『著作権法概説〔第 16 版〕』（2015 年・法学書院）
コンメンタール 1〜3：半田正夫＝松田政行編『著作権法コンメンタール 1・2・3〔第 2
　　版〕』（2015 年・勁草書房）
コンメ I 〜Ⅲ：金井重彦＝小倉秀夫編『著作権法コンメンタール I・Ⅱ・Ⅲ〔改訂版〕』
　　（2020 年・第一法規）
コンメンタール 24 年改正別冊：池村聡＝壹貫田剛史『著作権法コンメンタール別冊・平成
　　24 年改正解説』（2013 年・勁草書房）
高部・詳説：高部眞規子『実務詳説 著作権訴訟〔第 2 版〕』（2019 年・金融財政事情研究
　　会）
作花：作花文雄『詳解 著作権法〔第 5 版〕』（2018 年・ぎょうせい）
山本・基礎知識：山本隆司『アメリカ著作権法の基礎知識〔第 2 版〕』（2008 年・太田出版）
斉藤：斉藤博『著作権法〔第 3 版〕』（2007 年・有斐閣）
理論と実務：牧野利秋＝飯村敏明＝三村量一＝末吉亘＝大野聖二編『知的財産法の理論と

実務 4 著作権法・意匠法』(2007 年・新日本法規出版)
新・裁判実務大系：牧野利秋＝飯村敏明編『新・裁判実務大系 22 著作権関係訴訟法』
　　　　（2004 年・青林書院）
田村：田村善之『著作権法概説〔第 2 版〕』(2001 年・有斐閣)
裁判実務大系：斉藤博＝牧野利秋編『裁判実務大系 27 知的財産関係訴訟法』(1997 年・青
　　　　林書院)

序 章

著作権法概観

《この章の課題》

　日常用語として，すっかり定着している「著作権」という言葉。しかし，「著作権法」を勉強するに当たっては，その内容はもちろん，意義や目的を正確に理解しておく必要がある。それが，著作権法の「考え方」の理解にもつながるからである。

　そのために，本章ではまず，著作権法の目的を概説したあと，ある視点から著作権を他の権利と並べて検討する。これにより著作権という権利の特徴をつかんでもらいたい。たとえば第1節では，著作権の「保護対象」，第2節では「無体性」という視点から，他の権利と比べ，著作権制度はどうなっているかを説明する。第3節では，著作権法で規定する権利，すなわち，著作（財産）権・著作者人格権・著作隣接権の概要について述べる（それぞれ第3章・第6章・第7章で詳説）。このうち著作権については，どうしても複製権・上演権など個々の利用権（＝支分権）に目が行きがちになる。しかし，個々の権利の知識に強くなっても，著作権全体としてどうなっているのか，わかっていなければ何の意味もない。つまり，権利の総体として，著作権を捉えておく必要があり，それは，同じく創作（保護）法とされる特許法と異なることはない。著作権法全体の体系を見失わないこと，これは後の章を学ぶうえでも重要である。

第1節　著作権法の目的

　知的財産権法のうちの一つである著作権法は，特許法や意匠法と同様に，従来存在しなかった情報を新たに創作した者に対してその独占を許す法体系であって，創作（保護）法に分類される。しかし，同じ創作（保護）法とはいえ，産業上利用できる技術的思想や工業的デザインを保護する特許権や意匠権といったいわゆる工業所有権（産業財産権）とは異なり，人間の知的創作活動のうちでたとえば小説や絵画といった文化的所産に対して排他的支配権を与えるものである。著作権保護の目的は，最終的には文化の発展への寄与（著作1条）にある。

　知的創作活動の成果物が勝手に盗用されたのでは，これを利用して得られる財産的利益が無に帰し，創作活動に対する動機付け（インセンティブ）が弱まる。この点は，創作（保護）法である特許権，意匠権や著作権の分野に共通しているが，文化的創作活動としての著作の場合には，創作物に対する財産的利益ばかりではなく，創作者の人格的利益の擁護も重要である（著作者人格権の保護）。かりに，世間には評価されず，財産的価値はないに等しい著作物であったとしても，著作者のその作品に対する思い入れが大きい場合もあり，これが勝手に改変されたり，自分以外の者の作品と標榜されたりすることで，著作者の人格が傷つくことは容易に想像できる。

　また，人間は常に多くの著作物に接することで思考し新たな創作を行っている。新たな創作活動といえども常に先人の業績に依拠しており，歴史から完全に乖離した創作活動などは想像すらできない。したがって，先人から受け継いだ部分を必ず包含している著作物に関しては，その保護も無制限ではない。もちろん，著作物の表現のバックにある思想（アイディア）や感情を利用転用することは自由であるし，著作権の保護には期間の制限（著作51条）があり，法律や判決などのように公的理

由から著作物としての保護がそもそも否定される創作物もある（13条）ほか，著作物等の文化的所産の公正な利用に留意すべき（1条）との立場から，多くの著作権の制限規定（30条以下）が設けられている。また，新たな創作によって生み出された著作物であったとしても，似通った著作物が多数存在する中で成立した創作性のレベルの低い著作物も存在する。このようなものについては，著作物として保護の及ぶ範囲を狭く認定する，すなわち，そっくりそのまま複製（印刷，写真，複写，録音，録画その他の方法により有形的に再製すること：2条1項15号）して利用することは禁止するものの，これを素材として用いて新たな創作活動をすることはある程度許容して，容易には権利侵害（翻案権侵害）を認めないとの方策がとられることもある（後述するいわゆる「マージ理論：merger doctrine」⇒第1章第2節②創作＊3）。このような解釈は，似たような発明が多く存在する中で成立した特許権の保護範囲が狭く認定されたり，似たような商標が多数存在する中で成立した商標権の商標の類似範囲が狭く認定されたりする場合などと同様に，知的財産権全般に共通する方策である＊1。

＊1　著作権法の正当化理論として，古今東西を問わず自然法理と功利主義的法理からの説明がされる。人間が創作した成果物は人格の発露または労働の結実物であるから排他的支配権が認められるとする立場（前者）と，より良き創作やこれを活用した投資へインセンティブを与えるためにその成果物に排他的支配権が認められるとする立場（後者）であるが，知的創作物に排他的支配権を認める特許法も著作権法もその両法理のいずれをも併せもつものであって，両者は排他的な関係にあるものではない。

特許権の場合は，先願主義であろうとも，2013年に施行された新制度前のアメリカのような先発明主義であっても，別個独立に研究して完成した発明といえども先願者あるいは先発明者のみに独占的権利を付与し，二重に特許を付与することを許さない。特許権は自然科学を利用して，常に客観的視点から合理性を追求して開発される技術を対象としているし，発明の基礎にある技術的思想（アイディア）を実施した一つ一つの形式（これを実施例という）ごとに保護を与えるのではなく技術的思想を広く保護するものであるから，全く同様の技術が同時並行的に開発され完成することがありうる。このような場合に，先後によって決定的優劣を付けて片方に独占権を与えることで権利取得を動機付け，結

局は産業発達に寄与させようとするものである（**絶対的排他的独占権**）。その際には，技術的思想を明細書や特許請求の範囲といった書類で明確化させたうえで，対象が法的保護に値するものであるか否かを国家が審査して権利を付与するとの手続を経る（**審査主義**）。

　これに対して著作権法が対象とするのは文化的創作としての知的活動であって，科学的な合理性からの進歩を目指すものではなく，むしろ個性の現れた多様な創作がされることが文化の発展に資することになる。そして，特許の場合のように技術の進歩といった同一の方向を目指すものでも，また，創作の基礎にある思想（**アイディア**）や感情を保護するのでもなく，思想や感情から導き出される多種多様な個々の表現を保護するものであるから，全く同様の表現が同時並行的に作出されることは通常は想定し難い。もっとも，俳句のような短い表現の場合にたまたま結果として表現物が同一になってしまうこともあり，その場合でも他者により作出された個別的な表現に依拠することなく各別に創作されたものであったならば，それぞれを別個の著作物として保護してもよいとされる（**相対的排他的独占権**）。模倣したものでない以上は，時期的に先に創作されたからといってその後に創作されたものより優先させて独占させることはないし，保護に値するか否かを国家が審査する必要もない。むしろ，現時点で財産的価値がないと思われる作品であっても，後に評価される場合もあるのであって，ある時点で価値を評価して，著作権の成否を決するとの制度には馴染まない（**無審査主義**）し，そもそも日々無数に出現する著作物を一つ一つ審査して権利性を判断することなど煩雑すぎて不可能でもあるから，創作することによって直ちに権利の成立が認められる（**無方式主義**）。低俗な文化であっても存在価値を否定はできないのであって，文化の評価は国家が行うのに相応しくない。

　🔘　特許権や意匠権の場合，創作されたものはその財産的価値からも，産業上利用されるべきものであって，これをいかに活用していくかが大切である。そのため，特許法などの工業所有権法（**産業財産権法**）では，専用実施権や通常実施権などの利用方法に関する規定が整備されているし，権利の存続期間中に権利者によって有効に実施されていない場合には，その実施を望む者に国家が強制的に実施権を与える制度（裁定

実施権）も用意されている。このように権利の存続期間中は権利者に独占権を与えるが，期間経過後にはその技術はパブリックドメインとして万人が利用できるようになる*2。技術的創作を保護するのは，あくまでこれが産業発展に資するからであって，当該技術を独占させる代償として技術情報を開示させ，これを一つのステップとして更なる技術開発を促すといった制度設計になっている。

　これに対して，著作物の場合は利用されるからこそ価値があるとは必ずしもいえず，存在し，鑑賞されることによってだけでも，人間の感性を豊かにするといった意味で尊重されるべきものであるし，あるいは鑑賞に堪えるものでなくとも，創作活動自体が個性の発現であって，多様な創作物が生み出されることによって文化を豊かなものにするということができる。また，著作物は，技術的必然からいつかは誰かによって生み出されるであろうといったものではないという意味で，これを創作した個々の者の保護を特許の場合などより厚くすべきであるといった発想に馴染みやすい。また，もちろん当該著作物を参考にして新たな創作がされて著作物が生み出されていくのだが，前述のように，著作権法は創作の基礎にある思想や感情を保護するのではなく，思想や感情から導き出される多種多様な個々の表現を保護するものであるから，当該著作物の表現を用いずとも別の表現を用いて同様の思想や感情を表出することは不可能ではない*3。そこで，著作権の保護期間は特許権に比べて極めて長期であるし（原則として前者は著作者の死後70年，後者は出願から20年），利用方法については出版権設定に関する規定があるほか，利用許諾契約に関しては簡単な規定（著作63条）しかなく，対抗要件に関する登録制度など十分な規定が置かれていなかった*4。このような相違は創作（保護）法としての特許法と著作権法との間に様々な解釈の違いを生じさせている*5。ただし，著作権法の保護対象がコンピュータ・プログラムなどの技術的創作物をも包含するようになって以降は，このような割り切りが必ずしも妥当しなくなっていることにも留意しておくべきである。

　　*2　たとえばジェネリック医薬品（後発医薬品）とは，特許発明を実施して生産されていた医薬品（先発医薬品）と有効成分，効能や効果が同じであるが，特許期間が満了したため安価に製造販売できるようになった医薬品である。

健康保険制度の下にあっては，国としても効能や安全性に問題がなく安価なジェネリック医薬品の使用を積極的に奨励している。

＊3　技術は常に累積的に進歩していくことを目指しているし，特許法は技術的思想自体を保護するから，これを利用した新たな技術の開発は常に特許権との抵触が問題になるが，著作権法の世界は累積的な進歩とは本来縁のない多様性の求められる世界であって，当該表現の基礎にある思想または感情が独占されるわけではないから，多種多様な各別の表現が互いに抵触することなく生み出されていくことが可能である。もちろん，著作権の場合であっても，新たな創作のために他人の著作物を利用したいと考える場合はあるから，著作権法も著作権者が不明の著作物を利用したい者がいる場合に文化庁長官に裁定を申し出る制度（著作 67 条）を用意している（⇒第 5 章第 6 節）。しかし，同条は，著作権者が不明であったりして著作権者と直接交渉ができない場合についてのみ規定されており，無数に存在する著作物の利用を広く包含するものではないため，これまでは有効に活用されてきたとはいえない状況にあった。ただし，近時著作権者の権利意識が高まり，新たな創作をするに際しての既存の著作物の利用の可否が問題になる例の増加に伴って，裁定制度がより積極的に利用される傾向にある。

＊4　なお 2020（令 2）年著作権法改正で後述の当然対抗制度（著作 63 条の 2）（⇒第 5 章第 3 節②利用の許諾）が新設された。

＊5　ただし特許権の通常実施権について 2011（平 23）年特許法改正で導入された当然対抗制度（特許 99 条）に倣って著作権法でも 2020（令 2）年に＊4記載の当然対抗制度が導入されたし，そのほかにも，近時，特許法や著作権法をはじめ知的財産権法に関する規定（たとえば損害賠償算定に関する特許102 条と著作 114 条）が，ほぼ同様に整理される傾向がある。しかし，上記のような知的財産権の権利の性質の違いから，同様の文言であるからといって必ずしも同じように解釈されなければならないものではないことに注意すべきである。

第 2 節　知的財産権としての著作権

著作物である音楽が収録されている CD や発明の実施品である機械は，人間の知能的活動によって生み出された成果物すなわち情報を

具体化したものであって，情報はそのバックにある抽象的な無体のものである。したがって，情報を具体化したものが後に消滅しようとも，また，音楽や講演の場合のように一回表現されただけで固定（⇒第1章第2節③表現＊1）されなかった著作物であっても，無体のものとして存在し続けている。ただ，著作物の内容を確知することが難しいにすぎない。

　　たとえば，画家から絵画の所有権の譲渡を受けた者は，著作権の譲渡を受けたのではないから，購入した絵画を複製することはできないし，手紙の送付を受けた者も手紙の著作権まで譲り受けたことにはならない。しかし，所有者として絵画を他へ売却したり，手紙を焼却したりすることはできる＊1。焼却により所有権は失われるが著作権自体がなくなるのではない。これが著作権は無体財産権であるといわれる所以である。なお，美術の著作物の原作品を公に展示する権利は著作者が専有している（著作25条）が，著作権法45条は，美術の著作物の原作品の所有者やその者から同意を得た者は，著作権を有する者ではないが，その著作物を原作品により公に展示することができるとして，著作権の適用除外としている＊2。ただし，街路や公園など一般公衆に開放された屋外などに恒常的に設置する場合には著作者の同意が必要である（45条2項）。

　　＊1　美術の著作物の原作品の場合，これを改変することは後述の著作者人格権（同一性保持権⇒第6章第4節）の侵害になるが，原形を留めないように焼却や廃棄することは著作者人格権侵害にならない。この点，知財高判平22・3・25判時2086・114〈駒込大観音事件〉は，観音像（彫刻の著作物の原作品）の首を仏師の了解なくすげ替える行為は著作者人格権（同一性保持権）の侵害になるが，裁判で原状回復を命じられた寺（観音像の所有者）が復元後の観音像をお焚き上げ（観音像全体を焼くこと）してしまうことを禁止することはできないという，興味ある判示をしている。

　　＊2　したがって，美術展は，美術の著作物の原作品の所有者から了解を得られたならば，著作権者の了解を得られなくても開催することが可能である。また，美術展では，著作権者の了解を得ずとも，著作物の解説や紹介をするための小冊子に美術の著作物を掲載することもできる（著作47条）。

　　判例として，三島由紀夫が出した手紙の受取人がその手紙の内容を転載して出版できるか否かが問題になった事例（東京高判平12・5・23判時1725・165〈剣と寒紅事件〉）がある。この事例は，三島由紀夫から数通の手紙を受領していたYが，自らの執筆書籍中にこの未公表の三島

由紀夫の手紙内容をそのまま掲載したところ，三島由紀夫の遺族らが，損害賠償および名誉回復措置として新聞広告の掲載を求めたものである。判決は請求を認容した。手紙であっても内容によっては著作権が成立し，その受取人は手紙の所有権は取得するものの，著作権を譲り受けたのではない。したがって，手紙の受領者がこれを公表することは著作者人格権のうちの公表権（著作18条）侵害であり*3，複製することは著作（財産）権のうちの複製権（21条）の侵害となる。

＊3　著作者人格権の一つである公表権は，著作者が死亡した場合には消滅するが，著作者が死亡したからといって直ちに著作者の人格的侵害が行われることを看過することはできないから，著作権法60条は著作者の死亡後といえども生前であれば人格権侵害となるような行為をしてはならないと規定する。そして，このような侵害行為をする者があれば，著作者の遺族が，差止めや名誉回復措置を求めて訴訟を提起できる（著作116条1項）。

言語の著作物は複製が容易であるし，一般的には文字そのものが鑑賞の対象となるものではないから，著作者が最初に手書きした用紙（手稿）自体は，文化的価値が注目される場合があるにとどまる。これに対して通常は複製の困難な美術の著作物については，原作品がすなわち著作物であるように誤解される傾向があるが，原作品が消滅しても著作権がなくならないことは，原稿が消失しても言語の著作権がなくならないのと同様である。

　逆に，最二小判昭59・1・20民集38・1・1〈顔真卿事件〉が判示しているように，著作権存続期間経過後の美術の著作物の原作品には有体物としての所有権はあるが，無体財産権の保護対象ではなくなるから，これを写真に撮るなどして複製したとしても著作権侵害となることはない*4。

＊4　著作権保護期間経過後の美術の著作物を展示している美術館が入場者に対して作品を撮影することやその写真を流布することを禁止したり対価を求めたりできるのは，原作品を収蔵している場所への入場を許可する際の契約上の取決めというべきものである。なお，大阪地判平27・9・24判時2292・88〈錦絵事件〉は，このような美術館等が写真撮影に対して対価を徴収するという運用は，未だ契約当事者以外にも効力を生ずる商慣習となっているとはいえないとの趣旨の判断をしている。

第3節　著作権法で規定する権利

1 著作権

1　財産権としての著作権

🔘　著作権という場合，通常は「著作財産権」のことをいう。工業所有権（産業財産権）の分野では財産権としての保護のみが規定されており，たとえば発明者名誉権のようなものはわが国の特許法上は法定されていない*1。

　財産権としての著作権は，他の工業所有権（産業財産権）と同様に，譲渡や相続の対象になるし，所有権概念を借用したうえで考えれば，物権としての所有権と同様に，侵害の差止めや侵害に対する損害賠償を求めることのできる排他的支配権である*2。

　　*1　ただし，パリ条約4条の3は「発明者は，特許証に発明者として記載される権利を有する」と規定しており，これは一種の発明者名誉権といえるものであるところ，わが国でも発明者にはこの種の権利が認められるとした下級審判例（大阪地判平14・5・23判時1825・116〈希土類の回収方法事件〉）もある。しかし，著作者人格権に比べれば極めて脆弱なものである。

　　*2　著作権につき，準占有の継続による取得時効の成否については議論が分かれる。著作権を一人の者が排他的に準占有（民163条）する状態とはいかなる状態のことを意味するのか吟味しておく必要がある。最一小判平9・7・17民集51・6・2714〈ポパイネクタイ事件〉は，著作権のうちの複製権を時効により取得することができるとしたものの，要件としては，外形的に著作権者と同様に複製権を独占的，排他的に行使する状態が継続されていることを要すると判示している。しかし，このような準占有状態の継続は通常は想定し難いのではないかと思われる。また，消滅時効については，所有権的構成を借用していることからも当然なことであるが，所有権に消滅時効がない

のと同様に，著作権も時効により保護期間内に消滅することはない。著作権者は権利行使を強制されるものではないことからも，この点は理解できよう。

2 支分権の束としての著作権

　特許権は消極的効力として他者の利用を禁止できる権利（禁止権）と，積極的効力として自ら利用しまた他者にその利用を許諾できる権利（実施権）がある。そして，特許権の侵害とは，許諾なくして特許発明を業として実施（利用）することをいい，実施とはたとえば物の発明の場合には，その物を生産，使用，譲渡等，輸出もしくは輸入または譲渡等の申出をする行為をいう（特許2条3項1号）。

　これとパラレルに考えるならば，著作権の場合も禁止権と利用権（他者に利用を許諾できる権利）に分けることができるし，著作権の侵害とは，許諾なくして著作物を利用することをいうことになる。そして著作権者は，著作物を複製し（著作21条），上演や演奏し（22条），上映し（22条の2，1999〔平11〕年改正で映画の著作物以外に拡大），公衆送信等し（23条），口述し（24条），展示し（25条），映画の著作物に関しては頒布（26条），映画以外の著作物に関しては譲渡し（26条の2，1999〔平11〕年改正で追加），映画以外の著作物に関しては貸与し（26条の3，1984〔昭59〕年改正で追加），翻訳あるいは翻案等をする（27条）態様での利用行為を著作権者において禁止できるし，他者にこれを許諾することもできる。

　著作権法は，これらの著作物の利用形態ごとに，たとえば複製権，上演権，演奏権といった権利（支分権）として構成し，これらの権利からなる総体を著作権と定義している（著作17条1項）ことから，著作権は支分権の束であると説明されている。しかし，特許の場合は実施の形態ごとに，「生産権」，「使用権」，「譲渡権」，「輸入権」，「輸出権」などと構成せず，これらを取りまとめて実施権と呼んでいるように，著作権の場合であっても，各支分権をまとめて「著作物利用権」であると理解することもできるのであって，著作権が支分権の束であるとの説明を過度に強調すべきではない*3。著作者は創作によって支分権の総体としての著作権を一括して取得するし，著作権者が許諾のない利用を禁止できる行為類型を条文作成のテクニックとして類型ごとに権利構成としたのが

支分権にすぎない。それにもかかわらず，これを逆から捉えて著作権は各別の支分権から構成される権利の総称であることを強調しすぎると，かえって著作物をめぐる実務やその利用の促進を妨げることになりかねないと思われる*4。

* 3　コンメンタール 1 ［前田哲男］759 頁は，訴訟においては，侵害されたとする支分権ごとに訴訟物が異なるから，その特定は必須である旨述べている。支分権ごとに相手方に禁止できる行為態様が異なっているから，訴訟における原告は禁止を求める相手方の行為を特定すべきはもちろんであるが，このことは特許権侵害の場合も何ら異なるものではない。

* 4　著作物といっても有体の物があるのではなく，権利として擬制した対象に対する侵害と評価できる行為を規制するのが知的財産法であるということができる。しかし，著作権を総体で捉えることなく，支分権を各別の権利と構成することから，支分権ごとの限度を超えて，これをさらに細分化したうえでの譲渡も認められるといった，物権として構成した性格にそぐわない考えが一般的に受け入れやすくなっているといえる。

　また，著作権には利用権はあるが使用権はないと説明されることがある。この場合の著作権の使用とは，たとえば書籍を読むとかプログラムを実行することを意味し，これらの行為は著作権の存在にかかわらず自由に行うことができると説明されている。しかし，特許権も特許発明の使用行為のうち法定された形態によるもののみを実施行為として構成しているにすぎない。著作権の場合も法定された使用形態を著作物の「利用」といい，これらの法定された以外の使用形態を著作物の「使用」と呼んでいるというのであれば，著作物の使用が自由であることは当然である。法定されていない使用形態が自由であることは，特許においても法定されていない使用形態は実施権に包含されないものとして自由であり，商標においても法定されていない使用形態は使用権や禁止権に包含されないものとして自由であることにおいて何ら差異がない。

② 著作者人格権

著作により，著作者は財産権としての著作（財産）権と人格権としての著作者人格権を取得する。著作者人格権は創作した自然人に帰属するのが原則であるが，職務著作の場合は例外として法人に帰属する。この場合，いったん自然人に権利が帰属した後に法人にこれを承継する構成を取らず，原始的に人格権が法人に帰属するとするわが国の制度は特異なものである。

著作者人格権は，著作物を公表するかしないかを決定する権利（公表権：著作18条），公表した著作物に自己の名前を表示させるかさせないかあるいはどのように表示させるかを決定する権利（氏名表示権：19条），著作物の内容を著作者の「意に反して」改変されない権利（同一性保持権：20条）および名誉声望を害する態様での利用を禁止する権利（113条11項）からなる。著作権は財産権として譲渡や相続の対象となるが，著作者人格権は著作者に一身専属であり，譲渡はもちろん相続の対象ともならず，著作者の死亡や法人の解散等によって消滅する。したがって，著作者から著作（財産）権の譲渡を受けた者であっても，内容を改変することは，著作者の同意がなければできない。また，著作者が死亡等によって著作者人格権が消滅した後においても，著作者が生存したならば著作者人格権侵害となるような行為をしてはならない（60条）とされている。

譲渡不能な著作者人格権のなかでも同一性保持権は，著作物の内容を著作者の「意に反して」改変されない権利と規定されているから，著作（財産）権が譲渡されあるいは他者へその利用が許諾されている場合であっても，著作者の意に反してこれを改変できないとするならば，譲受人やライセンシーの著作物の利用が大いに制約されることになる。著作者人格権の効力とその制限をどの範囲まで認めるかは，著作物を経済財として活用しようとする際に大いに問題になる。詳しくは第6章で後述する。

3 著作隣接権

🔵 　著作権が生ずる著作活動ではなく，いったん成立した著作物を公衆
に伝達する役割を果たす行為に対して与えられる財産権であり，実
演家の権利，レコード製作者の権利，放送事業者・有線放送事業者の権
利（著作89条1項〜4項）がある。実演家やレコード製作者は商業用レコ
ードを用いた放送や有線放送に対する二次使用料請求権（95条1項，97
条）や一定期間経過後の商業用レコードの貸与報酬請求権（95条の3第3
項，97条の3第3項）を有しているが，これらは請求権であって財産権と
しての著作隣接権に含まれていない。一方，著作隣接権者のうちで実演
家は，著作物を伝達するだけでなく，新たな著作物の創作とはいえない
が準創作的な活動をしているということもできるので，財産権保護では
足りず，人格権的な保護も必要ではないかとの議論がされていたところ，
2002（平14）年改正で実演家人格権が認められた（90条の2，90条の3）。
詳しくは第7章で後述する。

第1章

著作権の客体

《この章の課題》

　誰かの創作したものすべてが，著作権法により保護されるわけではない。著作権法の目的は「文化の発展」（著作1条）であり，その目的に寄与できるような表現物のみが「著作物」として保護対象となる。そこで，著作権法2条1項1号は，著作物について定義をし，さらに，著作物にはどのようなものがあるか，10条に具体例を掲げている。

　本章ではまず，著作権法が保護する著作物の場所的範囲を説明したうえで（⇒第1節），著作物の定義について（⇒第2節），さらに，10条に従った著作物の分類（映画，演劇といった表現形式による分類）についても検討を行う（⇒第3節）。

　第4節以降では，特殊な著作物として，まず二次的著作物（⇒第4節）を扱う。小説を元にしたドラマのように，原著作物を元にして新たに創作する著作物のことである。支分権（⇒詳しくは第3章）として規定されている翻案にかかわる規定であるが，本書では理解を助けるため，翻案と，さらにそれと対比するため複製（支分権=21条）も本章で説明する。著作物を集めて，新たな著作物を完成させたとき，それにも著作権は成立するのか。これが編集著作物，データベースの著作物の規定で，第5節で解説する。

第1節　保護される著作物

著作物の定義を解説するのに先立って，わが国の著作権法が保護する著作物の範囲について簡単に説明しておく。

①　日本国民の著作物（著作6条1号：国籍主義）。日本の国籍を有する自然人および日本の法令に基づいて設立された法人（国内に主たる事務所を有する法人を含む）の創作した著作物である。

②　最初に国内で発行された著作物。ただし最初に国外で発行されても，その日から30日以内に国内で発行されたものも含まれる（著作6条2号：発行地主義）。この場合の発行とは，公衆の要求を満たすことができる程度の部数の複製物が権利者またはその許諾を得た者によって頒布されることをいう（3条1項）。この規定は出版物やレコード等を念頭に置いたものであろう。複製とは有形的に再製すること（2条1項15号）であるから，たとえば，大量の音源が公衆送信されている状態は，当該著作物をわが国の著作権法で保護すべき点では発行された場合と異ならないといえるにもかかわらず，6条2号による保護を受けられないことになる*1。

*1　この点の問題を指摘するものとして，市村直也「最近の音楽ビジネス事情と著作権」コピライト577号13頁（2009年）を参照。ただし，この場合でも，通常は著作権法6条1号または3号による保護を受けられるから問題が顕在化する場合は少ないと思われる。

③　①②のほか，条約によりわが国が保護の義務を負う著作物（著作6条3号）*2。ベルヌ条約は，同盟国の国民の著作物であればわが国での発行・未発行を問わず，第一発行国が非同盟国であっても保護する義務があるとしており，その場合の同盟国の国民とは，国籍のみならず常居所（国際私法上の概念で人が相当期間居住する場所）や事務所を有する自然人・法人を含んでいる。また，非同盟国の国

民でも同盟国において第一発行されたものを保護する義務を負う。

*2　北朝鮮は，ベルヌ条約の加盟国ではあるが日本は国家として承認していない。北朝鮮で製作された映画の著作権がわが国で侵害されたと主張された事件について，最一小判平 23・12・8 民集 65・9・3275〈北朝鮮映画事件〉⇒第 8 章第 5 節3は，未承認国家との関係では，わが国はその著作物を保護すべき義務を負担しないと判示した。

第 2 節　著作物の定義

　著作物とは「思想又は感情を創作的に表現したものであって，文芸，学術，美術又は音楽の範囲に属するものをいう」（著作 2 条 1 項 1 号）と定義されている。一見すると簡単な条文ではあるが，著作権法の解釈において常に参照される重要な条文であるから，以下で順を追って解説する。

1　思想または感情

　「思想」，「感情」といっても格別に高尚なものであることを要求するものではなく，人間の精神活動といった広い意味である。逆からいうならば，「思想又は感情」を包含しない単なる事実は著作物たりえない。したがって，富士山の高さが 3776 m であるとの事実や真珠湾攻撃が 1941（昭 16）年 12 月 8 日に行われたといった歴史的事実の記載や，各地の最高最低気温を記載したデータ等は著作物ではない。ただし，この場合の事実とは真実であることを意味しない。「思想又は感情」が包含されていない事象といった意味にすぎない。

　寝ている者が無意識のままに手足を動かして記載された落書き，チンパンジーが描いた絵も「思想又は感情」を表現したものではない。ただし，人間の子であれば，4 歳程度の子が描いた，たとえば顔から直

接手や足が出ているようなお母さんの絵であっても，思想や感情の表現であるといってよい。そのようなものに著作権の主張をする者がいないだけで，たとえば有名画家が幼小の頃に描いた絵として財産的価値が生じた場合には，著作権の成立を肯定してもいいだろう。

　表現される対象が「思想又は感情」であることは必須ではない。したがって，真実であるか否かにかかわらない事実を対象としながらも，これを表現する過程で何らかの「思想又は感情」が移入されれば著作物となる場合がある（中山52頁）。たとえば単なる物質である機械を図面化する場合，その過程で「思想又は感情」が表現されていれば著作物となる場合があるし，技術的な正確性のみを反映して，誰が書いても同じになる図面であれば「思想又は感情」が表現されておらず著作物とは認められないことになる。結局，多くの場合「思想又は感情」の要件ではなく，書き手によって異なる表現ができるか否か，すなわち「創作的」な「表現」であるか否かといった要件を判断すれば足りるといえる*。

　　*　図面から彫刻を制作する場合には，立体的表現の過程に創作性が認められて，図面の著作物の二次的著作物として彫刻の著作権が成立する場合がある。しかし，たとえば，人間によって描かれた平面的な図面を立体的に表現するコンピュータ・プログラムがあった場合でも，平面的な図面を機械的に立体的に表現するだけであるならば，通常はその過程には創作性が認められない（もちろん，このようなコンピュータ・プログラム自体にプログラムの著作権が成立することがあることは別問題である）。また，立体的表現の過程にかりに創作性が認められる場合があるとするならば，その創作的行為はコンピュータ・プログラムを作成した者に認められることになるだろう。ただし，近時急速に人工知能（AI）技術が発達し，集積された大量のデータを投入して人間が指示を与えることによって人工知能（AI）が図面や音楽等を創作しているともいえる事象が現れており，「知的財産推進計画2016」ではその保護法制について今後検討を加えていくとした。そしてその成果として翌2017（平29）年には知的財産戦略本部からAIの作成・利活用促進のための知財制度の在り方などを検討した「新たな情報財検討委員会報告書」が公表され，以後もAI成果物の知的財産としての保護を巡る議論が盛んになっている。

　著作権法2条1項1号にいう「思想」の中に技術的思想が包含されているか否かは問題になる。技術的思想のうちで自然法則を利用し

た創作は発明となるもの（特許2条1項）であるが，技術的思想を文章に表した特許明細書は，誰が書いても内容が同じになるものではないから，「思想又は感情」の創作的な表現であって，著作物といえることは疑いがない（中山58頁）。それでは，これを実施することで具現化したものは著作物といえるだろうか。たとえばねじ込みやすいネジは，技術的思想の創作をネジとして具現化したものということができるが，思想を表現したものとして著作物といえるだろうか。あるいは，意匠とは工業上利用できる物品の形状等の創作であって美感を起こさせるもの（意匠2条1項）であるが，これも美にかかわる思想や感情を創作的に表現したものとして著作物といえるだろうか。この点については順次考察していくが，いずれにせよ著作権法2条1項1号に規定する「思想」から技術的思想が除かれているとする根拠を見出すことはできず，著作物性を否定するならばその理由は別のところ（⇒本節④文芸，学術，美術または音楽の範囲）に求めるほかない。

単なる事実に関するデータを集積したものであっても，その選択や配列に創作性のあるものは「編集著作物」（著作12条）として保護されるし，これをデータベース化した場合でも，素材の選択や体系的構成に創作性があればデータベースの著作物として保護される（12条の2）。詳しくは後述する（⇒本章第5節②素材とその選択または配列）。

② 創 作

1 総 説

著作権法にいう創作性とは，特許法にいう進歩性などのように，従来存在するものから簡単に作り上ることのできないものであるとか，独創性があるといったことを意味するものではなく，従前から存在するものの模倣ではなく，そこに，著作者の個性が何らかの形で現れていればよい（東京地判平17・5・17判時1950・147〈通勤大学法律コース事件一審〉参照）*1 *2。

＊1　作品に創作者の何らかの個性が現れていること，すなわち創作性があることは，創作する者にとっては他の表現方法を選択することが可能であった中で選択したものであること，すなわち選択の幅がある中における表現であることを意味することは，従来から累次の判例が判示しているところである。しかし，このような従来の創作者にとっての選択の幅に着目する考えとは異なり，市場や社会における客観的な尺度からみた選択の幅を創作性概念に導入する説（中山70頁）も新たに登場して注目されている。中山説にいう選択の幅とは，要するに，競業者にとって他に選択肢があるものについては権利者の独占を認め，他に選択の余地のないものの独占は認めないとするものである。この場合に，競業者にとって他に選択の余地のないものがすなわち独占を認めるべきではないアイディアであり，他に選択できるものはアイディアから派出した表現であると構成する。中山説は創作（保護）法である著作権法を競争法的に構成しなおそうとするものであるが，競業者による「創作の幅」のみをもって創作性の有無を判断することはできず，やはり創作者の「個性の顕現」といった視点との併用が必要であろう。

＊2　個性が現れているか否かを判断基準とする従来の説とは異なり，ありふれた表現であるか否かをもって創作性の判断基準とする別の説と構成する考え（岡村46頁以下参照）がある。しかし，＊1の創作者にとっての「選択の幅」をもって創作性の判断基準とする説に拠る場合であっても，かりに選択の幅のある中での表現であったとしても，ありふれた表現として創作性が否定される場合は想定されるから，これらはそれぞれ異なる判断基準というものではなく，結局，創作性の判断は，最終的には当該表現に個性が現れているか否かをもって判断されるというべきである。が，しかしその判断の過程において，選択の幅がある中における表現であるのか，そしてその結果の表現がありふれた表現とはいえないかを吟味するとの手順を経るものということができるだろう。

東京地判平7・12・18知的裁集27・4・787〈ラストメッセージin最終号事件〉は，誰が書いても同様の表現となるようなありふれた表現は創作性を欠き，著作物とはいえないと判示した。確かに雑誌の最終号での挨拶文には伝えるべきコアとなる要素は共通しているといえるが，たとえば「昨今の日本経済の下でギアマガジンは，新しい編集コンセプトで再出発を余儀なくされました。皆様のアンケートでも新しいコンセプトの商品情報誌をというご意見をたくさんいただいております。ギアマガジンが再び店頭に並ぶことをご期待いただき，今号が最終号になります。長い間のご愛読，ありがとうございました。」との文章には

記述した者の個性が現れているが,「昭和57年12月号創刊以来, 3年3か月にわたって発行してまいりました小誌は, この2月号をもっていったん休刊し, 近々, 誌名・内容を刷新して再発行いたします。長い間ご愛読いただき, まことにありがとうございました。心から御礼申し上げますとともに, 新雑誌へのご支援をよろしくお願い申し上げます。新・健康誌は, 新しい読者層の開拓と, その関わり合いとを深めるため, これまでの『壮健ライフ』のイメージ・内容を一新し, 誌名も改題して, まったく新しい健康分野に挑戦いたします。どうぞご期待ください」との文章には個性が現れていない, すなわち誰が書いても同様の表現になるといえるほどに両者に差異があるかには疑問がある。

　著作権は相対的排他的独占権であるから, 第三者が上記のような長さの文に依拠することなく書いた文書がこれとたまたま一致したとしても, それぞれは別個の著作物として保護され, 互いに著作権侵害にはならないから, このような長さの文の全体を創作者に独占させても誰も困らないであろうし, そもそもこのような長さの文がたまたま一致するということ自体およそ考えられない。あるいは, いったんこのような文章に接してしまった後に同様の文章を書こうとしたならば, どうしても似たものになってしまうことが多いから, 結局, 翻案権（⇒本章第4節②翻案）の侵害となってしまうことが心配されるかもしれない。しかし, 原著作物の創作的に表現された部分を利用して新たな創作が行われた場合が翻案権侵害となるのであって, 創作性のない部分に依拠してこれを利用することは権利侵害にはならない（後掲〔⇒本章第4節①複製〕の最一小判平13・6・28民集55・4・837〈江差追分事件〉判旨2)）から心配するには及ばない。

　なお, 長文である場合に限らず, ありふれた表現であっても, これを組み合わせた全体には創作性が認められる場合もある（⇒本節2スローガンなど短文の創作性参照）が, このような創作レベルの低い著作物（薄い著作物〔Thin Copyright〕といわれることもある）の場合には, それぞれのありふれた表現部分には創作性を認めることができないから, その結果, 文章全体を複製ないし翻案した場合のほかは, 著作権侵害が成立する場合が極めて限られることになる*3。

　　*3　ラストメッセージin最終号事件のように長い一文の場合, ありふれた表

現であったとしてもまとまりのある文章全体としてみるならば創作性を認め
てもよく，その場合はその文章のすべてを引き写すことは複製すなわちデッ
ドコピー（そっくりそのまま模造すること）であるから，複製権侵害が認め
られてよいことになろう。しかし，このように長い文章のうち，再製された
のはその一部にすぎない場合，原告がその一部分のみを取り出して著作物で
あると主張したならば創作性が否定されることになるだろうし，創作性の認
められる全体を著作物であると主張したとしても，再製されて両者に共通し
ている一部分には創作性が認められないことになるから，複製権（翻案権）
侵害が否定されることになる（なお，第4節③全体比較説について「二段階
テスト」と「濾過テスト」についても参照）。このような考え方はいわゆる
「マージ理論：merger doctrine（アイディアを表現する際に特定の限られた
表現方法しかない場合には，表現とアイディアは merge しているから，著
作権保護の対象とならなかったり，あるいはデッドコピー以外は権利侵害に
はならないとする理論）」と共通するといえよう。前掲東京地判平17・5・
17〈通勤大学法律コース事件一審〉もこのような考え方を採用し，侵害の成
否を細かく区分けして認定している（なお，その控訴審の知財高判平18・
3・15 LEX/DB 28110817 は，創作性を全面的に否定して著作権の侵害はな
いとしたうえで，不法行為責任を認めた事例として注目された判例である。
この点は第8章第5節で触れる）。

　手紙にも著作権が成立するとした，三島由紀夫の手紙事件（東京高
判平12・5・23判時1725・165〈剣と寒紅事件〉）については前述したが，
さらに現代的な話題として，インターネットの掲示板に各人が書き込ん
だ内容を掲示板管理者がまとめて出版しようとした場合の，各投稿者の
著作権の帰属や許諾の必要性等が問題になった事例があり，東京高判平
14・10・29 LEX/DB 28080165〈ホテル・ジャンキーズ事件〉は，各投
稿者の記述文全体としてみれば個性が発揮されているといえるとして，
著作権の成立を認めた*4し，東京地判令3・12・10 LEX/DB 25571878
〈スクショ・ツイート事件〉はツイッターへの短文の投稿の著作権の成
立を認めている。

　　*4　この判決では，一例として投稿文のうちの「『グッドウェッドパーク』に
　　　ついてですが，レストランは良いけど，ホテルの部屋はそれほどでも……と
　　　いうのがよく聞く意見です。人からの受け売りでゴメンナサイ！」の部分に
　　　ついても創作性を認めている。前出のラストメッセージ in 最終号事件や，
　　　不動産登記法受験対策本について被告書籍と共通する部分すべてについてあ
　　　りふれた表現であるとして創作性を否定した東京地判平27・1・30 LEX/

DB 25447097〈不動産登記法受験対策本事件〉などと対比してみることを勧めたい。下級審の判例の立場が統一されているとはいい難いことを理解することができるだろう。

2 スローガンなど短文の創作性

俳句等の短い詩であっても創作性ありとされ*5，短いスローガンやキャッチフレーズなどでも創作性ありとされる場合もある*6。ただし，小説の題号には創作性がなく著作権は成立しないと解されている*7。

*5 俳句については，あまりに文字数が少ないために，類似作品が出現する可能性は高い。しかし，この場合であっても，一方が他方に依拠せずに，独自に作成されたものであるならば，別作品として別々の著作権の対象となる。ただし，著名な俳句が頭の中にあったために，知らず知らずにこれと同じ文言を使用してしまう場合もあり，依拠したのかしないのかの認定は難しい。

*6 東京地判平 13・5・30 判時 1752・141〈ボク安心ママの膝よりチャイルドシート事件〉は，「ボク安心ママの膝よりチャイルドシート」との交通安全標語につき創作性を認めたが，その創作性は汎用される言葉を五七五に組み合わせた点にあるとしたうえで，「ママの胸よりチャイルドシート」との標語はこれと実質的同一性があるとはいえないとして権利侵害（複製権ないしは翻案権侵害）を否定した。

*7 著名な小説たとえば「武蔵野夫人」の題号と同じ題号を全く別のポルノ映画の題名に使用した場合にも，著作権（複製権）の侵害あるいは著作者人格権の侵害とはいえない。著作権法 20 条は著作物の題号に関して著作者人格権としての同一性保持権を認めているが，これは当該著作物に表示すべき題号を変更することを意味しており，別の著作物に当該著作物の題号を使用することは包含しないことに注意しておかなければならない。また同法 113 条 11 項は，著作者の名誉または声望を害する方法によりその著作物を利用する行為を著作者人格権の侵害行為とみなしているが，著作物とはいえない題号を他の著作物等に使用することが著作者人格権の侵害となることはない。著作者としては小説と一体となった題号をこともあろうに全く関係のないポルノに使用することは許し難いと考えるであろうが，著作権は創作性ある対象物を保護するにすぎず，このような短い言葉につき特定の者に独占を許したのでは，人間の表現活動が著しく阻害されることになって妥当でない。この場合にも，著作権が相対的排他的独占権であるから，依拠しないでたまたま同一の題号を使用した場合には著作権侵害にならないとはいえるが，このような短い題号の場合は，これに依拠したとしても，流用してはならないという規制をすべきであるとはいえないであろう（なお，大阪高判平 20・

10・8 LEX/DB 28142144〈時効の管理題号事件〉は"時効の管理"との書籍題号の著作物性を否定している）。ただし，場合によっては題号が不正競争防止法 2 条 1 項 1 号による周知な商品等表示（商品は小説）として，作者や出版元の出所を示すものとしての保護を請求することができよう。また，俳句のような五七五からなる表題やたとえば「哀愁の町に霧が降るのだ」などといった程度の長さがあり，かつその題号がありふれた事象のありふれた表現でないものである場合には，創作性を認めて，他者がこれに依拠して同じ表題を用いることを禁じたとしても，他者の言語活動が著しく阻害されるともいえないだろう（反対：渡邉修「キャラクター（文学的キャラクター）の侵害」裁判実務大系 152 頁）。

ただし，スローガンやキャッチフレーズのような短文について低い創作性で著作権の成立を認めてしまうと，これがたとえばウェブで配信された場合に，たまたま見てしまった者がその全体を利用すると直ちに権利侵害になってしまってもよいのかといった問題は検討しておく必要がある。このような場合であっても，後述の著作権制限規定（⇒第 4 章第 3 節著作権の制限規定）の適用が認められるとか，あるいは，ボク安心ママの膝よりチャイルドシート事件のように，これを変形した利用やその一部の利用は複製権や翻案権の侵害にならないと評価できる場合もあるが，ごく短文で構成される小説の題号が著作物として保護されないとされているのと同様に，やはり著作物として保護されるためには，少なくとも五七五の俳句程度の長さがあることは必要と解するべきであろう[8]。

  * 8　なお，知財高判平 27・11・10 LEX/DB 25447572〈スピードラーニング・キャッチフレーズ事件〉は 20 以上の語からなる「音楽を聞くように英語を聞き流すだけ／英語がどんどん好きになる」などのキャッチフレーズの創作性を否定している。

3　写真の創作性

絵画を模写したにすぎない絵や平面的な絵画を写しただけの写真は，その作成に当たって，新たな思想または感情の移入行為がないから[9]，複製にすぎず（著作 2 条 1 項 15 号は複製の方法として「写真」を明記している），創作性のある別個の著作物といえないことはもちろん二次的著作物にもならない（版画を写真に撮影した事件について東京地判平 10・11・30 知

的裁集 30・4・956〈版画芸術事件〉)。しかし，立体的な彫刻を模写した絵やこれを撮影した写真，あるいは料理を撮影した写真などは，立体的な対象物を平面的に表現する過程には，単なる技術的な要素だけではなく，陰影や奥行きの表現などにおいて思想や感情の移入行為が介在しているといえるから，創作性が認められる。オートフォーカスカメラで撮影した写真でも，構図の選択や，光の加減の選択などに創作性がある[*10]。では，オートタイマーをセットし，10秒後にシャッターが切れた際に，撮影者がその場所を離れていた場合はどうか。この場合も，構図の選択やシャッターの下りる時間を選択しているのであるから，自己の創作の範囲内といえる。しかし，無意識の内にシャッターが切れていた場合に創作性が認められないのはもちろんである[*11]。

　＊9　ただし，たとえば風景を撮影した写真を素材としてこれを忠実に絵画として再現する場合，写真として表現された思想または感情を異なる表現形式の絵画として表現する過程において，単なる模写ではなく，筆致や陰影あるいは色彩の選択などにおいて新たな思想または感情の移入があったと評価できることもあるだろう。この点は，異なる表現形式にするとはいえ絵画を写真にする場合とは異なるといえよう。写真はその創作過程において機械的・技術的要素が大きいからである。

　＊10　美容専門雑誌に登載された，モデルがヘアスタイル，化粧，衣装を施して所定のポーズを取っている写真の著作者が争われた事案として，東京地判平27・12・9 LEX/DB 25447649〈ヘアスタイル写真事件〉がある。この事案では，被写体の組合せや配置，構図やカメラアングル，光線・印影，背景の設定や選択等に独自性が表れているということができ，これらは各写真を撮影したカメラマンにより創作されたものであり，ヘアドレッサーは創作者ではないとされた。このような場合でカメラマンの創作性が否定されるのは，ヘアドレッサーやモデルに対して指示を与える者の全くの手足として，命ぜられるままにカメラマンがシャッターを押した場合だけであろう。ただし，近時，東京地判平30・6・19 LEX/DB 25449577〈久保田一竹美術館事件〉のように作品の制作作業をしている人物を撮影した写真や美術館を撮影した写真について，誰が撮影しても同じようになり，撮影者の個性が表れていないとして簡単に著作物性を否定した下級審判断も出現していることには注意しておく必要がある。

　＊11　プリクラ写真の場合にも著作権が成立するか。この場合の著作権者は誰だろうか。被写体の構図もシャッターチャンスも被写体自身が決定しているので，セルフタイマーで自分の写真を写した場合と同様に，被写体が写真の著

作者と考えてよいだろう。いわゆるスマホの自撮り画像について写真の著作物性を認めた判決は多数ある（東京地令 4・1・20 LEX/DB 25572090〈インスタ X 事件〉など）。なお，旧法下での肖像写真は被写体の著作物とされていた。

　風景写真など被写体が所与の存在である場合には被写体や撮影位置の選択などが写真の創作性と評価されることはない[12]が，撮影者が被写体を作成したり，選択，組合せ，配置等をしたことに着眼して写真の創作性を認めた事案として，東京高判平 13・6・21 判時 1765・96〈西瓜写真事件〉がある。絵画の著作物の場合には，風景画などのように所与の存在を対象とする場合にその構図が創作性に寄与することはないし，静物画のような場合でも素材の選択や配置がいくら独創的であったとしても，これをキャンバスなどに絵画として表現する過程で加えられる創作性が重視されるからこそ著作物として成立するのであって，別の画家が同一の構図や素材を配置して描いた絵は独立した別の著作物となる[13]。写真の場合は，カメラの機能の飛躍的向上に伴って，シャッター速度や露光，陰影などによる影響を後に印刷する際にも調整できるようになるなどの事情もあるが，被写体の一瞬を切り取って再現する一連の行為自体の創作性が評価されて著作物が成立する点においては絵画の著作物と変わりはないから，被写体の選択や配置の創作性をもって写真の著作物における創作性と評価することはできない[14]。したがって，その写真に依拠せず被写体の配置を真似て撮影した写真が，写真の著作権の侵害となることはない[15]。また，写真の著作物の場合には前述のように創作の過程に機械が関与する場面が多く，創作性のレベルが低いというべき場合もあるが，知財高判平 18・3・29 判タ 1234・295〈スメルゲット事件控訴審〉は創作性のレベルの低い写真について著作物性を認めたうえで，被告はこれをデッドコピーしたものであるとして複製権侵害を認めた（ただし，認容された賠償額は 1 万円である）。

　さらに，被写体の構図およびシャッターチャンスにおいてスナップ写真の創作性を認めた事件として，知財高判平 19・5・31 判時 1977・144〈東京アウトサイダーズ事件〉がある[16]。スナップ写真は被写体が誰かはわかっても撮影者が誰かは容易に知ることはできないから，写真の著作権者を探し出してその複製の了解を得ることが困難な場合が多いであろう。

*12　知財高判平 23・5・10 判タ 1372・222〈廃墟写真事件控訴審〉は，既存の
廃墟建造物の写真について，原告である撮影者が被写体を配置したり自ら付
加したものではないことを指摘して，同じ廃墟構造物を同じ場所から撮影し
た写真の原告写真に対する侵害を否定した。

*13　東京地判平 4・11・25 知的裁集 24・3・854〈民家の暖簾事件〉は，合掌
造りの民家の素描画と近似した図柄の暖簾について著作権侵害を認めた事案
であるが，被告暖簾は原告素描画に依拠して作成されたものである。いわば
素描画自体をコピー（複製）したものであって，素描画における民家の配置
を参考にして自らが作画したものではないことに留意すべきである。

*14　著作物性を有しない素材であっても，その選択や配置自体に創作性が認め
られて編集著作権が成立する場合がある。たとえば，生け花を活けたのとは
別の者が写真を撮った場合，被写体には生け花を活けた者の編集著作権が成
立しており，撮影者はその編集著作物を写真に撮ったことになるのであって，
この場合でも，写真の著作物はあくまで生け花を写真として表現する過程に
おける創作性が認められて成立する。たとえ生け花を活けた者と写真を撮影
した者が同じ者であったとしても，この理屈が変わることはない。なお，編
集著作権についてはさらに後に説明する（第 5 節）。

*15　東京地判平 20・3・13 判時 2033・102〈祇園祭写真事件〉は八坂神社とそ
こに多くの人が集まって営まれている祭りの写真の著作物性を認めて，その
写真に依拠して作画された水彩画について著作権（翻案権）侵害を認めた事
案であって，写真に映されている建物や人物の配置に創作性を認めたのでは
ないから，当該写真に依拠せず別に作画した水彩画の構図が似通っていたと
しても著作権侵害となることはない。

*16　ついでに述べておくが，シャッターチャンス自体は写真における表現の要
素ではなくアイディアの問題にすぎないとするものとして，山本隆司「著作
物における表現とその保護範囲」コピライト 564 号 16 頁（2008 年）がある
が疑問である（東京地判平 11・3・26 判時 1694・142〈イルカ写真事件〉も
シャッターチャンスを写真の創作性の要素として考慮している）。移りゆく
事象のどの一瞬をフィルムに固定するのか，その瞬間を決定するシャッター
チャンスはまさに写真における表現の最大の要素というべきであろう。

4　データ

　創作された表現でないものは著作物ではないから，たとえば単なる
事実に関するデータはこれを収集するのに大変な苦労があった（額
に汗）としても，著作物ではない。著作権法は額の汗を保護しないとい
われる（田村 24 頁）所以である。ただし，著作物性のないデータであっ

てもその選択や配列に創作性があれば編集著作物（著作 12 条）として，あるいは選択や体系的な構成に創作性があればデータベースの著作物（12 条の 2）として保護される場合がある＊17 し，著作権法による保護ではないが，2018（平 30）年不正競争防止法改正により，ID やパスワードで管理されているいわゆるビッグデータに関して，これを不正に取得したり使用したりする行為に対しては差止めを求めることができるとされた（不正競争 2 条 11 号〜16 号）。

> ＊17　編集著作物にあっては，美術全集のように素材もそれぞれが著作物であることもあるし，職業別電話帳のように素材は単なる事実にすぎないものもある。詳しくは後述する（⇒本章第 5 節 ② 素材とその選択または配列）。なお，著作権法 10 条が「言語」，「音楽」等の表現形式ごとに著作物を分類しているのに対して，12 条に規定する編集著作物（や 12 条の 2 に規定するデータベースの著作物）とは素材の集合体のことをいい，その素材は言語や音楽，美術など色々ある。そのほかに 11 条は二次的著作物（⇒本章第 4 節）について規定しているが，これは 10 条や 12 条に規定する各著作物に依拠してこれを改変して創作される著作物のことをいう。著作権法は，第 2 章第 1 節「著作物」としてこれらを羅列しているが，著作物の種類として並列的のものではなく，互いに重なり合うこともある分類法だということを認識しておく必要がある。

なお，付言しておくに，後述の二次的著作物（⇒本章第 4 節）は，原著作物に依拠して創作されるものであるが，原著作物に新たな創作性を付加することによって成立する。したがって，著作物の創作性は，必ずしも他の著作物に依拠せずに独自に創作したことばかりではなく，ある著作物に依拠して創作されたものであるが，これに新たな創作性を付加したものであることによっても認められることになる。

③ 表 現

表現までに至らず，内心にアイディアとしてとどまっている段階では未だ著作物ではない。映画の場合以外は固定されていることまでも要件とされてはいないが＊1，アイディアが言葉や音楽等の具象として外部に表現されている必要がある。ただし，即興（アドリブ）音楽のよ

うに，表現内容が固定されていなければ，その内容を後に復元すること
が難しい場合があるが，この場合でも表現物として著作権は成立し，後
日著作物の内容を確認することが困難となるだけの問題であることは前
述した（⇒序章第2節知的財産権としての著作権）。

> *1　著作権法には「固定」の定義規定はないが，たとえばフィルムに録画する
> とか著作物が有体物に再現可能な状況で具現化（化体）されることをいう。
> ただし，美術の著作物や写真の著作物のように原作品がある著作物にあって
> は，いったんは有体物に具現化されることが著作権成立の要件となっている
> と解するべきであろう。そのほか，著作権法10条に例示された著作物の中
> でも，言語，音楽，舞踊，無言劇以外の著作物にあっては，有体物に具現化
> されていない著作物は想定し難い。建築の著作物の場合でも，建築物として
> 有体物に化体されている必要はないが，少なくとも設計図が作成されること
> は著作権成立の要件となっている。なお，言語の著作物としての「脚本」も
> 書面化（有体物に具現化）されているのが通例であるが，アドリブ演劇など
> の場合に，これを俳優の創作した書面化されていない脚本の著作物と解する
> こともできる。

画家の画風は著作物ではない。したがって，ゴッホ風のタッチで，
ゴッホの構図にない素材で絵を描いても，著作権の侵害とはならな
い。画家としての独創性なしとして，評価されないだけの話である。か
りにゴッホの採用した構図を素材としてゴッホ風に描いたとしても，完
成したゴッホの絵に依拠して描いたのでない限りは，著作権の侵害には
ならない。この点は写真の著作物との関連で前述した箇所（⇒本節②3写
真の創作性）も参照のこと。

著作権は表現を保護するものであって，表現されたものの根幹に存
在する思想自体を保護するものではない（**思想と表現二分説**）。たとえ
ば，特許の場合，特許請求の範囲（クレーム）に記載されるのは技術的
思想であり，ある程度抽象化されたものであるが，これを実施した具体
例はたくさん想定できる。著作権の場合をこれと並行に説明するならば，
具体的表現物が明細書に記載された発明の実施例であり，特許請求の範
囲がその前提にある思想であることになる。著作権によって保護される
のはあくまで一つの表現されたものに限られる。プログラムについては
特許権と著作権が成立する場合があるが，特許はいくつもの具体的なプ
ログラムを包含した抽象的存在としてクレームされた技術的思想を保護

するものである一方，著作権は具体的なプログラムとして表現されたもののみを保護するものである。思想の利用を自由にして，そこから多様な表現が生み出されることで文化の発展に寄与しようとするのが著作権法であるということの帰結といえる*2。

> *2　ただし，思想と表現の区分自体は常に明確なわけではない。たとえば大阪高判令3・1・14判時2522・119〈金魚電話ボックス事件控訴審〉は，水を満たした電話ボックス内に金魚を泳がすことは思想（アイデア）に過ぎないが，垂れ下がった受話器から気泡を出すことは創作性のある表現であるとしている。結論の正否はともかくとして思想と表現の区分を検討するのには相応しい事案ということができよう。

思想と表現二分説というが，著作権は表現を保護するのであって表現対象を保護するのではないと言い換えることもできる。すなわち，表現対象は思想であれ事実であれ保護されない。この場合の著作権の保護対象から除かれる事実とは，これを表現しようとすると他に選択肢がないといった，いわば衣のない事実のことをいう。事実であっても「思想又は感情」といった衣を被せて表現することによって，著作物性を取得できることは前述した。衣のない事実と同様に，思想や理論そのものが著作物として保護されないことの趣旨は，これを表現しようとすると他に選択肢がない場合のことをいう*3。たとえば数学の方程式の解法を言葉で説明しようとするならば，長文にならざるをえない場合もある。この点，事実については長文で表現するならば，その過程で何らかの思想または感情が移入されて個性が現れ，別の表現方法を採用することも可能となっていくのと異なって，理論については正確性を確保するためにのみ採用された表現が長文だったとしても，そこには他に選択肢がないから，思想または感情が移入されて個性が現れた創作的な表現ということはできない*4 *5。

> *3　東京地判平6・4・25判時1509・130〈日本の城事件〉は，日本の城を定義した表現は，同じ学問的思想に立つ限りこれを定義するならば同一または類似の表現にならざるをえないから，学問的思想そのものというべきであるとして著作物性を否定した。
> *4　大阪高判平6・2・25知的裁集26・1・179〈脳波数理解析論文事件〉参照。なお，東京地判平17・11・17判時1949・95〈ドレン滞留ポイント図表事件〉も，ドレン滞留点における負荷率の簡易な算出法の命題を解明しこれを

わかりやすく説明するために作成された図表について，その技術的知見ないしアイディアそのものがそのまま表現されているにすぎないとして著作物性を否定した。

＊5 ただし，思想（アイディア）を具体的に表記する方法がいくつかある，すなわち思想の表現形式に競争法の視点からは選択の幅があるからといって，必ずしも各別にされた表現に創作性が認められるとはいえないことは前述した（⇒本節②創作＊1）。たとえば，数学の代数や幾何あるいは物理の問題とその解答に表現される考え方は思想であるが，これを具体的に表現しようと

原告パズルE

Q89 砂漠のカメラマン

私は去年、アフリカの砂漠を探検した。下図A・Bは、探検中に撮った写真である。撮影時期はちょうど1年前、2月の末ごろ……日没直前で雲1つなかった。撮影場所はごくありふれた砂地、やたら平らな所だった。1枚は東を、1枚は北を撮ったものだ。さて、A・Bどちらが東でどちらが北か、わかるかな。

A 89 Aが北、Bが東。

「日没直前で雲1つなかった／やたら平らな所」という条件だから、カメラマン自身の影が西から東へ長く伸びていたはずだ。もしAが東なら、この角度なら影が写るはずである。

被告パズルE

問題36

AとBはエジプトでの記念写真です。時期は7月中旬で、日没の少し前です。1枚は「東」を、もう1枚は「北」を撮影したものです。

さて、AとBのどちらが「東」で、どちらが「北」でしょうか？

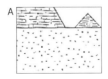

●●●●●． 解答36

Aが「北」で、Bが「東」です。

日没の少し前ですから、カメラマン自身の影が西日で東へ長く伸びていたはずです。もしもAが「東」なら、この写真のアングルで影が写らなければならないのに写っていません。

した場合には，選択の幅自体は多数存在する場合もあるだろう。しかし，こ
のような表現はいずれも思想を単純化して表記したものにすぎず，結局は個
性の現れないものでしかない。たとえば，東京地判平 20・1・31 LEX/DB
28140580〈パズル事件〉のパズルのうち，正四角柱をナイフにより 3 等分さ
せるといった内容のパズル B の場合，判決では創作性が認められなかった
が，選択の幅があるか否かで創作性の有無を決する立場によれば，解法の表
現に選択の幅がないとはいえないから，創作性があるとしてもよいことにな
る可能性がある。しかし，この場合に選択の幅の範囲内でどれを選択しよう
とも，その相違は個性の現れであるということはできないし，その一つの選
択が独占されてよいともいえない。また，思想を何らかの個性的な出題形式
ないし解説で表現した場合は著作物として保護されうるが，同じくパズル事
件で，前頁の図に示したパズル E の場合に当てはめるならば，かりにこれ
が創作性のある著作物であるといえたとしても，これを異なる形式で表現し
た場合には各別の著作権が成立すると考えるべきである。パズル E の場合，
後出（⇒第 4 節③全体比較説について）の**濾過テスト**でいうならば両者で共
通しているところは思想そのものであって，創作的に表現された部分とはい
えないだろう。

上記のように著作権法は表現を保護し，そのバックにある思想を保
護するものではないのであるが，著作権法が保護する表現とは具体
的な表現形式だけではなく，これを異なる表現形式にした場合，すなわ
ち**翻案**についても著作権の効力が及ぶために，思想と表現二分説で明確
に割り切れない場面が出現する。たとえば，小説を映画化する場合には，
言語の表現形式が映画といった全く別の表現形式に変容しているが，こ
の場合も言語表現としての保護範囲に映画としての表現が含まれると説
明することになる。しかしその場合に，具体的な表現を離れたどの範囲
までが，著作権法で保護できる表現の範囲といえるのかを決するのには
困難を伴う。単に思想に依拠して異なる表現形式を採用したものとして
別の著作物となるときと，思想までに遡ることなく表現に依拠してこれ
を異なる表現形式に転化させただけにすぎない場合，つまり著作権侵害
になるときの区分をいかにするかといった問題である。この点を伝統的
には，著作権の保護対象である表現形式と，保護対象外である内容を区
分し，さらに表現形式を「外面的表現形式」すなわち著作者の思想を知
覚しうる媒介物を通じて客観的な存在たらしめる外部的構成と，「内面的
表現形式」すなわち著作者の内心に一定の秩序をもって形成される思想

の体系に二分した。そして，著作権としての保護はその両者に及ぶとしたうえで，外面的表現形式を維持して有形的に再製するのが複製であり，内面的表現形式を維持しつつ外面的表現形式を変更するのが翻案である，と説明していた。しかし，近時は，翻案権侵害の判断基準を，「原作品における表現上の本質的な特徴を相手方作品から直接感得することができるか否か」に求めている。この点は第4節で後述する。

④ 文芸，学術，美術または音楽の範囲

　🔘　表記の要件は，知的・文化的精神活動の所産全般を意味し，そのいずれに該当するかを詮索する意味はない。コンピュータ・プログラムがこの文言に該当するか否かが問題となったことがあるが，その創作活動が知的・文化的活動の一環であるとして該当性が肯定された。

　🔘　なお，「実用品」については，基本的には著作権法の保護が及ばないと解釈されているが，「思想又は感情」の「創作的」，「表現」であるとする点では，特許発明の実施品や意匠を実施した製品などもこれに該当するというほかはない。特に意匠は，美感を生じさせるべく創作されたデザインであるから，「思想又は感情」の創作的な表現であることは否定しようがない。しかし，このような産業上の創作物の保護と文化的創作物の保護をすみ分ける必要性があることも否定できない（その理由は後述する〔⇒第3節④美術〕）。そして，その区分けは，結局は「文芸，学術，美術又は音楽の範囲」すなわち文化的精神活動の所産が著作権として保護されるとするほかない*。この定義規定中に，技術的要請に基づく工業的精神活動の所産も含まれると解するのは誤りである。この点は，応用美術の著作物の項目で改めて説明する。

　　　＊　東京地判平元・3・27無体裁集21・1・200〈ぺんたくん事件〉も，実用新案権を取得している知育玩具「ぺんたくん」の形状や構造が奏する機能は技術的思想であって表現ではないとしたが，五角筒柱のブロックに動物や迷路の絵を描き，これを一つのセットとして販売されている玩具は著作権法上の表現とみる余地があるとしている。

第3節　表現形式による著作物の分類

🔘　著作権法10条では著作物を例示している。おおよその著作物は同
条に規定されており，掲げられている著作物の中には，特別な法的
構成がされている場合がある。たとえば映画の著作物にあっては，著作
者人格権の帰属の規定（著作16条），著作（財産）権の帰属の規定（29条）
あるいは頒布権（26条）の規定であり，美術や写真の著作物にあっては，
展示権（25条）や特有の著作権制限規定（45条〜47条）などである。した
がって，これらの特別な法的構成の適用を受けるか否かが問題になる場
面では，当該著作物が10条に規定するどの著作物に該当するかを吟味
する必要があるが，著作物一般に共通する規定が適用される場面では当
該著作物の表現形式上の分類を詮索する実益はなく，訴訟の場面でも2
条1項に規定する著作物であること以上の分類を主張立証することは要
件とはされない。とはいえ，10条の分類に従って著作物の分類を検討
しておくことは著作物の体系の理解の手助けになることは間違いないの
で，以下で解説しておく。

1 言語（10条1項1号）

🔘　著作権法10条1項1号は，言語の著作物を「小説，脚本，論文，
講演その他」と規定しているが，あくまで例示であって，文字，口
頭，手話など言葉によって表現される著作物を広く包含している。

🔘　言語には，通常の意味でいう言語のほか，これに類する表現手段で
ある，記号，暗号，点字，手話などを含む（中山96頁）。選挙予想
記事に関して，立候補予定者名簿の交付を受けた政治評論家が，その名
簿の上に当選圏内に○，当落選上より上に△，当落選上より下に▲のマ

ークを付けた場合に，これが著作物といえるか，思想または感情を創作的に表現したものといえるかが問題となった事件がある。このような単純なマーク（記号）であっても，一定の思想を表現するものであるから著作物といえるとされた（東京高判昭 62・2・19 判時 1225・111〈選挙当落予想表事件控訴審〉）*1。

*1　選挙当落予想表事件で立候補予定者名簿の上部に付された○△▲などの記号について，東京高判は 10 条 1 項 6 号の図形としての著作物性を認めたものであるとする見解がある（渋谷 52 頁）。しかし同号にいう図形とは，その図形単体である思想または感情を創作的に表現するものであり，たとえばグラフや図解などがこれに当たる。地図上で工場や畑を示すマークを創作したとしても，そのマーク自体は「工場」，「畑」の言語表記をマークに置き換えただけであって，思想または感情の創作的表現とはいえず，これらのマークを利用して作成された地図として創作性が認められるか否かが検討されることになる。選挙当落予想表事件の○の記号も，「候補者 A は次回選挙での当選圏内にいる」との言語表現を○で表記したものであって，言語表現の省略的記載ということができ，図形として著作物性が認められるのではない。あるいは○△▲の言語表現の省略的記載はありふれたものであって創作性がないとしても，これが一覧表となった場合には編集著作物として成立する可能性も認められよう。

1　新聞記事と著作権

　事実の伝達にすぎない雑報および時事の報道は言語の著作物に含まれない（著作 10 条 2 項）。同項の意味は，死亡記事や人事異動記事など誰が書いても同じになるような事実に忠実な報道のことを意味し，新聞記者の個性が現れる場合や，社説，その他の学術的な記事については，著作権は成立するとするのが通説である。

　通説は，事実の伝達にすぎない雑報および時事の報道とは，単なる事実のみからなるものであって，思想または感情の創作的表現とはいえず，誰が書いても同じになってしまうことを根拠としており（茶園成樹「新聞記事の要約」裁判実務大系 175 頁）*2，立法経緯等を踏まえたうえで，著作権法 10 条 2 項は確認的規定であるとしている*3。もちろん，ある事象の中から事実を選択し，情勢の分析や評価を行い，工夫も加えて表現された個々の新聞記事は著作物であるが，言語の著作物に包含さ

れないと規定されている「事実の伝達にすぎない雑報」,「時事の報道」
が著作物としての創作性のないものに限られると解するべきかは検討を
要する。

* 2　東京地判平 16・3・24 判時 1857・108〈YOL 事件一審〉は,報道記事と
して掲載された事実を抜き出して記述した記事見出しは,著作権法 10 条 2
項の事実の伝達にすぎない雑報および時事の報道に該当すると判示している。
一方,同事件の控訴審である知財高判平 17・10・6 LEX/DB 28102000
〈YOL 事件控訴審〉は,記事見出しであっても 10 条 2 項に該当して著作物
性が否定されるものと即断すべきものではないとしたうえで,当該記事見出
しについては著作物性を否定したものの,これを利用したサービスについて
不法行為の成立を認めた。しかし,このような記事見出しはむしろ広く公衆
に知らせる方が好ましい情報である。この趣旨から,10 条 2 項はこのよう
なものは,かりに他の著作物としての成立要件を充足したとしても言語の著
作物としては認めないとしたと解するべきではなかろうか。

* 3　なお,旧著作権法(明 32 年法)11 条 2 号では,現行法 13 条のような著
作権の目的とならないものとして法律・命令等と並んで「新聞紙ニ記載シタ
ル雑報及時事ノ記事」が規定されていた。また 1931(昭 6)年の改正で「時
事ノ記事」を「時事ヲ報道スル記事」として,著作権が及ばないのは事実そ
のものの報道に限られることをより明確にしたと説明されている(小林尋次
『現行著作権法の立法理由と解釈〔復刻版〕』〔2010 年・第一書房〕54 頁)。
ちなみに,同頁には旧著作権法 11 条 2 号の解説として,「事実の報道であれ
ば,たとえその報道記事の筆致が文才豊富に書かれていたとしても,著作権
は否定される」との明確な記述があるし,山本桂一『著作権法』(1969 年・
有斐閣)48 頁には「日々社会に生起する事実は,できるだけ迅速かつ広汎
に周知させることが,社会公共の利益であるから,これを独占させるべきで
なく,また時事に関する事件の正確な報道も同様で……著作権を成立させる
ことが不適当と考えられた」とある。

　著作権の成立要件としての創作性のレベルは必ずしも高いものが要
求されるものではなく,創作性のレベルの低い著作物については権
利保護の範囲も当然に狭くなり,容易には権利侵害が認められないこと
になるし,素材の選択または配列について創作性がある場合に認められ
る編集著作権の効力の及ぶ範囲についても,同様に解されることは後述
(⇒第 5 節④侵害)のとおりである。したがって,事実の伝達や時事を報
道する記事であっても,ある程度の長文にわたる場合には,創作性が認
められる可能性は十分にある。そうすると通説によるならば,このよう

な創作性のレベルの低い報道記事であっても著作権が成立する場合が多いから，これを他へ転載するなどして利用することは著作権侵害になってしまう。そこで，このような結論を避けるためには，新聞記事に要求される創作性を高く設定するか，著作権制限規定を活用したりするほかないことになる*4。しかし，むしろこういった類の情報は広く公衆に周知させることに価値があるのであって，著作権法は著作権の制限をするにとどめることなく，これらの時事の報道記事等は言語の著作物に該当しないとして，著作権の成立自体を否定したものと解するのが妥当ではあるまいか*5。

*4　東京地判平12・12・26判時1753・134〈井深大葬儀事件〉は，夕刊紙に連載された記事「デジタル・ドリーム・キッズ／ソニー燃ゆ」の第65回「天才を送った日」と題する井深大氏の葬儀に関する長文記事について，同一の歴史的事実を対象として，客観的に記述する場合は，事実の内容が同一であるのみならず，具体的な表現も部分的に同一ないしは類似することがありえるとした。このような長文の記事は新聞紙に登載されているからといって「事実の伝達にすぎない雑報」あるいは「時事の報道」とはいえない。そうであるならば，このような記事の転用は自由ではないし，同判例に登場する記事の各表現部分について，その著作物性を否定することは困難である。ただし，このような記事をそっくりそのまま利用するのではなく，これに含まれている客観的な事実を用いた記事を書いた場合には翻案権侵害は認められない。このことは後述する。また，知財高判平20・7・17判時2011・137〈ライブドア裁判傍聴記事件〉は，裁判の模様をその進行に沿って記述した傍聴記を被告が全部そのままブログに登載した事例であるが，傍聴記自体が，証人が実際に証言した内容を聴取したとおりに記述したか，ごくありふれた方法で要約したものにすぎず創作性がないとして，複製権侵害を否定した。

*5　たとえばかつてテレビの報道番組で新聞記事を大写ししてその内容を音読しながら紹介するコーナーがあった。言語の著作物であっても上映権（著作22条の2）や口述権（24条）がはたらくから，これらの新聞記事が著作物であるならば，これを許容する著作権制限規定はない。したがって，このようなコーナーを設けるためには各新聞社からの事前の許諾を得なければならないことになる。テレビ局と各新聞社間ではそのような明示または暗黙の了解を得ることも容易かもしれないが，むしろ，このような記事の中には，たとえ一般的な意味での創作性は認められたとしても，著作権法10条2項により言語の著作物とは認められないとして，広く公衆に知らせるべきものもあろう。

ただし，時事の報道全般が言語の著作物として保護すらないという
わけでは，もちろんない。あくまで「事実の伝達にすぎない雑報」
と同列に並べられる性質を有する「時事の報道」に限って著作物性を否
定するものである*6。なお，複製が許容される情報であったとしても，
その利用に当たっては倫理的・道徳的な規制はもちろんはたらくから，
このような報道を自分の情報として盗用するような行為は咎められるべ
きであるし，著作者人格権も認められないとしても，執筆者の名誉・声
望を損なうような当該記事の表現の改変は，倫理的・道徳的な観点から
制限されると解すべきである。

＊6　この場合の言語の著作物性が否定される「時事の報道」の範囲をどこまで
とするかには問題が残るが，「事実の伝達にすぎない雑報」との文言との対
応や，旧法の趣旨を忖度するならば，時事に関する事実そのものの報道と解
することになろう。たとえば，たまたま今（2009 年 8 月時点）傍らにある
南日本新聞 2009 年 8 月 10 日（共同通信社配信）の見出し「栃木・岩舟町長
リコール成立　合併めぐり住民投票」の記事を以下に掲げる。「住民の意向
を無視して合併協議を休止したとして，栃木県岩舟町の住民団体が求めた針
谷育造町長に対する解職請求（リコール）の住民投票が 9 日行われ，即日開
票の結果，賛成票が有効投票の過半数に達しリコールが成立した。投票率は
65.70％。リコールへの賛成は 5269 票，反対は 4511 票だった。当日有権者
数は 1 万 5048 人。50 日以内に出直し町長選が行われる。岩舟町は昨年 7 月，
合併先を問う住民投票を行い，投票数が最も多かった佐野市と合併協議会を
設置した。しかし針谷町長は『合併方式について町内の意思統一が図れな
い』として，今年 3 月に合併協議を休止した。針谷町は『住民投票を尊重し
て協議をした。合併協議会は満場一致で休止を決定している』との弁明書を
出している」。このような内容であるならば，これは一般的な意味での創作
性が必ずしも認められないとはいえないが，時事に関する事実そのものの報
道として著作物性を否定すべき場合に該当するといえるだろう。

著作権法 10 条 2 項には該当しないとして著作物性が認められる場
合であっても，これらのうち，時事に関する論説を他の新聞や雑誌
に転載し，放送することなどは許される（著作 39 条）。ただし，このよう
な利用は事前に禁止しておくことができ，たとえば記者の署名入り記
事の場合には，通常は転載禁止の表示があるものと解されている（加戸
355 頁）。39 条で著作権が制限されるのは，時事問題に関する論説であっ
て，学術的な性質を有しないものに限られる。各社の論説を相互に転載

することで広く公衆に周知させることに公的価値を置いた規定であるが，利用に際しては出所を明示（48条1項2号）しなくてはならない。

　著作物性の認められる記事や認められない記事などいくつもの記事から構成される新聞紙全体には，後述の編集著作権が成立する。アメリカで発行される新聞の主だった記事を抄訳，配列して日本で発行する行為が新聞の編集著作権の侵害になるとした判決として，東京高判平6・10・27知的裁集26・3・1151〈ウォール・ストリート・ジャーナル事件〉がある。

2　歴史的事実と著作権

　歴史上の事実，あるいは現代の社会的事実や自然界の事実そのものは，広く世に知られている事実であろうと，知られていない事実であろうと著作権法の保護対象ではない（⇒第2節①思想または感情）。こうした事実は誰でも利用可能なものとして，著作権法により特定の者に独占させることを予定していないからである（吉田大輔「事実に密着した著作物の著作権の侵害」裁判実務大系138頁）。また，アイディアあるいは思想そのものも著作権法の保護対象ではないから，学術論文中の法則や学問的定義の記述部分もアイディアあるいは思想そのものとして保護対象から除かれる。歴史に埋もれた事実等を多くの資料を渉猟して発掘し紹介することは苦労の多いことではあるが，著作権法は「額に汗」を保護するものではなく，最終的に完成した作品における表現のみが保護される。ただし，著作権の保護から除かれるのは，上述の事実，法則あるいは学問的定義そのものであって，これを具体的に表現したものは著作物たりうる。たとえば，事実について述べた文章であっても，表現された結果に個性が現れて，表現形式が千差万別になることはもちろんあり，この場合にはそれぞれが著作物となる。

　実在の人物の伝記的記述であっても，その人物の来歴を簡潔に記載する程度のものであるならば，歴史的事実の記述の範囲を出ず，表現の創作性の幅が限定される結果，全く同一の一定のまとまりのある文章である場合などならば格別，翻案権の侵害が認められる場合は考え難い（東京地判昭55・6・23 LEX/DB 25101442〈歴代撃墜王列伝事件〉，田村65頁）。

しかし、その人物の生涯をめぐる事実に立脚しつつも、一定の視点から
その人物の人となりを描き出す場合には、伝記であったとしてもその創
作者の思想または感情が個性ある表現となり、書き手によってそれぞれ
異なる伝記となりうることはもちろんであり、文学の世界では伝記文学
は一つの大きなジャンルとなっている（吉田・前掲裁判実務大系145頁）。

　　さらに、実際に起こった事実を基礎として創作された作品の場合で
も、「実際に起こった多くの事実の中からどれを取り上げ、各事実
にどの程度の比重をおいて、どのくらいの分量で、どのような順序で、
どう表現するかについては著作者の創意工夫がされるものであるから、
そこに当該作品の表現上の特徴が現れ、著作権法の保護が及んでくる」
（横浜地小田原支判平14・8・27判時1824・119〈すてイヌシェパードの涙事件〉）。ま
た、東京地判平10・11・27判時1675・119〈壁の世紀事件〉は「歴史
的事実に関する記述であっても、数多く存在する基礎資料からどのよう
な事実を取捨選択するか、また、どのような視点で、どのように表現す
るかについては、様々な方法があり得るのであるから、歴史的事実に関
して叙述された作品が、思想又は感情の創作的に表現したものではない
といえないことは明らかである」と判示しており、東京地判平10・
10・30判時1674・132〈「血液型と性格」の社会史事件〉も「歴史上の
事件、事実、史料の意義の評価、それらの関連性の説明、それらを組み
合わせた歴史の因果関係の認識、歴史上の人物の役割の評価等の骨子自
体は、それらを個別に見れば、歴史についての認識、思想そのものとし
て著作権による保護の対象とはいえないが、それらを組み合わせ歴史に
ついての記述の筋道の中に位置づけたものは、小説の場合の基本となる
筋、仕組み、主たる構成と同様に、その歴史の著作物の表現の本質的特
徴となりうる」と判示している。

　　ただし、歴史的事実を踏まえた伝記やノンフィクション作品の場合
は、作品の素材となっている本来は著作物性を有しない多くの事実
を関連付けて表現するその過程の手法が評価されて創作性が認められる
ことになる[7]から、作品中で取り上げられた僅かな事実からなる部分だ
けに着目してその表現の創作性を評価することには困難が伴う[8]。

　＊7　知財高判平25・9・30判時2223・98〈雪解けの尾根 JAL123便の墜落事

故事件控訴審〉は書籍中で取り上げられた 14 か所の相応な長さの文章について
その表現方法を仔細に検討を加えた結果，原告書籍に創作性ありとして
複製権または翻案権侵害を認めた。

＊8　知財高判平 22・7・14 判時 2100・134〈箱根富士屋ホテル物語事件控訴
審〉は，「正造が結婚したのは，最初から孝子というより富士屋ホテルだっ
たのかもしれない。」という表現部分について，事実に関して共有される自
然な感想をありふれた用語で記述したものであるとして創作性を否定してい
る。

② 音楽（10 条 1 項 2 号）

メロディー，リズム，ハーモニーからなる楽曲のほか歌詞も含まれ
る。固定は要件ではないから，音楽が楽譜に記載されている必要は
なく，即興（アドリブ）演奏も音楽の著作物として保護される。公衆に
直接聞かせることを目的として楽曲を演奏することや楽曲に合わせて歌
唱することについて，音楽の著作権者は演奏権（著作 22 条）を有する。
歌唱も著作権法上は演奏と定義されている（2 条 1 項 16 号）。一方で，演
奏（歌唱）者は音楽の著作物を創作する者ではなく，これを伝達する実
演家として著作隣接権を取得することになる。

楽曲と歌詞からなる音楽は，楽曲と歌詞が各別に結合してできた結
合著作物となり，それぞれに著作権が成立する。歌詞だけが取り出
された場合には，これが言語の著作物としての保護も受けられる。なお，
2 人以上の者が共同して著作することにより生ずる共同著作物が，各別
には分離して把握することはできず，単一の著作物として扱われる（著
作 2 条 1 項 12 号）。

③ 舞踊または無言劇（10 条 1 項 3 号）

演劇の脚本や台本は言語の著作物として保護され，これに沿って演
じられる演技は著作物を伝達するものとして著作隣接権の対象であ

る実演として保護される。本号は，舞踊や無言劇の振り付け*1や，その
ボディーランゲージとしての表現を，演劇における脚本や台本に相当す
るものとして保護するものである。

　*1　バレエ作品の振り付けが舞踊の著作物に該当するとしたものとして東京地
　　　判平 10・11・20 知的裁集 30・4・841〈ベジャール事件〉がある。また，東
　　　京地判平 24・2・28 LEX/DB 25444387〈Shall We ダンス？事件〉は，社交
　　　ダンスの振り付けは既存のステップの組合せからなるものであるから，その
　　　組合せが既存のものにとどまらない顕著な特徴を有している場合に限り創作
　　　性を認めることができると判示して，対象となる社交ダンスの振り付けの創
　　　作性を否定したが，大阪地判平 30・9・20 判時 2416・42〈フラダンス事件〉
　　　は，手の動きとステップから構成されるフラダンスの振付けの創作性を肯定
　　　して注目されている。

　　純粋な競技である野球やサッカー選手の動きが著作物として保護さ
　　れることがないのはもちろんだが，一方で例えばアイスダンスのシ
ョーとしての演技などは創作性があれば舞踊（ダンス）の著作物として
保護される場合もある。競技であると同時に演技ともいえるフィギュア
スケートや新体操の自由演技などの場合，演技には点数ごとに枠が決め
られていることなどからも，創作性が認められる場合は少ないと思われ
る。

　　著作権法 2 条 1 項 3 号によれば，曲芸や猿回しのような著作物を演
　　じないが芸能的な性質を有するものは実演であるとされており，著
作隣接権として保護される。これは，著作物を伝達する性質を有しない
行為をも著作隣接権に取り込んで保護しようとするものである。なお，
即興演奏であっても，そこで演奏される音楽自体は著作物として保護さ
れるから，演奏者は音楽を創作すると同時に実演していることになる。
したがって，平仄を取る意味でも，アドリブの演技の場合も，演技自体
は著作隣接権として保護されると同時に，演技の基本となる脚本的な部
分に創作性が認められるのであれば著作物としても保護されると解する
ことになる*2。

　*2　著作権法 10 条 1 項 1 号の言語の著作物中の「脚本」も「講演」と同様に
　　　文章として紙（有体物）に固定化することは要件とはしていない。また，2
　　　条 1 項 15 号イは脚本等演劇用の著作物の上演や，放送または有線放送の録
　　　音・録画は脚本等の複製であると規定しているから，「舞踊又は無言劇」に

限らず，有言劇についても文章として紙（有体物）に固定されていない場合であっても，俳優の演技の基本となる部分は，「脚本」として著作権の成立を認めてよい場合があるだろう。

4　美術（10条1項4号）

絵画，版画，彫刻のほか，芸術としての「書」も美術の著作物に含まれる。生け花についても美術の著作物に包含される（中山101頁）。なお，生け花の創作性が素材である花の選択や配列に表現されていると考えれば，美術の著作物であると同時に，後述の編集著作物ということもできる。

応用美術の著作物性

著作権法2条2項は，美術の著作物には「美術工芸品」が含まれると規定している。美術工芸品の定義は著作権法にはないが，実用に供される一品制作の壺や茶碗などであって，実用性と鑑賞性を併せもつものということができる。

工業製品は文化的所産ではなく，すなわち著作権法2条1項1号に規定する「文芸，学術，美術又は音楽の範囲に属するもの」でなく，技術的な産業上の所産であるため，著作権法の保護は及ばず，工業所有権法（特許法や意匠法といったいわゆる産業財産権法）で保護される。

工業製品の対極にあるのは純粋美術である[*1]。純粋美術とは，原則的に一品制作品であるから[*2]，工業所有権（産業財産権）としての保護は及ばない。

　[*1]　ただし，著作権法上は「純粋美術」といった概念はなく，美術工芸品を除いた著作権法にいう美術の著作物はすべて純粋美術ということになる。したがって，幼稚園児が描いた絵であってもこのような分類に従うならば純粋美術といわざるをえない。ただし，このような絵は純粋美術であるからといって著作物として保護されるためには鑑賞に堪えうることは要件とされていない。

　[*2]　浮世絵や版画などは，原版を用いて複数の作品が生み出されるから，一品制作品とはいえないが，刷上りなどにおいて作品ごとに微妙な個性の差が生

じることもあるし，作品ごとに制作者の名前が入れられている場合が多いことなどからも，純粋美術の範囲に属するといってよい。

🔘　工業製品と純粋美術の中間に「応用美術品」がある。実用に供される美術品を広く「応用美術」と定義するならば，そのうちの茶碗や壺など手工的に一品制作される「美術工芸品」は，当然に一品ごとにその形状が異なるため，純粋美術同様に文化的所産として著作物性が法文上（著作2条2項）も認められている。

🔘　しかし，一品制作ではなく量産品ではあるが鑑賞性を有するというものはたくさんある。その一方の極には，枠や金型を用いるなどして複数個作成されるたとえば博多人形や雛人形などがある。これらは，そのものの形状は美術工芸品のように実用に供されるものではなく，専ら鑑賞されるためのものであるが，複数ある複製物は皆同質のものであって個性がないものが量産されている。他方の極には，そのものの形状はイスや机といった実用に供されるために工夫されるものであるが，同時に美感を生ぜしめるものであって，かつ量産されるものがある。このような同質のもので量産されかつ美的鑑賞性をも有するものについて，著作物として保護されるか否かをめぐっては論争があった。著作権法2条2項が美術工芸品に著作物性を認めた趣旨*3が，一品制作される美術工芸品以外の応用美術品の著作物性を一律に否定する規定なのか，それ以外の応用美術品も保護される場合があることを前提とした注意的規定なのかという問題である。

＊3　現行著作権法に2条2項が規定されるに至った著作権制度審議会答申1966（昭41）年の読み方等をめぐった議論は，類書で繰り返し説明されているので本書では触れない。基本的には，著作権法で保護されるのは美術工芸品に限定するという第一案と，著作権法の保護対象に美術工芸品が含まれることを確認し，その他の応用美術保護の可否は問題を先送りしたとの第二案（ただし，純粋美術としての性質を有するものは美術の著作物して保護される）を併記する答申がされたことに起因して，現在でも美術工芸品以外の応用美術に対する著作権法上による保護の広がりについて説が帰一するところのない状態が続いている。しかし，立法に先立って行われた議論は成文法の解釈における単なる一資料にすぎない。その後の時代や社会の推移や学問の発展も加味しつつ2条2項の趣旨を解釈すべきであって，いつまでもこのような50年以上も昔の答申の趣旨を忖度して解釈しなければならないもの

ではないことを強調しておく。

　現行著作権法施行から間もない時点で，長崎地佐世保支決昭 48・
2・7 無体裁集 5・1・18〈博多人形事件〉は，ある程度大量に生産
される博多人形について著作権としての保護を認めて，注目された（た
だし，仮処分決定である点に留意）。しかし，たとえば，デパートの包装紙の
図柄一つを取り上げてみても，これを美術家が書けば美術の著作物とな
り，使用目的が包装紙であるか否かは関係ない*4が，工業デザイナーが
描いた場合であれば意匠権の対象とはなるが，著作物とはならないとす
る考え方もあるように，統一的な解釈論が存在せずに，混沌とした状
況*5が続いていた。

* 4　東京地判昭 60・10・30 無体裁集 17・3・520〈動書事件〉は，創作された
　　ものが実用目的で利用されることは著作物性に影響を与えないとしている。
　　なお，しかし一方で，大量生産されるファービー人形は鑑賞に堪えうる美的
　　なものと評価できないから美術の著作物に当たらないとした刑事判決として
　　仙台高判平 14・7・9 判時 1813・145〈ファービー人形刑事事件〉や，ぬい
　　ぐるみについて同様の判断を示して著作物性を否定した東京地判平 20・7・
　　4 LEX/DB 28141650〈プードルぬいぐるみ事件〉などがあるが疑問である。
　　この点は後述する。

* 5　よく例として登場するのが，三越デパートの包装紙と西武デパートの包装
　　紙である。前者は画家の描いた作品を利用したものであり，後者はデザイナ
　　ーによるものであるため，三越の包装紙は著作物であるが，西武のはそうで
　　はなく工業的デザインにすぎないと説明されることがある。また，20 世紀
　　最大のアートといわれるマルセル・デュシャンの作品「泉」は大量生産大量
　　販売されている男性用小便器をデュシャンがサインして横に置いて展示した
　　ものであり，その芸術家の行為によって小便器が芸術作品に転じたといわれ
　　ている。このような工業製品が著作物かの区分けは，作品に創作者の顕名性
　　があるか否かといった観点も含めて，多種多様な事項を総合勘案したうえで
　　行わなくてはならず，困難を伴うことは避けられない。

　実用に供されるか否かで著作権による保護の可否を論ずる場合には，
前述のとおり，実用に供されるとはいえ一品制作品であり作品ごと
に個性が現れるものは，美術工芸品として保護されると著作権法に明記
されていることが前提になる。

　それでは逆に，量産されるものであっても，人形のようにそのものの
形状は実用に供されるものではなく，鑑賞の対象となるものの場合はど

うであろうか。このようなものは，工業的に量産されるという点では工業製品としての側面を有しており，その意味で意匠としての保護も受けられる（意匠2条1項，3条）であろうが，そのものの形状は実用に供されるためのものではなく，鑑賞の対象であるという意味では，これまで検討してきた「文芸，学術，美術又は音楽の範囲に属するもの」（著作2条1項1号）という著作物としての成立要件を含めて充足していることは否定し難いように思われる。美術の著作物としての原作品がありその複製物が大量に生産される，たとえばミッキーマウスのぬいぐるみの場合であっても，当初から複数個作成される博多人形や雛人形の場合も，別異に扱わなければならない必然性は見出し難い。博多人形や雛人形が，たとえ当初から同一の形状の物が複数製造されたとしても，基本的に鑑賞の対象として製造されるものであって，そのものの形状を何らかの実用に供することを目的とするものではないのであるから，鑑賞対象品であるとして著作物として保護されてよい*6。この場合のミッキーマウスは純粋美術だから保護されるという必要はなく，美術作品として鑑賞に堪えようが，鑑賞に値しない醜悪なものであろうが，鑑賞対象として創作性が認められれば著作権法2条に規定する著作物の成立には何ら関係のないことである。製品が複数個生産されたとしても，実用目的を有するものではなく，鑑賞対象品にとどまるものを，そもそも応用美術の範疇に入れること自体に問題があるといえよう。

　では，鑑賞の対象でもあるが機能を有する玩具などの場合はどうであろうか。たとえば自動車の玩具である「チョロQ」などのように鑑賞目的もありながら動かして遊ぶという意味で機能を有するものの場合には，意匠法の保護対象となることはもちろんであるが，その場合でも，動くことはそのものの形状とはかかわりなく，その形状は鑑賞対象品として，車両を模型化するに当たっての創作性が認められれば著作物として保護されてよい*7。

　　*6　従来，博多人形や雛人形など鑑賞対象品ではあるが量産される物は，「実用目的を有する応用美術品」であり，一品制作される美術工芸品には該当しないものであることが当然視されていたのは，不思議というほかはない（同旨：半田正夫ほか編『知的財産権事典〔第3版〕』〔足立佳丈〕〔2007年・丸

善〕64頁）。このようなものを「実用品」と位置付ける根拠は，量産品であり意匠法の保護対象でもあるからという以上のものではないようである。しかし，美術の著作物以外においては，量産品であっても，たとえば雑誌やレコード，映画やテレビゲームなどのように著作物性が当然に認められている。そしてこの場合も，大量生産される対象物そのものは著作物として創作された意図に沿って，すなわち雑誌は読まれ，レコードや映画は鑑賞され，テレビゲームはこれをディスプレーに映写して遊ぶために利用されているのであって，これを実用品と呼ぶ者はいないであろう。

＊7　ただし，同じく動かして遊ぶNゲージの鉄道模型やモデルカーなど，実物をなるべくそのままに縮小して模型化したものの場合には，著作物としての創作性は認め難いし，意匠としても登録要件としての創作の非容易性（意匠3条2項）が認め難いことになろう。また，たとえば人間と似た動きをする介護ロボットの場合であっても，外形的にも動作としても人間同様の動きをする機械として機能を追求するものであったならば，実用品として意匠法や特許法の保護対象となるが，著作物としての創作性は認められない。ただしこの場合でも，たとえばかわいらしいキャラクターを創作してこれを介護ロボットの外形としたならば，この外形を著作物として保護してよい場合もあるだろう。

つぎに，前述のように「実用品」と呼ぶのに違和感がある玩具などの物品以外の場合でも，物品中で鑑賞の対象となる部分が実用目的と分離して把握できる場合には，その鑑賞の対象となる部分を著作権で保護してもよい＊8。たとえば，デパートの包装紙のデザインや，東京地判昭56・4・20無体裁集13・1・432〈アメリカTシャツ事件〉の図柄など平面に描かれた図柄等である場合はもちろん，神戸地姫路支判昭54・7・9無体裁集11・2・371〈仏壇彫刻事件〉のような立体的な彫刻などの例であったとしても，いずれも鑑賞対象部分を有体物から切り離して把握（理解・認識）することができる＊9から，著作物として保護してよいであろう。この場合にも，切り離して把握することができる部分が，美的な鑑賞対象として評価されるか，醜悪であるかなどといった美的鑑賞性・創作性の高低は問うまでもない。

＊8　米国連邦著作権法101条は，「『絵画，図形および彫刻の著作物』は，平面的および立体的な純粋美術，グラフィック・アート，応用美術，写真，版画，美術複製品，地図，地球儀，海図，図表，模型，および技術図面（建築計画図を含む）を含む。絵画，図形および彫刻の著作物は，構造的または実用的側面ではなく，形状に関する限り，美術工芸の著作物を含む。本条に定義す

る実用品のデザインは，当該物品の実用面と別個に識別することができ，か
つ，独立して存在しうる絵画，図形または彫刻の特徴を有する場合にのみ，
その限度において絵画，図形または彫刻の著作物として扱われる」と規定し
ている（奥邨弘司「アメリカ法──著作権法による応用美術の保護と限界」
著作権研究 43 号 66 頁〔2016 年〕参照）。

＊9　平面に描かれた図柄等の場合や立体的な物であっても仏壇に設置された彫
刻の場合などには，鑑賞対象部分をそれ以外の部分から物理的にも切り離し
て把握（理解・認識）することは容易であるが，たとえば嗜好品ともいえる
形状のランプスタンドや装飾的なベルト・バックルなどの場合には実用的な
部分と鑑賞対象部分とを分離して把握できるか，またその部分が独立して存
在できるかについては米国においても大いに議論されていた。この点，近時
の連邦最高裁判決（Star Athletica, L.L.C. v. Varsity Brands, Inc., 137
S Ct. 1002〔2017〕）は，単純に鑑賞対象部分を分離して把握した場合に，
当該部分が実用目的と離れた彫刻的な作品と看取できるのならば著作権で保
護してもよいとした（作花文雄「著作権制度における美的創作物（応用美
術）の保護とその限界（続編）」コピライト 675 号 22 頁〔2017 年〕，奥邨弘
司「実用品のデザインの著作権保護適格性に関する判断基準」IP ジャーナ
ル 3 号 73 頁〔2017 年〕など参照）。

しかしながら，機能性や経済性あるいは人間工学的観点などから採
用される機械や産業上利用される製品のデザインであって，鑑賞対
象となる部分を有体物から切り離して把握（理解・認識）することができ
ない場合には，文化的創作物としての著作権の保護は及ばないというべ
きである＊10。

＊10　大阪高判平 2・2・14 LEX/DB 27815252〈ニーチェア事件控訴審〉は，
「実用性はあるものの，その実用面及び機能面を離れて，それ自体として，
完結した美術作品として専ら美的鑑賞の対象とされるものをいうと解すべき
である。……椅子のデザインが……実用面及び機能面を離れて完結した美術
作品として専ら美的鑑賞の対象とされるものとはいえない」と判示している
が，日常生活用品として使用される椅子であるならば，実用性と鑑賞性は不
即不離の関係にあるといえるから，著作物と認められるのは，「座り難い椅
子」あるいは「座れない椅子」に限られてしまい，逆に実用性や機能性を失
ってしまうことになるだろう。

この点に関する従前の下級審判決の傾向としては，応用美術につい
て著作物性を認める要件を，通常の美術の著作物とは異なって，
「専ら美を追求して制作された」，「純粋美術としての高度の美的鑑賞性

を有する」といった高度の美的な鑑賞性・創作性を要求する立場（たとえば，前掲神戸地姫路支判昭54・7・9〈仏壇彫刻事件〉，前掲東京地判昭56・4・20〈アメリカＴシャツ事件〉など）が主流であり，学説としてもこのようないわゆる「段階理論」が通説といわれていた。しかし，応用美術についてのみ何故通常の美術の著作物以上の高度の美的な鑑賞性・創作性が要求されなければならないのか，条文上に根拠のないわが国の著作権法下においては，そのような説明が理論的にできるのかには疑問も呈されていた。そしてその後2013年には，段階理論の起源ともいうべきドイツが同理論を放棄する方向へ判例変更した（本山雅弘「応用美術に関するドイツ段階理論の消滅とわが解釈論への示唆」Law & Technology 64号41頁〔2014年〕）こともあり，知財高判平26・8・28判時2238・91〈ファッションショー事件〉は，実用目的の応用美術であっても，実用目的に必要な構成と分離して，美的鑑賞の対象となる美的特性を備えている部分を把握することができるものについては美術の著作物として保護すべきであるとして，分離可能性説を採用した。

　一方で，応用美術についても広く著作権法による保護を認め，工業所有権（産業財産権）法である意匠法との重複保護となっても構わないとの立場（非限定説。たとえば斉藤87頁など）も従前から存在した。しかし，いずれも美的な観点からの表現物の保護法である著作権法と意匠法の場合は，より厳格な出願審査手続を経て成立した意匠権が登録後20年（なお，2019〔令元〕年意匠法改正により意匠権の存続期間は出願から25年とされることになった〔21条1項〕）で消滅しても，同様の美感の保護を要求できる著作権が公表後70年も保護されたのでは，意匠を登録して利用するメリットがないことになり，独占期間経過後には工業的創作について公衆の利用を認める工業所有権制度の趣旨が没却されてしまうことになるだろう。それだけでなく，産業保護法として業としての実施のみを規制する意匠法（意匠23条）と異なり，文化保護法である著作権法は，模倣を禁止する相対的排他的独占権ではあるものの，その規制は業としての利用に限定されないことや著作者人格権としての保護の存在などから生ずる社会的な影響も看過することはできないから[*11]，両法の保護のすみ分けを明確化しておくことはやはり重要である。

しかし，前述のように段階理論がドイツでも放棄されたこともあり，非限定説を再考する立場も現れていた（上野達弘「応用美術の著作権保護——『段階理論』を越えて」別冊パテント 11 号 96 頁〔2014 年〕）ところ，知財高判平 27・4・14 判時 2267・91〈TRIPP TRAPP 事件〉が幼児用椅子について，美的鑑賞対象部分の分離の困難性を指摘したうえで，わずか 8 か月前に同高裁が採用した分離可能性説を排斥して非限定説を採用して注目され，その後の下級審の判例の動向に関心が高まっていた。もっとも，直後のたとえば知財高判平 28・12・21 判時 2340・88〈ゴルフクラブシャフト事件〉や同 30・6・7 LEX/DB 25449529〈半田フィーダ事件〉でも，美術の著作物として保護されるためには，何らかの形で美的鑑賞の対象となり得る創作的特性を備えていることを要するとしていたし，近時の知財高判令 3・12・8 LEX/DB 25571867〈タコの滑り台事件控訴審〉（なお，一審は東京地判令 3・4・28 判時 2514・110〈タコの滑り台事件一審〉）は明確に分離可能性説を採用しており，非限定説を採用する判決は姿を消したといってよい状況にある。

> ＊11　著作物を写真で撮影することは，著作権の制限規定の適用のない限り複製権（著作 21 条）の侵害になるし，この写真を Web にアップロードすることは公衆送信権（23 条）の侵害になる。さらに，たとえば著作物を貸与により公衆に提供することに対しては貸与権（26 条の 3）が及ぶし，そのほかにも，著作物であれば創作者は著作者人格権も取得するから，これを意に反して改変してはならないとの規制（20 条）も働くことになる。

　以上のことを踏まえるならば，応用美術の保護の仕分けは，

　　①　「実用品であるが一品制作品であって，作品ごとに個性が現れる場合」は，著作権法 2 条 2 項に規定する美術工芸品として著作権として保護し，意匠権としては保護しない。

　　②　「量産品であるが鑑賞の対象であって，実用目的を有しないもの」は，著作権として保護し，かつ意匠権としても保護する。

　　③　「量産品であり実用目的も有するが，鑑賞対象部分を製品から分離して把握することができる場合」は，鑑賞対象部分を著作権として保護し，製品全体あるいは鑑賞対象部分を意匠権としても保護する。

　　④　「量産品であり実用目的を有しており，鑑賞対象部分を分離

して把握することができない場合」は，著作権としては保護せず，
意匠権としてのみ保護する。

として，②および③についてのみ意匠法と著作権法との重複保護を認めるのが妥当である*12。

*12　美術の著作物にはこれを公に展示することに対して展示権（著作25条）が働くが，②および③の応用美術品は，実用目的からそもそも複数個生産されることを前提としているから，発行後の写真の著作物同様に展示権は消滅していると解するべきである（⇒第3章第1節④1展示）。

なお，後述の最一小判平12・9・7民集54・7・2481〈ゴナ書体事件〉は，実用品でありかつ量産品である印刷用書体に関しても独創性およびそれ自体が美術鑑賞の対象となりうる美的特性を備えている場合には，美術の著作物として保護される場合があることを判示しているから，実用品について一品制作品である美術工芸品以外に著作権法の保護を認めないといった立場は，現在は最高裁判例によって否定されているといえる*13。そして，同判例は結局，印刷用書体といった実用性の極めて高いものであっても，意思伝達としての機能すなわち文字としての機能から離れて，それ自体が鑑賞の対象となるような特性を備えている場合には著作権法による保護が受けられることを判示しているものと理解することができ，結局，最高裁判例を前記③と整合的に理解することが可能である。

*13　前掲知財高判平26・8・28〈ファッションショー事件〉も，量産される応用美術品について著作権による保護が認められる根拠のひとつとして，ゴナ書体事件最高裁判決を掲げている。

論点研究　1　**タイプフェイスの法的保護**

1　はじめに

タイプフェイスとは，たとえば明朝体，ゴシック体といった同一のコンセプトの下で構成されている印刷用書体一式のことをいう。このようなタイプフェイスは，美的観点からの工夫が施されていることはもちろんであるが，文字として記述された内容を伝達するといった実用目

的を果たすことを主としているため，応用美術の場合と同様に，その知的財産権法上の保護の仕分けが問題になる。一方，墨で一字一字記述される書道における「書」は実用目的を有するものではなく，鑑賞対象であって純粋美術として著作権の保護を受ける（前掲東京地判昭 60・10・30〈動書事件〉，東京地判平元・11・10 無体裁集 21・3・845〈動書第二事件〉，など）。

　　⏺ タイプフェイスの保護については，まず，意匠法が考えられるが，文字が意匠法 2 条 1 項にいう模様と認められるためには，その文字の意味内容を伝達するためのものであってはならないとされているし，物品に表されたものでなければならない。たとえば，「Cup Noodle」の文字を記載したカップ麺容器について未だ文字としての機能を喪失していないとした東京高判昭 55・3・25 無体裁集 12・1・108〈Cup Noodle 事件〉，「Coca-Cola」「COKE」の文字を記載した缶ジュースの容器につき同様の判断をした東京高判平 2・3・7 無体裁集 22・1・142〈包装用缶事件〉がある。結局，意匠法によっては，特定の物品に表されることを前提としないタイプフェイスについて保護を及ぼすことは困難というほかない。タイプフェイス以外の応用美術品については，かりに著作権法による保護が受けられないとしても意匠法による保護は受けられることが前提となっているが，タイプフェイスの場合はその前提が崩れており，一般の応用美術品よりも知的財産権法上の保護が薄くなっていることに注意しておく必要がある。

　　⏺ 次に，不正競争防止法による保護が考えられる。不競法 2 条の商品等表示にいう「商品」に無体物である書体が含まれるか否かが問題となった事例として，東京高判昭 57・4・28 判時 1057・43〈タイポス書体事件〉がある。この判決は，不競法にいう商品とは，取引市場で流通におかれる有体物をいい，書体のような無体物は含まれないとした。一方，東京高決平 5・12・24 判時 1505・136〈リュウミン L-KL 事件〉は，上にいう商品には無体物も含み，フロッピィディスクなどに収納されて販売されている書体を不競法で保護しうるとした。しかし，不競法によってタイプフェイスが保護されるためには，当該タイプフェイスの総体がそれだけで統一的な商品の形態と把握できることが前提であり，かつ同法 2 条 1 項 1 号によれば当該タイプフェイスの形態が周知性を取得し，かつ相手方のその使用によって出所の混同が生ずる必要があるし，同法

2条1項3号の場合には相手方がこれをそっくりそのまま模倣したことが要件である。しかし，タイプフェイスは通常は特定の名前を付けられたうえで製造者名の記載された媒体に収納されて販売され利用されており，タイプフェイスそのものに接した者がそれだけで特定の出所を認識できるに至る場合は多くないと思われることから，不競法2条1項1号による保護には困難性を伴うであろう。また不競法2条1項3号による保護は，タイプフェイスの基本的な構成を流用して別のタイプフェイスを製造した場合，アイディアの流用とはいえても必ずしも商品形態の模倣（デッドコピー）とはいえない場合も多いと思われることから，同号該当性の認定に困難性を伴うことが予想される。かりに同号による保護が受けられたとしても保護期間が販売開始から3年間に限定される（同法19条1項5号イ）から，その後には結局，他の知的財産法による保護を得ねばならないことになることも難点である。

2　タイプフェイスの著作権法による保護

　　🔘　下級審判例には，応用美術の著作物性に関する厳格な立場から印刷用書体の著作物性を否定した判例（東京高判昭58・4・26無体裁集15・1・340〈ヤギ・ボールド事件〉）もあるが，厳格さを多少緩和した立場から著作物性を認める余地を示したもの（大阪地判平元・3・8無体裁集21・1・93〈写植機用文字書体事件〉，東京地判平5・4・28知的裁集25・1・170・東京高判平5・11・18知的裁集25・3・472〈岩田書体事件〉）もある。たとえば，写植機用文字書体事件では，応用美術に属するものは原則として美術の著作物に含まれないとしつつも，「書体それ自体が，これを見る平均的一般人の美的感興を呼び起こし，その審美感を満足させる程度の美的創作性を持ったもの」である場合に著作物性を認めうることを示唆している。また，大阪地判平9・6・24判タ956・267〈ゴナ書体事件一審〉も「ゴナのような書体であってなお美術の著作物として著作権の保護を受けるものがあるとすれば，それは，文字が本来有する情報伝達機能を失うほどのものであることまでは必要でないが，その本来の情報伝達機能を発揮するような形態で使用されたときの見易さ，見た目の美しさとは別に，当該書体それ自体として美的鑑賞の対象となり，これを見る平均的一般人の美的感興を呼び起こし，その審美感を満足させる程度の美的創作性を持ったものでなければならないというべきである」

とし，後掲大阪高判平 10・7・17 民集 54・7・2562 所収〈ゴナ書体事件控訴審〉は「創作の目的，創作後の現実の利用形態とは別に，その創作物を客観的にみた場合，社会通念上，実用性の面を離れて一つの完結した美術作品として美的鑑賞の対象となり得ると認められるもの，純粋美術と同視し得るものについては，美術の著作物として保護されると解する」と述べ，一定水準の美的創作性を有する応用美術の著作物性を認めうるという立場を示していた。

　⚫ 学説には，印刷用書体が一般に著作物として著作権を有するとみるのは困難とする見解が主流であり，応用美術の著作物性の問題とは別の視点として，言語表現の情報伝達機能の阻害，権利関係の煩雑化，新たな書体の開発の阻害等，印刷用書体に一般的に著作物性を認めた場合の弊害への指摘がある（たとえば，中山 227 頁，田村 38 頁）。一方，これを肯定する見解（たとえば，牛木理一「タイプフェイス事件」著作権研究 20 号 139 頁〔1993 年〕）も少ないながら存在する。

3　最一小判平 12・9・7 民集 54・7・2481〈ゴナ書体事件上告審〉

　⚫ ゴナ書体事件上告審は，①従来の印刷用書体に比して顕著な特徴を有するといった独創性，および②それ自体が美的鑑賞の対象となり得る美的特性を備えている場合に限り，印刷用書体の著作物性を認める余地を与えた。また，本判決は，印刷用書体一般について著作物性を認めた場合に生じる不利益ないし弊害として，第一に，当該印刷用書体を用いた小説，論文等の印刷物を出版するためには，印刷用書体の著作者の氏名の表示および著作権者の許諾が必要となり，これを複製する際にも著作権者の許諾が必要となり，既存の印刷用書体に依拠して類似の印刷用書体を制作し，またはこれを改良することができなくなるなどのおそれがあること，第二に，印刷用書体は，文字の有する情報伝達機能を発揮する必要があるために，必然的にその形態には一定の制約を受けるものであるところ，これが一般的に著作物として保護されるものとすると，著作権の成立に審査および登録を要せず，著作権の対外的な表示も要求しないわが国の著作権制度の下においては，わずかな差異を有する無数の印刷用書体について著作権が成立することとなり，権利関係が複雑となり，混乱を招くことが予想されることを指摘している。

　⚫ 前掲の学説が指摘していたような印刷用書体に著作物性を肯定し

た場合の弊害を理由として要件を定立していることに鑑みると，印刷用書体一般についての著作物性は原則として否定されたといってよく，印刷用書体の著作物性を原則的に認めてこなかった下級審裁判所の傾向を維持し，通説的見解を採用したものと評価できる*1。

*1　ただし，この2要件の下であっても本件の書体につき著作物性を認めてもよかったのではないかと指摘する見解（「印刷用文字書体の著作物性」村林隆一先生古稀記念『判例著作権法』〔2001年・東京布井出版〕［大家重夫］435頁）もある。

🔘 判旨の2要件のうち，②の美的特性の具備については，実用的機能を持つ応用美術品につき，実用性の面を離れて一つの完結した美術作品として美的鑑賞の対象となりうることを求めるものであって，従前の下級審判決の立場を承継するものであるが，その判旨は結局，書体それ自体を切り取って鑑賞の対象となるような特性を備えている場合に限って，著作権法による保護が受けられることになるとする50頁記載の私見と整合的に理解することができる。もっとも，タイプフェイスとは，前掲（⇒本節④*10）の日常生活用品として使用される椅子の場合のように，基本的に実用目的と鑑賞性が不即不離の関係にあるといえるから，鑑賞の対象となる特性を別途認識しうるようなタイプフェイスは，鑑賞性が前面に出た「座り難い椅子」あるいは「座れない椅子」と同様に，実用性や汎用性を失ってしまう可能性があろう。

🔘 判旨①の顕著な特徴を有するという独創性の要件は，情報伝達機能を発揮するために必然的に一定の形態的制約を受ける印刷用書体の特色に配慮した格別な要件である。

実用的機能を有する応用美術は，ある程度の形態的制約を必然的に有するものである。たとえば仏壇に施される彫刻，Ｔシャツや包装紙の図柄は，描かれる素材（画材）の形態に合わせるといった意味での制約がある。しかし，これらが判旨②にいうところの「それ自体が美術鑑賞の対象となり得る美的特性を備えている場合」に該当するのであれば，このような形態的制約があることを理由として，さらに著作物性を認めるために，創作に顕著な特徴を有するといった独創性を要求する必要性は見出し難い。このことは鑑賞以外の用途を有しない純粋美術作品においてであっても同様に，キャンバスの大きさやあるいは壁画の場合には壁の形状などによる制約があることからも明らかであろう。したがって，本判決の判旨①は，むしろ前述のとおりタイプフェイスであるが故に必

然的に判旨②の該当性を認定し難いことを強調するために付加されたものにすぎないと解するべきであろう。

したがって，判旨①は本件以外の他の応用美術一般に射程範囲を有するものではないことに注意しておく必要がある。

4　そのほかの方策

▶︎　以上検討してきたように，タイプフェイスの知的財産法上の保護は，一連のタイプフェイスのデッドコピーに対して販売開始から3年間に限り不正競争防止法2条1項3号による保護を受ける可能性があるほかは，意匠法，不競法および著作権法のいずれの分野でも困難性を伴う。したがって，現行法上タイプフェイスの保護手段として残るのは民法709条の不法行為法による保護である。しかしながら一般不法行為の成否に関しても，侵害されたと主張する利益の保護の必要性とそれに向けられた行為の悪質性との相関関係から判断されるべきことになるところ（詳細は第8章第5節を参照），タイプフェイスの場合，不競法2条1項3号による形態のデッドコピーに対する保護からも漏れる行為に対して不法行為の成立を認めようとする場面であることに思いを致すならば，たとえば侵害者が権利者と個人的に形成してきた関係の破壊行為とか，共に形成してきた市場の侵奪行為であるなどといった，侵害者の悪性に関する個別事情が認められることが必要になる[2]。そのほか不法行為としては侵害行為に対する差止請求ができず，事後的に損害賠償しか請求できないことも難点である。

　　*2　前掲大阪地判平元・3・8〈写植機用文字書体事件〉や同じく前掲大阪地判平9・6・24〈ゴナ書体事件一審〉は，いずれも著作権法による保護を否定したうえで，文字書体をそっくりそのまま無断で使用する場合には不法行為の成立する余地があるとしたが，当該事案ではそっくりそのままの使用等ではないとして，請求を棄却した。また，大阪高判平26・9・26 LEX/DB 25446713〈ディスプレイフォント事件〉は，使用許諾契約の下でタイプフェイスの使用を認めてきた原告が，契約を締結することなくその使用をした者に対して使用許諾契約上の地位について法律上保護される利益の侵害であると主張した事案であるが，自由競争の範囲を逸脱し，営業の自由を濫用したといえるような特段の事情も認められないことを指摘し，不法行為の成立を否定して請求を棄却した。

🔘 「建築の著作物」にはいわゆる建築物のほかにも，橋梁，高速道，都市設計や庭園・公園も包含されるとする立場（東季彦監修『著作権法〔全訂2版〕』〔1996年・学陽書房〕［久々湊伸一］204頁，日向野弘毅『建築家の著作権』〔成文堂・1997年〕50頁など）と，構造物一般ではなく，土地に定着する工作物のうち屋根や柱または壁を持つものおよびその付属物とする立場（阿部浩二「建築の著作物をめぐる諸問題について」コピライト467号12頁〔2000年〕）とがある。生活の用に供される建築物について著作権としての保護を与えるに当たっては，後述のとおり展示権，複製権や翻案権あるいは著作者人格権との関係を調整する規定が各種用意されている。したがって，庭園や公園などについても，たとえば彫刻等造形物として美術の著作物として保護するよりも，生活に密着した建築の著作物として保護した方が利用者との利害調整が図りやすいといったメリットがある[*1]。

> *1　東京地決平15・6・11判時1840・106〈イサム・ノグチ事件〉は，建物と庭園およびそこに配置された彫刻は一体となって「建築の著作物」であると判示している。なお建築の著作物の改変については著作者人格権が制限されている（著作20条2項2号）。一方で，大阪地決平25・9・6判時2222・93〈新梅田シティ庭園事件〉は，庭園について建築の著作物とはいえないとした。しかし，保護される著作物に該当するとしたうえで，20条2項2号を類推適用している。この点については後述する（⇒第6章第4節3(1)建築物の増築，改築，修繕または模様替え）。

🔘 大阪地判平15・10・30判時1861・110〈グルニエ・ダイン事件一審〉は，一般人向けに同種の設計により多数建築される一般住宅の事案において，「一般住宅が著作権法10条1項5号の『建築の著作物』であるということができるのは，一般人をして，一般住宅において通常加味される程度の美的要素を超えて，建築家・設計者の思想又は感情といった文化的精神性を感得せしめるような芸術性ないし美術性を備え……建築芸術といい得るような創作性を備えた場合であると解するのが相当である」とした。工場建物や倉庫あるいは公団住宅の集合住宅，建

売住宅やプレハブ工法による住宅のように，機能面を重視して，同一あるいは類似形態の建物が多数建築される場合などは，産業上の所産*2であり，著作物とはいい難い。しかし，たとえば昨今みられる個性的な小中学校や大学などの校舎や，あるいはたとえ一般住宅であったとしても注文住宅であるならば，複数生産される工業製品とは異なり，地形や周囲の環境や歴史あるいは注文主の意向などを踏まえたうえで一つ一つ制作されるものであって，全体の外観のほか門や窓の体裁などを含めて設計者の美的な創作活動によるところが大きく，建築物ごとに各別の美的鑑賞性が現れているといえる場合もあるから，必ずしも「建築芸術」でなくとも，建築の著作物の成立を認めてよい場合もあると思われる。

*2　従来は不動産である建築物は意匠法の保護対象ではないとされ意匠登録ができなかったが，2019（令元）年改正意匠法は（量産される）建築物が意匠の保護対象であることを明定した（2条1項）。

　応用美術の著作権法による保護の成否については，前述のように知財高裁が分離可能性説や非限定説を採用するなどの変化が生じているが，建築の著作物に関して東京地判平 26・10・17 LEX/DB 25447065〈ログハウス調木造住宅事件〉は，一般住宅が著作物と認められるためには，「客観的，外形的に見て，それが一般住宅の建築において通常加味される程度の美的創作性を上回り，居住用建物としての実用性や機能性とは別に，独立して美的鑑賞の対象となり，建築家・設計者の思想又は感情といった文化的精神性を感得せしめるような造形美術としての美術性を備え」ていなければならないと判示している。同判決は前掲グルニエ・ダイン事件一審のような芸術性*3までは要求していないが，量産されるか否かを区別することなく一般住宅すべてについて著作物と認められるための要件として，美的鑑賞対象部分の分離可能性を要求したのでは*4，建築物においては基本的に実用目的と鑑賞性は不即不離の関係にあるから，鑑賞の対象となる特性を実用性とは別に認識しうるような建築物は，むしろ前述のタイプフェイスと同様に実用性や汎用性を損なってしまう可能性がある。同じく前述したように，壺や茶碗などの美術工芸品においては実用目的から美術性を切り分けて認識することが困難な場合もあるが，一品制作物であって一品ごとに個性が顕現しているこ

とに着目して，このような切り分け自体を不要として著作物性が認められている。したがって建築物においても，一品制作される建築物と量産される建築物に仕分けたうえで，量産される建築物については産業保護法である意匠法にその保護を委ねて，著作物としての保護は原則否定し，50頁③の要件を充足すると認められる例外的な場合にのみ著作物性を認める一方で，一品制作物といえる建築物*5については，美的鑑賞性が認められる限り*6，美的鑑賞対象部分を実用的側面から切り分けて認識できるか否かを問うことなく著作物性を認める（50頁記載①の要件に対応）べきではあるまいか。

* 3　むしろ建築芸術に限り著作権法による保護が可能であるとする立場が通説ということができる。田村122頁，加戸129頁。中山106頁も実用性を有する自動車と建築物を同列に論じたうえで，建築物の多くは実用的要素が強いため単に美的な観点からの創作性があるからといって著作権法の世界で扱うことには不都合があるとしている。しかし，量産されることを当然の前提としている自動車と建築物一般が同列に論じられるものでないであろう。

* 4　ただし本文記載のログハウス調木造住宅事件の判決は前述のとおり「一般住宅」を定義することなく判断を示しているが，この事案はシリーズ物として販売されていた住宅に関するものであり，グルニエ・ダイン事件同様に同種の設計により多数建築される一般住宅を対象とするものであったといえる点には留意しておく必要がある。

* 5　ただし，実用性と同時に鑑賞性を備えている美術工芸品は複数制作することが本来的に不可能な一品制作品であるからこそ美術の著作物として保護されるのであって，たとえばただの一台しか製作されない大型重機や，ただの一機しか製造されない航空機などのように，物の性質から必然的に一品しか製作されないのではなく，本来は複数個製造されるべき工業製品・実用品は，ここにいう一品制作品には当たらない。

* 6　2019（令元）年意匠法改正以前から組立家屋については意匠登録ができ，改正前においてもプレハブ工法などにより建築される住宅は，たとえば東京地判令2・11・30 LEX/DB 25571346〈組立家屋意匠事件〉の事例のように量産品として登録されていた。しかし，このような本来的に複数個製造されるべき工業製品・実用品といえる建築物でなく，一軒ごとに異なる形状の物として制作される建築物であったとしても，その形状が実用性や機能性を重視した結果採用されたありふれたものであったり，他に選択の余地がほとんどないものであって，著作物としての創作性が認められない場合も多いだろう。このことは，壺や茶碗などの美術工芸品であっても，ありふれた形状で

あって創作性のないものは著作物として保護されないのと異ならない。なお，知財高判平 29・10・13 LEX/DB 25448982〈ステラマッカートニー青山事件〉はファッションブランド「ステラマッカートニー」の店舗について建築の著作物の著作者が争点となった事件であり，同店舗が建築の著作物であるとしたうえで判断を加えているが，建築の著作物性は当事者がともに認めていた事案であるため，先例的価値は低い。

● 建築芸術とまでいえないが，一品制作される注文住宅などを建築の著作物と認めると不都合が生ずるかを検討しておく必要がある。まず，建築の著作物には美術の著作物と異なり「展示権」は法定されていないから，著作権法 45 条の規定を待つまでもなく，建築物の所有者はこれを公に展示することはもちろん可能である。また，建築の著作物を建築により複製することは禁止されるが，これを写真に撮るなどして複製することは許容されている（著作 46 条 2 号参照）。さらに 46 条 2 号は建築による「複製」のみを禁止しているから，新たな創作性を付加した翻案物を建築することは許容されている*7。そのほか著作者人格権についても，20 条 2 項 2 号によって建築物の所有者は「増築，改築，修繕又は模様替え」して改変することが認められているから，不都合はほとんど生じないといってよいだろう。むしろ，建築芸術以外の建築物に著作物性を認めないとして，さらにはこれを忠実に再現した設計図についても著作物性が認められないとの立場を採用するならば（この点は後述する），設計図を盗んで複製することも，設計図に依拠して建物を建築することも，直接真似てそっくりな建築物を建築することも著作権の侵害にならないことになってしまい，妥当とはいえない。

　　*7　すなわち，建築の著作物の保護は，創作性の低い著作物に関しては，複製は侵害となるが，翻案権侵害は容易には認められないとする立場と共通するものであるといえる。

● なお，著作権法 2 条 1 項 15 号ロにあるように，建築に関する図面（設計図）に沿って建築物を完成することは，建築の著作物の複製となる。設計図なしに建築物を複製することも，当然に建築の著作物の複製である。前者は，結局，設計図のみで未だ建築がされていない段階でも，建築の著作物は図面に表現されており，これに基づいて建築することは建築の著作物の複製に当たるとするものである。ただし，この場合

にいう建築に関する図面（設計図）は，建築物が正確に表現されたものでなければならない。そうではない素案や青写真としての図面であるならば，その図面は建築物としての創作性を表現したものではなく，学術的な性質を有する図面（著作10条1項6号）として保護される場合があるにすぎない。この点は後述（⇒6）する。

6 地図，学術的な性質を有する図面，図表，模型その他の図形

（10条1項6号）

🔵 地図以外の図形（図面，図表，模型）は学術的な性質があるものに限られる。ここにいう「学術」の範囲は広いが，特に「模型」にあっては，建物模型，人体や動物模型なども対象物をデフォルメして見やすさを追求して創作された場合には，学術的性質を有する模型と評価できる。ただし，玩具である，たとえばミニカー，鉄道模型や動物フィギュアなどは，本号にいう模型ではなく，美術の著作物としての成否が検討されることになる。

🔵 前述のように建築の著作物の場合は，建築に関する図面（設計図）により建築を完成することは建築の著作物の複製となるが，機械は著作物ではないから，機械の設計図に従って機械を製造することは，著作権法の問題とはならない（大阪地判平4・4・30知的裁集24・1・292〈丸棒矯正機設計図事件〉）。ただし，この場合にも機械の設計図に著作物性があるのであれば，その複製行為は図面の著作権の侵害となる。

🔵 地図は，本来的に客観的に存在する事象が正確に表現されていることを使命としているから，誰にでもわかりやすい共通する記号を用いたうえで，正確に表現しようとすればするほど選択の余地が狭められ，誰が作っても同じものになってしまい，このような「額に汗」の努力は著作権法上の創作とは評価できないとする立場もありえよう。しかし，客観的に存在する多くの事象を，地図の目的，たとえば，住宅地図や地下鉄路線図のような用途などに合わせて取捨選択して，用途に合わせて見やすく表現する過程には常に表現上の思想感情が現れているといえる

から，一般に市販されている地図であってもむしろ創作性が否定される
ものは限られるだろう*1。ただし，この場合でも地図上に表現されてい
る個々の客観的事象に著作権が成立するのではないから，現地調査に基
づいて作成された地図を参考に，全く現地調査をすることなく，地図に
表記されている客観的事象を再編集して異なる表現方法を用いた地図を
作成した場合でも，著作権侵害にはならない*2。

　　＊1　東京地判平17・5・12判タ1210・258〈空港案内図事件〉は，空港案内図
　　　　の性格上，情報の取捨選択や表現方法の選択の幅は狭く，創作的な表現を付
　　　　加する余地は少ないとしながらも，見やすさやレイアウトの点において限ら
　　　　れた範囲での創作性は認められると判示している。また，東京地判平26・
　　　　12・18 LEX/DB 25446842〈江戸明治東京重ね地図事件〉も，下図を基に地
　　　　名その他の文字情報，地図記号等を地図面上に記載し，彩色を施して完成さ
　　　　せた地図について創作性を認めている。
　　＊2　逆に，既存の地図を参考にして，その後の住宅などの移動について現地調
　　　　査をして訂正を施したとしても，既存の著作権の創作的な表現部分は流用し
　　　　ているのであるから，著作権（複製権あるいは翻案権）侵害となる（名古屋
　　　　高判昭35・8・17高刑集13・6・507〈名古屋市全住宅案内図帳事件〉参照）。

　　図形や図表も，地図同様に，対象物を選択してこれを見やすく表現
したものであれば，著作物として保護される。著作物でない，たと
えば機械の図面であっても，これを斜視図として見やすく表現するな
どした点に創意工夫があれば著作物と認められる。このことは，機械と同
じく著作物ではない樹木や人体の断層図面など，平面的に忠実かつ見や
すく表現した図面を創作する場合を想定すれば理解しやすい。ただし，
機械の場合は，構成を網羅的に表現する要請があって取捨選択の余地が
なく，また平面図，正面図，側面図などといった作図法も確立されてお
り，正確性以外に作図者の個性を発揮できる余地がないことが多いため，
設計図に僅かながらの創作性も認められない場合も多いだろう*3。この
ことは既に存在する機械を図面化する場合であっても，まずは図面を作
成した後にこれに基づいて機械が製造される場合であっても異ならない。
いずれの場合であっても，図面自体が著作物ではない機械の忠実な再現
にすぎないのならば，図面における表現に著作権として保護されるべき
創作性を見出すことはできない（反対：中山86頁）*4。このような図面に

表現されているのは機械そのものというべきであるから，その保護は特許法等の工業所有権法（産業財産権法）によるべきである。

> *3　作図対象である機械の技術思想を表現した形状や寸法に創作性がある場合にその設計図の著作物性を認めた判例（たとえば前掲大阪地判平4・4・30〈丸棒矯正機設計図事件〉）もあったが，東京地判平9・4・25判時1605・136〈スモーキングスタンド設計図事件〉は，工業製品を忠実に図面化した設計図の創作性を否定し（田村93頁参照），以降も機械等工業製品の設計図に関する下級審判決は同様の傾向にある。

> *4　ただし，時計文字盤原画に依拠して製作された時計について原画の著作権侵害が主張された事案について，原画自体が応用美術であるとして美的鑑賞対象部分を把握することができないとして請求が棄却された事案（大阪地判令3・6・24判時2517・76〈時計原画事件〉）がある。たとえば時計文字盤原画が時計製品の設計図ではなく絵画として創作された場合であるならば，作品全体が美的鑑賞対象であるということもできるから，考えてみると面白い。

▶作図される対象が著作物である場合でも，たとえば彫刻を機械と同様に正確性だけを求めて正面図，側面図，断面図などに図面化したとしても，図面化に当たっての創作性がないから図面の著作権は成立せず，また彫刻の翻案としての二次的著作権が成立することもない*5。したがって，その図面を複製したりあるいはその図面に基づいて彫刻を制作することは，図面との関係では権利侵害にはならない*6。

> *5　複製には，元の著作物と一対一に対応する同一のものを作成する場合だけでなく，これに修正，増減，変更等が加えられているが，その過程に創作性が認められず，表現上の本質的な特徴の同一性が維持されており，かつこれに接する者が既存の著作物の表現上の本質的特徴を直接感得することができるものを作成する場合も包含される（⇒本章第4節①複製を参照）。したがって，彫刻を正確に図面化したものは，表現形式は大幅に変更されているが，彫刻の複製と評価することができるだろう。

> *6　なお，彫刻を撮影した写真は図面とは異なりその創作過程に創作性があるから彫刻の複製ではなく二次的著作物である。そして，この写真に基づいて彫刻が新たに創作された場合，これは元の彫刻の二次的著作物である写真，その写真の二次的著作物としての新たな彫刻と把握することになる。

▶それでは，彫刻を制作するに先立ってこのような彫刻の設計図を描いた場合はどうだろうか。具体的に存在している彫刻の著作物を正確に図面化するのではなく，未だ存在していない彫刻をまずは設計図化

した場合でも彫刻の著作物は無体物として既に創作されているとして，第三者が設計図に依拠して勝手に彫刻を制作した場合には，彫刻の著作権の侵害となるとする説（中山109頁，田村123頁も参照）がある。建築の著作物の場合には，その設計図は建築の著作物とされており（入門52頁，ただし反対：渋谷49頁），これに基づいて建築物を作ることは建築の著作物の複製と構成されていることは前述した。建築物の場合，一般的には設計図を作成する者と実際の建築物を建築する業者は別人であり，設計図から建築物化する作業には通常は著作権法にいう創作性を見出すことができない。しかし，彫刻の場合は，設計図があったとしてもこれを具現化する過程において彫刻家としての創作的表現活動が行われるのであって，具現化する際の創作的行為をもって著作権が成立すると考えるべきことは，一般の美術や写真の著作物の場合と異ならない。一方で，未だ彫刻が存在しない段階で，彫刻として表現されるべき思想感情をこれとは別の図面の上に表現する過程には創作性が認められるから，作成された図面は「彫刻の著作物」ではなく，図面の著作物と認められるべきであろう。そして，この図面に基づいて彫刻を制作する場合には，具現化の過程で新たな創作行為が加わっているから，完成した彫刻は図面の著作物の翻案（二次的著作物）となるというべきである[7]。

  [7]　一方で，未だ存在していない建築の著作物を正確に再現した設計図の場合は，上述の彫刻の場合と同様にその過程に著作物としての創作性を認めることができるから，その設計図は図面の著作物である点では彫刻の設計図の場合と異ならないが，右設計図は同時に建築の著作物となる点では彫刻の場合とは異なる。なお，下級審判決は，著作物ではない機械等工業製品を忠実に再現した設計図については創作性を否定する傾向にあることは前述のとおりであるが，対象が建築物である場合には，東京地判昭54・6・20無体裁集11・1・322〈小林ビル設計図事件〉や知財高判平27・5・25 LEX/DB 25447276〈初台マンション設計図事件〉など設計図の創作性を認めるものがある。特に後者の知財高判は，「各部屋や通路等の具体的な形状や組合せ等も含めた具体的な設計について設計者による個性が発揮される余地」があるとしている。この場合の設計図に創作性を認めることは，この設計図に基づいて建築される建築物の創作性を認める趣旨なのか，建築の著作物性とは別に設計図自体の著作物性を認める趣旨なのかは判然としない。

実物を立体的に再現する模型の場合，実物を正確に再現して模型化しただけのものであるならば，実物を正確に平面的に図面化する場合（対象物が機械や動植物等の非著作物の場合であれ，あるいは彫刻等の著作物の場合であれ）と同様に，その過程に表現上の創意工夫（創作性）があるとはいい難く，著作権（あるいは二次的著作権）が成立しない場合が多いであろう。逆に，彫刻を制作する前にこれを小型化した模型が作成されたのであれば，この模型は模型の著作物といっても（ただし，学術的な性質を有する場合に限る）彫刻の著作物といってもよい。この模型とこれを大型化して最終的に完成する彫刻との関係は，デッサンと完成作品との関係と同様のものと理解することができよう。

⑦ 映画 (10条1項7号)

映画の著作物そのものの定義は著作権法にはないが，著作権法2条3項は映画の効果に類似する（すなわち影像が連続的に変化し）「視覚的又は視聴覚的効果を生じさせる方法で表現され，かつ，物に固定されている著作物」を映画の著作物に含むと規定しているところ，映画そのものも同項の規定する要件を充足していることが前提となる。

著作権法上「固定」が要件とされているのは映画だけであるが，原作品の存在を前提とする美術や写真の著作物なども，著作物が有体物に具現化していることを実質的には要件としていると解するべきことは前述した（⇒第2節③表現*1）。映画の場合も，脚本などとして存在するだけでは足りず，これを連続した影像とする過程の総合的な創作性に重きを置く意味から有体物への具現化（媒体への化体）を要件とし，これを「固定」と表現したものと解することができる。また，映画の場合は影像が連続して変化しているから，著作物が何らかの媒体に固定されることによって，著作物としての同一性を保って存続し，再現することが可能となる（東京地判昭59・9・28無体裁集16・3・676〈パックマン事件〉参照）*1。以上のことからも，映画の場合の「固定」要件は，媒体に化体されていることは必須であるものの，それ以上に，一般的な意味での劇

場用映画が備えている物語性とか，粗筋が一定であることなどを要求するものではない（最一小判平 14・4・25 民集 56・4・808〈中古ゲームソフト大阪事件上告審〉参照，なおこの点は 論点研究 3 で後述する）。

テレビの生放送は映画の著作物とはいえないが，これが放送事業者などによってビデオテープ等に固定されれば，映画の著作物として保護される。ただし，生放送であっても放送事業者は著作隣接権（著作 89 条）を取得するし，生放送される対象が演劇等である場合には放送には演劇の脚本の著作権の公衆送信権・伝達権（23 条）が及ぶから*2，いずれにせよ，生放送された内容を勝手に録音録画して転用することは，著作権あるいは著作隣接権の侵害になる。

　　*1　2019（令元）年意匠法改正によって物品を離れて空間に映し出される画像についても意匠保護の対象とされた（2 条 1 項）が，映画の著作物にあっても平面に上映されるものでなく，レーザー再生ホログラフィーのように空間に浮き出たように映し出される画像であっても，コンピュータ・プログラムなどにその動作が固定されている場合には，その動きのある影像を映画の著作物として保護してよいと思われる（反対：コンメ I 519 頁〔小倉秀夫〕。著作権法 2 条 1 項 17 号が「映写幕その他の物に映写することを」上映と規定していることを根拠としている）。しかし，同じようにその動作がコンピュータ・プログラムに固定されているとしても，たとえば噴水の場合には，噴水の動きを影像と理解することや，これが「上映」されていると理解することも困難である。よって，演劇を表現している脚本が著作権で保護されるのと同様に，噴水の動きを制御しているプログラムが著作権で保護されるにとどまると理解すべきであろう。

　　*2　演劇の場合は，脚本が「演劇用の著作物」（著作 2 条 1 項 15 号イ）とされており，脚本に沿って演じることには上演権（22 条）が及び，これを録音・録画することは脚本の著作物の複製に該当し（2 条 1 項 15 号イ），演じる者は実演家として著作隣接権（⇒第 7 章）を取得するが，脚本に沿って演じられる演劇自体に著作権が成立するという構成にはなっていない。映画は脚本の二次的著作物であるが，演劇は脚本として表現されており，脚本に新たな創作性が加わって制作されるものとは構成されていないということである。

映画の著作者人格権は，監督などその全体的形成に創作的に寄与した者に取りまとめて帰属し（著作 16 条），著作（財産）権は，その映画で用いられている小説，脚本，音楽などの著作物を除いては，著作者が映画製作に参加することを約している場合には映画製作者にとりまと

めて帰属する（29条）。この点は，第2章第4節で後述する。

通常の意味でいう「映画」は，総合芸術といわれるように，脚本に基づいて総監督の主導の下で，影像や音楽あるいは俳優による実演やナレーションなどからなる編集著作物として作成されて，映画館で上映されるものであろう。しかし，著作権法でいう映画は，視覚的または視聴覚的に動きのある影像であることと固定されていることだけが要件であるから，編集作業を経ることなく，たとえば子供の運動会の様子を最初から最後までVCRで撮影したものであったとしても，写真と同様に，影像を固定する過程において創作性があるといえるから，映画の著作物といえるし，後に検討するようにコンピュータ・プログラムに固定されているコンピュータ・ゲームの連続する影像やVR（Virtual Reality）とかAR（Augmented Reality）の立体的に動いているように見える影像なども創作性があるならばすべて映画の著作物といえる。

8 写真 （10条1項8号）

写真の著作物の定義は著作権法上，規定されていないが，写真の製作方法に類似する方法を用いて表現されている著作物を含む。したがって，通常の意味のフィルムを利用する写真にとどまらず，デジタルカメラやポラロイドカメラにより写されたものも写真の著作物である[*1]。なお，写真の著作物については創作性の項（⇒第2節 2 3 写真の創作性）で多く論じているので参照のこと。

> *1　写真の著作物にあっても，美術の著作物と同様に原作品について著作（財産）権としての展示権を与えているが，これを発行（公衆の要求を満たすことのできる相当程度の部数の複製物が作成，頒布されていることをいう：著作3条1項）前の写真の著作物に限っている（著作25条）。デジタル写真も写真の著作物であるから，写真の種類によっては原作品と複製物には何らの差異のない場合も考えられる。そこで，いったん発行されることによって，著作者人格権としての公表権が喪失した後の写真の著作物にあっては，原作品について展示権は及ばないとされている。逆に，美術の著作物にあっては，原作品と複製物との差が原則的には大きいから，いったん発行されて著作者

人格権としての公表権が喪失した後であっても，著作（財産）権としての展示権が著作権者にあることになる点に注意しておく必要がある（≫第3章第1節④1展示）。

映画の著作物と違い，写真の著作物は視覚的表現に動きがなく，かりに撮影対象は動くものであっても，その動きの一瞬を切り取って表現する過程の創作性をもって著作物性が認められる。ただし，動きのある映画の一コマ一コマは写真の著作物といってもよいが，その著作権は撮影者ではなく，映画の著作権者すなわち通常は映画製作者に帰属することになる*²。

*2　映画として完成する前の影像フィルムの著作権については，完成後の映画の著作者ではなく撮影した者に帰属するとした判例（東京高判平5・9・9判時1477・27〈三沢市勢映画製作事件〉）があり，本事案の解決としては異論のないところである。しかし，莫大な資金を製作者が投入して一般公開用映画の製作に着手したが途中で計画が頓挫した場合の未編集フィルムと，ドキュメンタリー風の市勢紹介映画や家庭用ビデオで撮影した運動会の模様の影像などの場合を，同じ基準で，素材となる影像の著作権の帰属を判断することは困難である。第2章第4節「①映画の著作者・②著作権者」の項で述べるとおり，参加約束の解釈なども踏まえて類型ごとに解決を図るほか，当事者間での事前の契約処理が期待される（中山123頁以下参照）。

⑨ プログラム （10条1項9号）

プログラムに関する規定は，1985（昭60）年改正法で導入されたものである。コンピュータ・プログラムは，ゲームソフトのようにこれを実行した結果物が映画のようなそもそも著作物性のあるものである場合と，エアコンの湿度温度制御用プログラムのようなそれを実行することは機械的な作用しか果たさない場合があるが，そのいずれにおいてもソフトウェア自体は人間が記述するものとして，著作権法2条1項1号の「思想又は感情を創作的に表現したものであって，文芸，学術，美術又は音楽の範囲に属するもの」に該当するといえるか否かが問題となっていた。

旧文部省（文化庁）は著作権法による保護を，当時の通商産業省は特

許法の特別法としての保護を主張して，立法方策としても官庁を巻き込んだ論争があった。そのような論争の最中に言い渡された東京地判昭57・12・6無体裁集14・3・796〈スペース・インベーダー・パートⅡ事件〉は，ビデオゲームのプログラムについて著作権法による保護を認めた。また，著作権法による保護期間が法人著作等の場合は公表後50年（当時）と長く，無審査で権利性が付与されること，より厚い権利保護を求める米国政府が著作権法による保護を主張していたこと，これが文部省側の主張に順風として作用したこともあって，著作権法による保護が与えられることになり，改正に至った。

　著作権法2条1項10号の2の規定によると，プログラムとは「電子計算機を機能させて一の結果を得ることができるようにこれに対する指令を組み合わせたものとして表現したもの」をいう。プログラミング言語は人間に判読可能であるが，これを0と1からなる機械言語にした（この作業を「コンパイル」という）ものをオブジェクト・プログラム（オブジェクト・コード）という。オブジェクト・プログラムを人間が判読できるようにするためには，逆アッセンブルという手順が必要である。しかし，これらはいずれも著作権法により保護される著作物に該当する*1。

　　*1　前述のとおり，プログラムの中には発明該当性（自然法則を利用した技術的思想で高度なもの）が認められて特許登録される場合もある。プログラムが，当初は方法の特許としての登録が認められ，これが媒体としての登録を経て，プログラム自体が物の発明として登録を認められるようになった経緯については，高林・特許29頁参照。

　著作権法でのプログラムの保護には，プログラム言語，規約，解法は含まれない（著作10条3項）。これらは具体的な表現であるプログラムを作成するための，道具であったり，アイディアであることによる。また，プログラムの著作権としての保護は，具体的に表現されたものにのみ成立する。ただし，プログラムは，ハードウェアと協働することによって何らかの動作をさせるための指令*2であり，技術的な制約の中で効率性を求めるものであるといった点では，文化的多様性の保護を基本とする著作物とは毛色を異にしていることは否めない。

たとえば発明として保護されるアイディアとしてのプログラムを具体的に実施する場合の表現には，具体化のレベルによっては，誰がやっても同じにはならないといった意味で他に選択肢がないわけではない。しかし，その場合でもどこまでがアイディア（解法）でありどこからが具体的表現なのかの仕分けが困難な場合が多いし，具体的表現としてのプログラムと区分けされるものであったとしても，機能性の視点から同一の志向性の下で創作されるものが主であるため，著作物の創作性のレベルとしては低い場合も多い*3。したがって，このようなプログラムに依拠して作成されたプログラムであったとしても，アイディアの部分すなわち解法などといった誰が作成しても同じになってしまう部分を共通にしているだけならば著作権侵害とはならないし，プログラムに直接依拠したのではなく，発明としてのアイディア（解法）に基づいて各別に創作されたプログラムであるならば，結果的に似通ったプログラムになったとしても著作権侵害となるものではないことはもちろんである。これが侵害となるのは，発明について特許が登録されている場合に限られる。

プログラムの保護は，当初は著作権法によるか工業所有権法（産業財産権法）として特許法もしくは特別法によるべきかをめぐる論争があった*4が，著作権法による方が有利であるとして採用されたことは前述した。しかし，プログラムがそのままコピーされた場合であるなら

ばともかく*5，類似するプログラムが著作権侵害に当たるか否かをめぐる争いの場合には，まずは著作権の成立には審査手続や登録手続を経ていないことから権利の及ぶ範囲を見極めることには困難性を伴う。また，プログラムは技術的な創作物として効率性や使いやすさといった同一の方向を目指して作成されるため結果的に類似してしまう必然性を有しているところ，著作権による保護はいわゆる相対的排他的独占権であって，既存のプログラムに依拠した結果，実質的に同一なプログラムが作成されたことが認められて初めて権利侵害になることから，その主張立証が容易ではない*6。

　*4　著作権法による保護と特許法による保護の長短を比較してみよう。著作物としての保護は，何ら登録等の手続を経ることなく創作により権利が成立し，保護期間も公表後あるいは著作者の死後70年と長期である点が長所であるが，著作権は表現を保護するものであってアイディアを保護するものではないから，相手方が，当該プログラムに依拠してこれを複製・翻案等したのではなく，独自に開発した結果同様なものになった場合には権利が及ばないとの欠点がある。特許としての保護は，逆に，権利取得のためには出願手続の結果特許が登録される必要があり，保護期間も出願後20年ではあるが，相手方製品が特許発明の技術的範囲に属するものであるならば，かりに独自に開発したものであっても権利が及ぶ点が長所となる。

　*5　1985（昭60）年著作権法改正前後に訴訟に登場したのはほとんどがこの類型であった。前掲東京地判昭57・12・6〈スペース・インベーダー・パートⅡ事件〉，大阪地判昭59・1・26無体裁集16・1・26〈STRATEGY X 事件〉。また，東京地判昭62・1・30無体裁集19・1・1〈ベーシックインタプリタ事件〉は，プログラムのオブジェクト・コードをそのまま逆アッセンブルしたソース・コードにコメントを付して書籍にして出版した事件である。

　*6　プログラムが複製されたと訴訟で主張する場合には，自らのソース・プログラムを開示したうえで，その創作性のある部分が相手方のソース・プログラムに用いられていることを示すのが一般的とされているが，相手方のソース・プログラムの入手が困難であるばかりか，前述のとおり創作性のある権利の及ぶ部分を示すことにも困難を伴う。そこでたとえば東京地判平23・1・28判時2133・114〈増田足チャート事件〉は，後者の困難を解消する策として，両ソース・プログラムの全く異なる表現部分が全体の約5％にとどまるとして侵害を認める手法を採用している。ただし，創作性のある箇所について具体的な主張立証が必要とする後掲（⇒第4節④二次的著作物*5）知財高判平24・1・25〈混銑車プログラム事件〉もあることに要注意。

第4節　二次的著作物（複製と翻案を含む）

　著作物を元にして，これに新たな創作性を加えて作成される著作物を，二次的著作物という。元になった著作物は原著作物と呼ばれるが，二次的著作物には原著作物から派生した著作物として別途著作権が成立する。原著作物の著作権者はこれを翻訳し，編曲し，変形し，脚色し，映画化し，その他翻案する権利を専有しており（著作 27 条），二次的著作物とは原著作物を翻訳し，編曲し，変形し，脚色し，映画化し，その他翻案することによって創作された著作物のことである（2 条 1 項 11 号）。したがって，原著作物の著作権者に無断で創作された二次的著作物は，原著作物の著作権を侵害することになる。二次的著作物を説明するためには，翻案を説明しなければならないし，新たな創作性が加わったうえでの改変である翻案を説明するためには，創作性が加味されないで行われる再製である複製概念を説明しておく必要がある。そこで本節では，説明の便宜上，最初に複製と翻案について解説を加えておくことにする。

1 複製 （21 条）

1 旧著作権法（明 32 年法律第 39 号）と現行法における複製

　著作権の英訳は copyright であるし，旧著作権法では，著作権の内容としては複製権（旧著作 1 条 1 項）と，文芸学術の著作権についての翻訳権と脚本と楽譜の著作権についての興行権（同条 2 項）しか規定されておらず，口述や放送等の無形的再製も，現行法でいう翻案であるたとえば脚色して映画化すること（同法 22 条の 2）などもすべて広く「複製」とされていたから，旧著作権法下では複製権侵害をもって著作権侵

害と解しても誤りとはいえなかった。

しかし，現行法では複製とは「印刷，写真，複写，録音，録画*1その他の方法により有形的に再製すること」（著作2条1項15号）と定義している。有形的再製とは著作物の新たな有体物への固定を意味するから，上演・演奏（22条），上映（22条の2），公衆送信（23条1項），伝達（23条2項）や口述（24条）などの手段による著作物の新たな有体物への固定を伴わない無形的な再製行為は複製ではなく，それぞれ別の支分権として定義されているほか*2，「著作物を翻訳し，編曲し，若しくは変形し，又は脚色し，映画化し，その他翻案する権利」を複製とは異なる翻訳権，翻案権等（以下「翻案権」という*3）として規定している（27条）。したがって現行法にいう複製とは，旧著作権法にいうそれから無形的な再製行為と，翻案を除いたものということになる。

*1　なお念のため付言しておくが，音を物に固定することが録音であり，影像を連続して物に固定することが録画であるが，その固定物を増製することも録音，録画と定義されている（著作2条1項13号，14号）。

*2　本書では上演・演奏（著作22条），上映（22条の2），公衆送信（23条1項），伝達（23条2項）や口述（24条）を「無形的再製」と分類し，それ以外の展示（25条），頒布（26条），譲渡（26条の2）や貸与（26条の3）を著作物の原作品や複製物の「提供・提示行為」と分類し（⇒第3章第1節支分権）て，著作物の有形的または無形的再製行為と区分している。しかし，本書の「無形的再製行為」を「著作物の提示」とし，本書の著作物の原作品や複製物の「提供・提示行為」を「著作物の提供」と分類する立場（たとえば入門156頁以下）もあり，用語に混乱の生ずる可能性がある点には注意しておいて欲しい。

*3　法令文言上は，著作権法27条に規定する「脚色」と「映画化」が「翻案」の例示であるが，「翻訳」，「編曲」，「変形」と翻案の関係を論ずる実益は少なく，これらをまとめて（広義の）翻案権ないしは改作利用権と理解しておけば足りる（反対：上野達弘「著作権(2) 27条・28条」法教336号128頁〔2008年〕）。

最一小判昭53・9・7民集32・6・1145〈ワン・レイニー・ナイト・イン・トーキョー事件〉は，「著作物の複製とは，既存の著作物に依拠し，その内容及び形式を覚知させるに足りるものを再製することをいう」と複製を定義する判示をしており，現行法での複製の定義としても同最一小判を引用して，「依拠性」と「同一性のある作品の作成」

の2要件（プラス「有形的再製であること」）を掲げるのが一般的（たとえば，西田美昭「複製権の侵害の判断の基本的考え方」裁判実務大系117頁）である。ただし，同最一小判は，有形的再製と無形的再製の双方やあるいは翻案までも包含していた旧著作権法下における複製の定義を述べたものであるから，複製と翻案を区分する必要からも，そのままで現行著作権法の定義に流用することはできない。そこで，その後の学説・判例の動向を取り入れ，かつ翻案の定義との相違を踏まえて，複製の定義を検討し直してみることにしよう。

2　複製と翻案の区分

最一小判平13・6・28民集55・4・837〈江差追分事件〉は，翻案について「言語の著作物の翻案（著作権法27条）とは，既存の著作物に依拠し，かつ，その表現上の本質的な特徴の同一性を維持しつつ，具体的表現に修正，増減，変更等を加えて，新たに思想又は感情を創作的に表現することにより，これに接する者が既存の著作物の表現上の本質的な特徴を直接感得することのできる別の著作物〔二次的著作物〕を創作する行為をいう」と定義した。条文上は，著作権法27条は著作権者が当該著作物に対して有する翻案権を規定しており，このような行為を著作権者の許諾なく行うことは支分権の一つである翻案権侵害になるとするのみであって，必ずしも翻案の結果，既存の著作物に新たな創作性が付与されることを翻案の要件としているわけではない。また，2条1項11号が「……翻案することにより創作した著作物」を二次的著作物と定義しており，単なる翻案ではなく，「翻案プラス創作」によって二次的著作物として成立すると規定していると読むこともできないではない。しかし，江差追分事件判決が，翻案とはすなわち二次的著作物を創作することを意味すると定義した以上は，この定義を前提に後の論を進めることにする。すなわち，既存の著作物に新たな創作性を加えたうえでこれを再製する行為が翻案であって，複製からは除外されるということである[*4]。

*4　ただし，翻案権を二次的著作物形成権と構成することによって不都合が生ずることがあるといわれている。たとえば，翻案権侵害を請求原因とする訴

訟の場合に，原告である著作権者が請求原因として，被告作品が原告著作物に依拠したうえでこれを改変したものであることだけでなく，新たな創作性が加わっていることやその部分を主張しなくてはならなくなってしまうことなどである。

現行著作権法の条文上も，著作権法2条1項15号は脚本等演劇用の著作物の上演や放送または有線放送の録音・録画は脚本等の複製であり（同号イ），設計図に従って建築物を完成することは建築の著作物の複製である（同号ロ）と規定している。また，37条は公表された著作物は点字により複製することができると規定しており，すなわち点字化を複製と評価している。これらの行為は，一般的に理解されるコピー（複製）とは異なり，既存の著作物の外形的な表現形式を大きく改変するものであるが，いずれも規定上はその改変過程に創作性が認められないと一般的には評価されるために，複製に包含されている。また，プログラム言語によって記載されたソース・プログラム（ソース・コード）を二進数の電気信号である機械語（オブジェクト・プログラム）に変換（コンパイル）することも，外形的な表現形式は大きく変わっているが，一対一の対応関係にあってその過程に何らの創作性も加味されていないとして，複製に該当することに疑いは持たれていない（東京地判昭57・12・6無体裁集14・3・796〈スペース・インベーダー・パートⅡ事件〉）。以上のように，複製概念には，まず，外形的な表現形式の変更を伴っていても，その過程に創作性の認められないものを包含すると解することになる。

3 複製の定義

(1) 依拠性

著作権は相対的排他権であって，かりに既存の著作物と同一の作品を生み出した場合であっても，既存の著作物に依拠していなければ著作権侵害にならない。このことは前掲最一小判昭53・9・7〈ワン・レイニー・ナイト・イン・トーキョー事件〉の判示するところであり，同判決は，これに引き続いて，「既存の著作物に接する機会がなく，従つて，その存在，内容を知らなかつた者は，これを知らなかつたことに

つき過失があると否とにかかわらず，既存の著作物に依拠した作品を再製するに由ないものであるから，既存の著作物と同一性のある作品を作成しても，これにより著作権侵害の責に任じなければならないものではない」と判示している。また，前掲最一小判平13・6・28〈江差追分事件〉は翻案を定義する際に，旧著作権法における複製を定義した前掲最一小判昭53・9・7〈ワン・レイニー・ナイト・イン・トーキョー事件〉と同様に，「既存の著作物への依拠」を要件としている*5。

＊5　複製の定義について前掲ワン・レイニー・ナイト・イン・トーキョー事件最一小判が用い，また翻案の定義について前掲江差追分事件最一小判が用いている「依拠性」という概念は，著作権法には規定がない。そこでこれらの最判の定義を離れ，「依拠性」は複製や翻案の成立要件ではなく，「類似性」と並ぶ権利侵害の要件であるとして（入門305頁，中山709頁など），権利侵害の項目で説明する概説書も多いようである。この考えによるならば，依拠の有無にかかわらず著作物を有形的に再製（著作2条1項15号）したならば著作権法にいう「複製」といった形式的な法定利用行為があったことになり，これに依拠性や（創作性のある部分の）類似性がある場合が複製権などの支分権侵害となると構成するのであろう。しかし，「類似性」に関する規定も依拠性同様に著作権法にはないし，前掲江差追分事件最一小判が翻案を定義する際に判示した「本質的特徴の直接感得性」のことを意味するのであろう「類似性」の概念は，「依拠性」の概念とともに，＊2記載のように著作物の原作品や複製物の提供・提示行為を内容とする支分権においては権利侵害の要件としても機能することはない（提供・提示される対象物が著作物に依拠して作成された「類似」したものであるかが問われるのであって，提供・提示行為自体が著作物に依拠してされたものであるとか「類似」したものであるか否かなど観念することはできない）。したがって，むしろ，「依拠性」は，複製（有形的再製）と上演や上映などといった＊2記載の無形的再製および翻案の成立要件と位置付けるべきである。

複製（copy）という一般的な言葉は，既存のものを写してこれと同じものを作成することを意味しているし，依拠という言葉の意味は「よりどころにする」ことであるから，著作物の複製を，「既存の著作物」に「依拠して」「これと同一性のある作品を作成する」こととする定義は，言葉の意味を国語的に説明したものではあるが，法律的には循環論法の域を出ているとはいい難く，さらなる検討が必要である。

まず，「依拠」は，元になる著作物の存在をこれを再製する者が認識していることが前提である。その意味で，「依拠」は元の著作物に接したか否かといった客観的な要件だけでなく，これに元の著作物を利用しようとする意図といった主観的な要件が加わった概念である。ただし，たとえば書籍内容を見ずに複写機でコピーしたり，プログラムの内容を認識することなく CD-ROM にコピーするなど，機械的複製の場合であるならば，既存の著作物の表現内容を認識していなかったとしても，意思をもって装置を作動しただけで，依拠性を認めるに十分である*6。故意犯のみを罰する著作権侵害罪（著作 119 条）においても，侵害対象物がプログラムであるとの認識の下にこれを再製すれば成立し，その具体的内容を他のプログラムと識別できる程度に認識していることは不要とされている（東京地判昭 63・3・23 判時 1284・155〈パソコンプログラム・マニュアル事件〉）。また，機械的複製の場合でなく，人間の手による複製であったとしても，模写やたとえば写経のように，その過程で著作物の内容に何らの変更を加えることなしに，一対一対応で行われる複製の場合ならば，機械的複製の場合と同様に，元になる著作物の存在を認識して，これと同一のものを作成しようと意図してその行為を行えば，著作物の表現内容までを認識していなかったとしても，依拠性が認められる場合もあろう。

　　*6　たとえば情報通信設備のバックエンドで人の知覚を伴うことなく機械的に行われている著作物の蓄積などは，依拠性が否定され，そもそも複製とはいえない場合もあるだろうが，インターネットを利用する場合のブラウザキャッシュのような場合にも同様に複製といえないかについては争いもあったところ，2018（平 30）年著作権法改正でいずれの場合も著作権が制限される場合として規定された。この点は後述（⇒第 4 章第 3 節著作権の制限規定）する。

　既存の著作物に接したことは，依拠性を肯定するための必要条件であるが，たとえ接したとしても，これを全く参考にしなかったり，あるいは参考にしたとしても，これとは全く別の著作物を創作することはありうるから，既存の著作物に接しただけでは依拠性を認めるには不十分である。ただし，前述のように既存の著作物に接した者が，その後にこれと一対一に対応した全く同一のものを作り出した場合には，俳句

のような短い著作物の場合であるならば格別，そうでない限り独自に創
作したのではなく，既存の著作物の存在を認識したうえでこれと同一の
ものを作成する意図をもってこれを行ったと認められるのが通例だろう。

　一方で，既存の著作物に接した者が，その後にこれと全く同一とは
いえず，その一部が改変されあるいは表現形式の変更を伴うものを
作り出した場合であるならば，これが複製（翻案）となるかは依拠性の
成否にかかわることになる。この場合，前掲最一小判平13・6・28〈江
差追分事件〉が指摘しているように，著作権は表現それ自体でない部分
や創作性のない部分に成立することはなく，これらと同一性を有する著
作物を創作する行為は翻案には当たらない。複製権の侵害も既存の著作
物の創作性のある表現を有形的に再製することを意味するから，既存の
著作物の存在ばかりでなく，その表現内容を（もっとも，これが創作性のあ
る部分であることまでも認識していることは必要ないものの）認識したうえで，
これを意図して利用することが，依拠性の要件として必要になる。この
場合の依拠性とは，翻案の成立要件としての依拠性と同様の要件である。

(2) 再製

　著作権法2条1項15号は複製を「……（有形的に）再製すること」
と定義しているが，これも同義語の反復にすぎないので，さらに正
確な定義を検討する。

　まず，(1)で述べたように，元の著作物に一対一に対応する全く同じも
のを作成することが再製に該当することは，もちろんである。

　つぎに，翻案の定義と共通して，既存の著作物の創作的な表現部分
に修正，増減，変更等が加えられているが，表現上の本質的な特徴
の同一性が維持されており，かつ，これに接する者が既存の著作物の表
現上の本質的特徴を直接感得できるものを作成することも再製に該当す
ることになる[7][8]。

* 7　前掲最一小判平13・6・28〈江差追分事件〉が著作物の翻案の定義として
　　　判示した表現上の本質的特徴の直接感得性との要件は，表現形式上の変更等
　　　を伴う複製の場合にも妥当するものであることを指摘する論考として，上野
　　　達弘「ドイツ法における翻案」著作権研究34号28頁以下（2008年）参照。

＊8　東京高判平 14・2・18 判時 1786・136〈雪月花事件〉は，「雪月花」の文字を毛筆で書いた掛け軸の写真が，商品カタログ中に小さく写し込まれている事案に関して，書の濃淡と潤渇等といった表現上の本質的特徴を直接感得することはできないから複製には該当しないと判示した。この判決は，後に検討する 2012（平成 24）年著作権法改正による 30 条の 2（付随対象著作物の利用）の権利制限規定新設のきっかけとなったものとして著名である。

(3) 検討

🔊　以上検討してきたことを総合するならば，複製とは，「既存の著作物の存在を認識したうえで」，「その創作的な表現部分」「と同一のもの」をまたは「修正，増減，変更等が加えられているが」「その過程に創作性が認められず」，「表現上の本質的な特徴の同一性が維持されており」かつ「これに接する者が既存の著作物の表現上の本質的特徴を直接感得することができるもの」を「作成しようと意図して」「有形的」に「作成する」こと，と定義することができる。

② 翻案 (27 条)

1　基本的理解

🔊　著作権の対象となる著作物は「思想又は感情」を創作的に表現したもの（著作 2 条 1 項 1 号）であり，著作権は表現を保護するものであって，「思想又は感情」そのものを保護するものではない。この点を伝統的な考え方は，著作権の保護対象である表現形式と，保護対象外であるアイディア（内容）に区分し，さらに表現形式を「外面的表現形式」すなわち著作者の思想を知覚しうる媒介物を通じて客観的存在たらしめる外部的構成と，「内面的表現形式」すなわち著作者の内心に一定の秩序をもって形成される思想の体系に二分した。さらに，著作権としての保護はその両者に及ぶとしたうえで，外面的表現形式を維持して有形的に再製するのが複製であり，内面的表現形式を維持しつつ外面的表現形式を変更するのが翻案である，と説明していた（⇒本章第 2 節③表現）。し

かし，著作権保護の対象となる表現形式に属する「内面的表現形式」と対象外とされる思想または感情に属する「内容」との区分が現実には困難であり，内容と把握される部分にも思想または感情そのものではない表現形式として把握できる部分があると解される一方，必ずしも外面的表現形式が同一でなくとも複製と解するべき場合もあることなどもあって，このような区分の有効性には疑義が生じていた。

　そこで，その後の判例・通説は，翻案権侵害の判断基準を，原作品における表現上の本質的な特徴を相手方作品から直接感得することができるか否かに求めてきたところ，前掲最一小判平13・6・28〈江差追分事件〉は，前述のように翻案とは「既存の著作物に依拠し，かつ，その表現上の本質的な特徴の同一性を維持しつつ，具体的表現に修正，増減，変更等を加えて，新たに思想又は感情を創作的に表現することにより，これに接する者が既存の著作物の表現上の本質的な特徴を直接感得することのできる別の著作物を創作する行為をいう」と定義するに至った。判文からも明らかなように「直接感得性」の判断主体はこれに接する者すなわち一般人であって，既存の著作物の著作者の創作的な表現の顕現と認められる部分が，客観的視点から別の著作物中に顕れているといえるか否かによって翻案か否かが見極められるということができる*1。

　　*1　もっとも，江差追分事件控訴審も上告審と同様の定義を行ったうえで翻案であると判断していることからも，この定義自体広い解釈の余地を残していることは否めない。この点，東京高判平12・9・19判時1745・128〈舞台装置事件〉が，直接感得性はあくまで表現の創作性を基準にした判断であるべきであるが，表現ではなくアイディア自体が目新しいものであった場合に，後に同じアイディアを採用した作品は既存の作品を直接感得させやすくなってしまうと指摘しているように，直接感得できるとされる対象には留意しておく必要がある。

2　翻案の定義

　以上の検討結果に，これに先立って検討した複製の定義の検討結果を加味するならば，翻案とは，「既存の著作物の存在とその表現内容を認識したうえで」，「その創作的な表現部分」に「修正，増減，変更

等が加えられており」かつ「その過程に創作性が認められ」,「表現上の本質的な特徴の同一性が維持されており」かつ「これに接する者が既存の著作物の表現上の本質的特徴を直接感得することができるものを」「作成しようと意図して」「作成する」こと，と定義することになる*2。

> *2　複製と翻案を一元的に理解すれば足りるとする説（田村 47 頁）があるが，複製と翻案の要件事実は「その過程に創作性が認められず」か「その過程に創作性が認められ」の点のみが異なっており，この点では二律背反の関係にある。しかし，訴訟の場面であるならば選択的に主張すれば足り，複製権侵害であるか翻案権侵害であるかを探索する実益はないといえる。

③ 全体比較説について

　江差追分事件最一小判は，判旨 1 として前述のとおり，表現上の本質的特徴の直接感得性といった言語の著作物について翻案の定義を示したが，判旨 2 として思想，感情もしくはアイディア，事実もしくは事件など表現それ自体でない部分または表現上の創作性がない部分において，既存の言語の著作物と同一性を有するにすぎない著作物を創作する行為は，既存の著作物の翻案に当たらないとの判示もしていることは前述のとおりである。この判旨 2 に該当しない場合，すなわち既存の著作物の創作的な表現が流用されている場合であるが，その流用されている既存の著作物の創作的表現部分の本質的特徴が直接感得できないとして，翻案が否定される場合とはいかなる場合かという点が，2007（平 19）年度の著作権法学会で議論された（著作権研究 34 号 1 頁以下〔2008 年〕参照）。従来，判旨 2 は，創作的な表現でない部分には著作権が成立しないから，こういった部分のみを流用することは，かりにこれをそっくりそのまま流用することも自由であって，権利侵害とならないといった当然の前提要件を明示した判旨にすぎないと理解されていた。それでは創作的表現部分が流用されているのならばすべてが翻案権侵害になるのかといえば，創作的表現部分そのものに大幅な創作的な変更が加えられた結果，従前の表現上の特徴が失われてしまうほどに換骨奪胎されてい

るならばもはや権利侵害とはいえず，新たな著作物の創作となること，
その限界が表現上の本質的特徴が直接感得できるような状態で流用され
ているか否かといった判断基準であることを示したのが判旨1である，
と理解するのが一般的であった（髙部眞規子「最判解民事編平成13年度下」
549頁以下〔2004年〕参照）*1。

    *1　なお，複製と翻案の定義の項で述べたとおり，江差追分事件最一小判の判
　　　旨1と判旨2はいずれも翻案該当性の判断基準であるばかりでなく複製該当
　　　性の判断基準でもあることには留意しておくべきである。

　しかし，かりに既存の著作物の創作的な表現部分が流用されていた
としても，当該流用された部分が些細な部分であったりして，流用
された作品全体に着眼したならばその創作的な表現の中に流用された部
分が埋没してしまった結果，既存の著作物の創作的表現上の特徴として
直接感得できなくなってしまう場合があり，このような場合を翻案から
除外する趣旨も判旨1には包含されるといった説（髙部・詳説267頁）も
唱えられることがある。このような説は，従前から，翻案権侵害の有無
を判断する際には，侵害されている部分を直接対象とするだけでなく，
被告の著作物全体と侵害された部分との比較をすべきであるとする全体
比較説（橋本英史「著作権（複製権，翻案権）侵害の判断について・下」判時1596
号13頁〔1997年〕）として唱えられていた。これによって，既存の著作物
の創作的表現部分を利用した，たとえばパロディーなど，新たな創作活
動をある程度認めようとする政策的な意図は理解できるが，このような
考えが前掲江差追分事件最一小判の判旨1から導かれると説明するのに
は，後述のように無理があるように思われる。

　そもそも，被告作品が原告作品の複製権や翻案権を侵害するか否か
を判断する手法として，①原告作品の著作物性を認定してから，被
告作品には原告作品の創作的表現が複製ないし翻案されているかを順次
判断する手法（二段階テスト）と，②両作品に共通している要素を取り出
して，それが思想または感情の創作的な表現に該当するか否かを判断す
る手法（濾過テスト）がある。二段階テストでは，原告作品全体の著作物
性の判断を先行させる必要があるが，原告作品をどの範囲で捉えるかが
問題になるし，民事訴訟における要件事実の分類からいえば，原告作品

の著作物性は被告作品が権利侵害するか否かの範囲内でのみ検討すれば足りる。原告作品が著作権の保護対象であり，原告がその権利者であることはもちろん原告の主張すべき請求原因事実ではあるが，その場合も原告作品全体として主張立証する必要は本来的にはなく，被告作品と対比される部分において著作物性を主張立証すれば足りるというべきである*2から，基本的には**濾過テスト**が妥当するといえる。

> *2　特許権侵害訴訟の場面での同様の問題について論じたものとして，高林「特許法の要件事実論からの分析」曹時 59 巻 11 号 1 頁以下（2007 年）参照。

前述の全体比較説に関しても，訴訟において俎上に載せられるべきは，原告作品を侵害すると原告が主張する範囲内にある被告作品の部分のみであって，被告作品の創作的表現がそれ以外にどの範囲にまで広がっているのかは審理対象となるべきものではない。まして，前述のとおり江差追分事件最一小判の判旨1と2は翻案ばかりでなく複製権侵害の場面でもはたらく判断基準であるから，既存の著作物の創作的表現部分が創作的な変更が加えられることなく被告作品に流用されている場合に，当該部分以外の被告作品の創作的表現部分の存否やそれによる影響などを審理判断する必要はなく，また審理判断すべきでもない*3 *4。

> *3　ただし，近時のたとえば知財高判平 24・8・8 判時 2165・42〈釣りゲーム事件〉は，権利者が著作権侵害として特定した部分に拘泥されることなく，それ以外の部分も比較対照して直接感得性を判断することができるとしており，全体比較説の立場を鮮明にしている。前述の濾過テストの考え方によるならば，著作権者が侵害されたと主張する対象部分以外の相手方作品の部分をも審理対象とすることは審理範囲を無限定に拡大するものであって疑問が残る。なお，被告が原告著作物を真似た部分と独自に創作した部分を単純に比較衡量する従来の「全体比較説」を批判しながらも，前掲江差追分事件最一小判の判旨1に判旨2とは異なる独自の存在意義を認める説（「直接感得性説」）として横山久芳「翻案権侵害の判断基準の検討」コピライト 609 号 2 頁（2012 年）がある。しかし，比較対象を被告が新たに手を加えた部分にまで拡大する点では「全体比較説」と共通しており，その差は程度問題にすぎないように思われる。
> *4　ドイツ著作権法 24 条の自由利用規定の解釈論として，他人の著作物が自己の著作物中に利用されているとはいえ，単なるきっかけとして用いられているにすぎず，自己の著作物中においてその存在が色褪せているとしてこれを許容するいわゆる「色褪せ説」がある。この点に関しては，上野・前掲①

＊6 著作権研究 34 号 28 頁以下を参照。

④ 二次的著作物

🔘 　二次的著作権が成立するためには原著作権者の許諾が必要になるわ
　　けではない。原著作権者の許諾を得て創作された場合でも，許諾を
得ないで創作された場合にも二次的著作物は著作権としての保護は受け
られ，第三者に対して著作権者として権利を主張することができるが，
原著作権者に無許諾で創作された場合には，原著作権者に対する関係で
はその許諾を得なければ二次的著作権の行使はできないことになる。こ
のことは，ある発明を改良したり利用したりした発明が，利用発明・改
良発明として基本発明とは別に特許権を取得できる場合があることと類
似している。

1　原著作物と二次的著作物との関係

🔘 　二次的著作権が成立しても，原著作物の著作者の権利には影響がな
　　く（著作 11 条），原著作物の著作者は，二次的著作物の利用に関し
ては，二次的著作物の著作者が有するのと同一の種類の権利を専有する
（28 条）。

🔘 　この点については，連載漫画『キャンディキャンディ』をめぐる争
　　いに関する最一小判平 13・10・25 判時 1767・115〈キャンディキ
ャンディ事件上告審〉を検討しておく必要がある。事案は原作原稿を原
著作物として作画して作成された連載漫画に関するものであるが，原審
の東京高判平 12・3・30 判時 1726・162〈キャンディキャンディ事件控
訴審〉は，漫画作画者は原作原稿に新たな創作性を施して二次的著作物
としての漫画を完成しているが，二次的著作物である以上，それを形成
する要素で原著作物の創作性に依拠しないものはありえないとみること
も可能であるし，二次的著作物において原著作物に新たに加えられた創
作的部分を詮索することは困難であることを指摘して，原著作者である
原作原稿の著作権者（＝原著作権者）は，二次的著作権者に対してストー

リー展開と関係しない各コマ絵なども含めて二次的著作物全体について権利を主張できると判示した。上告審も，新たに加えられた創作部分を探索することが困難であるとする理由は援用しなかったものの，著作権法28条によって原著作権者は二次的著作物全体について二次的著作権者と同一の権利を有することになるとして，原審の結論を維持した。

🔘 著作権法28条は「同一の権利」ではなく，「同一の種類の権利」と規定しており，素直に読むならば，たとえば原著作物である小説を翻案して映画が創作され，二次的著作権者または第三者がこれを頒布した場合に，原著作者は，小説の著作権者であるにもかかわらず，映画の著作権に固有の頒布権といった種類の権利も取得し，小説の著作権に基づいて映画の頒布を禁止できることを意味している（中山185頁）＊1。二次的著作物には，原著作物を元にすることなく新たに創作された部分がある場合を想定できるし，その部分について原著作権者は権利主張できない。逆に，二次的著作権は原著作物に新たな創作を加えたところにおいて成立するのであるから，原著作物のみを利用している部分については二次的著作権者の権利は及ばない。たとえば前者の例として，原曲（原著作物）を改作した曲を第1小節と第3小節として，自ら作曲した部分を第2小節とした改作曲の場合，曲全体は原著作物の二次的著作物であろうが，原著作者の権利は改作曲の第2小節には及ばない（田村115頁注1)。また，後者の例として，ピアノ版原曲を原著作物として交響曲に編成した二次的著作権が成立したとしても，交響曲の主旋律たるメロディー部分については二次的著作権者の権利は及ばない。

* 1 　著作権法27条は翻案行為自体を権利侵害とするものであって，翻案した結果，創作された二次的著作物を複製したり公衆送信したりする行為を原著作権者が禁止するのは同条に基づくのではなく，28条によって，原著作者が二次的著作物に対して有する「同一の種類の権利」すなわち，二次的著作物の複製や公衆送信を禁止することができる権利に基づくことになる。また，28条が「同一の権利」ではなく，「同一の種類の権利」と規定しているのは，原著作者が有する二次的著作物について生ずる権利の存続期間はあくまで原著作物のそれであるためである（加戸225頁，上野・前掲①＊2法教336号129頁注33など）と説明されることもある。しかし，上記の趣旨に加えて，「同一の種類」との文言に本文記載の意味を持たせて読むことにも合理性が

あるといえよう。

　最一小判平 9・7・17 民集 51・6・2714〈ポパイネクタイ事件〉は，二次的著作物おいて原著作物に新たな創作が加えられた部分か否かは，見極められることを前提にした判示を行っている。キャンディキャンディ事件最一小判が，二次的著作物において原著作物に新たに加えられた創作的部分を詮索することは困難であるとの原審の理由付けを採用しなかったのも，ポパイネクタイ事件最一小判との整合性を慮ってのことであろうかと思われる。キャンディキャンディ事件最一小判を支持する立場の者は，二次的著作物は原著作物があって初めて創作されるものであって，二次的著作物中には原著作物の創作性が満遍なく広がっているものであるなどと説明する（長沢幸男「二次的著作物」新・裁判実務大系 283 頁）。しかし，二次的著作物であるからといって必ずしもそのようにいえるものばかりでないことは，前記の改作曲の例を引くまでもなく明らかである。また，特許における基本発明と利用発明の場合にも，利用発明は基本発明を利用しているという意味で，利用発明の権利者や第三者による利用発明の実施は基本発明の権利侵害となるが，基本発明の権利者は利用発明の権利者と同じ権利を取得しているのではなく，あくまで基本発明の限度で権利を有しているにすぎないから，基本発明の権利者といえども利用発明の権利者の許諾なくして利用発明を実施することはできないという前提で制度設計されている。この場合にも，利用発明は基本発明がなければ生み出されえなかったという意味では，原著作物と二次的著作物の関係と異ならない。したがって，前述のようなキャンディキャンディ事件最一小判を支持する立場からの説明は，創作者は自らが創作した成果物に対してのみ著作権を取得するといった大原則を外れて，著作権法 28 条の「同一の種類の権利」との規定文言を「同一の権利」と読み込んでまで，原著作者に二次的著作物において新たに創作された部分にまで権利を持たせることを正当化する理由付けになるとはいえない。

　さらにキャンディキャンディ事件最一小判が，原著作物の著作者が二次的著作物の利用について二次的著作物の権利者と同一の種類の権利を持つという著作権法 28 条の趣旨を，原著作権者は二次的著作物

をその権利者の許諾なくして利用できるとまでするのであるならば，その理由付けはますます困難というほかはない*2。他者の創作への寄与を原著作者が自らの権利として取り込めるとする論拠はない。

> *2　たとえば翻訳の場合などは，二次的著作物中に原著作物の創作性が満遍なく広がっているということはできるが，逆に原著作物に満遍なく翻訳作業としての創作性が加えられているということもできるから，原著作物の著作権者といえども翻訳者の許諾なく自由にその翻訳を利用することはできない。原著作権者は二次的著作物である翻訳を複製しようとする者に対して，原著作物の複製ではないにもかかわらず，「原著作物の著作権に基づいて」禁止できるのは，著作権法28条から導かれる解釈論である。これを二次的著作物中に原著作物の創作性が満遍なく広がっているからであるなどと理由付ける必要はないし，まして原著作者が二次的著作物について二次的著作者と同じ権利を有しているからであるなどと理由付けるのは，必要がないばかりか誤りである。

2　三次的，四次的著作物などといった概念

著作権法上は二次的著作物のほかに，三次的，四次的著作物といった概念は法定されていない。しかしたとえば，叙事詩を長編小説化した後に脚本化し，その後に脚本をさらに映画化した場合，小説は叙事詩の二次的著作物，脚本は叙事詩の三次的著作物であり小説の二次的著作物，映画は叙事詩の四次的著作物であり小説の三次的著作物でありかつ脚本の二次的著作物という関係に立つということができる。

このような場合に，原著作者が二次的著作物について二次的著作権者と同一の権利を，対第三者の関係ばかりでなく対二次的著作権者との関係でも取得するとしたキャンディキャンディ事件最一小判の立場を墨守するのであれば，二次的，三次的といった改変の連鎖を経た後の四次的著作物についても，累次の原著作権者のすべてが四次的著作権者と同一の権利を取得することになりそうである。しかし，連鎖的な改変を施されることによって，もはや一番初めの原著作物に依拠したものとはいえなくなること，すなわち上記の例でいうならば，映画からはもはや元になった叙事詩の表現上の本質的特徴を直接感得することができなくなり，映画は叙事詩の二次的著作物（派生的著作物）とはいえなくなっ

ている場合もありうる（田村112頁，中山178頁などを参照）から，このような解釈論は採用することができない。

二次的著作物との名称は，あくまで原著作物から派生して創作された著作物のことを意味し，二次的であるか三次的であるかなどは問うものではないから，対象となる著作物にとっていずれの著作物が原著作物であるかを検討すれば足り，二次的著作物以外に三次的，四次的著作物といった概念を用いる必要はないとする説（長沢・前掲新・裁判実務大系283頁）がある。この説は，かりに二次的著作物にのみ依拠して三次的著作物が創作されたとしても，三次的著作物から原著作物の表現上の本質的特徴が直接感得できるのであれば，三次的著作物も原著作物に依拠して創作された二次的著作物と評価することができるとする（中山178頁，大阪地判平11・7・8判時1731・116〈パンシロントリム事件〉。なお田村57頁も参照）。

翻案権侵害を主張する訴訟において，「被告の侵害対象著作物が原告著作物に依拠して創作されたものであること」は，侵害対象著作物から原告著作物の表現上の本質的特徴が直接感得できることと，これが原告著作物もしくはその二次的著作物に依拠して創作されたことを主張立証すれば足り，被告が依拠したとされる二次的著作物が原告著作物から何回改変を経た後の著作物であるかを詮索する必要はないといえる*3。

　*3　たとえば，叙事詩の著作権者が，被告が製作した映画が叙事詩の翻案権侵害であると主張する場合，映画が実際には叙事詩を翻案した小説をさらに翻案したものであって，叙事詩からみた場合には三次的著作物であったとしても，結局映画において叙事詩の表現上の本質的部分が直接感得することができるのであれば，現実には小説に依拠して製作されたものであったとしても，叙事詩に依拠して製作された二次的著作物と評価することができる。

3　二次的著作物である旨の主張

著作権侵害訴訟一般において，原告としては，侵害されたと主張する原告著作物中の対象部分*4について，原告が創作して著作権を有していることを請求原因として主張立証する必要がある*5。ところで，前掲最一小判平9・7・17〈ポパイネクタイ事件〉によると，二次的著

作物の著作権は，原著作物に新たに付与された創作的部分にのみ生じ，原著作物と共通しその実質を同じくする部分には生じないし，最一小判平13・6・28民集55・4・837〈江差追分事件〉によると，原著作物の創作的に表現された部分を利用して新たな創作が行われた場合が翻案権侵害となるのであって，創作性のない部分に依拠してこれを利用することは権利侵害にはならないから，原告が請求原因として主張すべき「創作」とは，他の著作物に依拠したものではなく独自創作である場合のほかに，他の著作物に依拠したものではあるが，これに新たな創作性を付与したものであることを含んでいることになる。

> ＊4　原告が著作物として，書籍一冊全部を主張するか，あるいはそのうちの一頁分を主張しようとも，被告が侵害したとするのがそのうちの一文にすぎないのであれば，当該一文を審理対象とすれば足り，書籍一冊がすべて原告の著作にかかるものであるか否かなどを審理する必要はない。なお82頁の二段階テストと濾過テストの記述や，83頁の「色褪せ説」の記述も参照のこと。
>
> ＊5　知財高判平24・1・25判時2163・88〈混銑車プログラム事件〉は，著作権者はソース・コード（ソース・プログラム）のいかなる箇所にプログラム制作者の個性が発揮されているのかを具体的に主張立証すべき責任を負っていると判示している。主張立証責任の分配はそのとおりではあるが，ソース・コードは企業秘密であろうから，これを開示してその創作性について具体的に主張立証することは容易ではない。

🔘 　一方，被告としては，たとえば対象部分は創作性の認められない単なる歴史的事実や誰が書いても同じになるような創作性の認められない部分であると主張したり，対象部分は原告が他の著作物に依拠して作成したものであり，①単なる複製であって原告が創作したものではないと主張するほか，②原告が創作したといえるのは原告が依拠した他の著作物に新たに創作的に付与された部分に限られ，対象部分はこれに該当しない，などと主張することがあるだろう。これらの主張は，被告が原告の請求原因事実を否認したうえで行ういわゆる積極否認であって，被告が主張立証責任を負担する抗弁事実ではない＊6。

> ＊6　長沢・前掲新・裁判実務大系283頁は抗弁であるとする。特許権侵害訴訟の場合は新規性や進歩性などといった特許要件が実体審査されたうえで登録がされて権利が成立するから，原告は特許権が登録されていることをもって

請求原因として特許権の成立要件を主張したことになる。しかし，何ら審査手続を経ることなく無方式主義によって権利の成立が認められる著作権の場合は，審理対象となる部分が思想または感情の創作的な表現であるなどといった著作権の成立要件のすべてを充足していることを原告が請求原因事実として主張すべきことになる。

　ただし，対象部分がどの著作物を原著作物として作成したと原告が主張しあるいは被告が反論するかによって，事実上，対象部分の創作性の認められる範囲が変動することはあるだろう*7。被告が積極否認を含めた訴訟活動を十分にしなかったために，原告の主張する請求原因事実が容易に認定されてしまうことがあることは，当事者主義・弁論主義の支配する民事訴訟にあっては他でもみられる現象であるというほかはない*8。

*7　たとえば，原告著作物が映画である場合に，原告の主張によってこれが叙事詩を元に創作されたと認定されるならば，叙事詩に創作的に付加された部分に映画の著作物としての創作性が認められることになるが，被告の反論によって，叙事詩ではなくその二次的著作物である長編小説に基づいて創作されたのが映画であると認定されるならば，長編小説とするために叙事詩に加えられた創作性は映画の創作性として評価することはできず，映画化するに当たって長編小説に新たに創作的に付加された部分についてだけ映画の著作物としての創作性が認められることになる。

*8　第2節②の創作性で述べたが，ありふれた表現である場合には創作性が否定されることになるが，被告が積極的に他にも同様の表現が多数あるといった事実を主張立証しなかった場合には，原告著作物の創作性が認められやすくなる。したがって，判決の創作性の有無の認定は客観的尺度のみによるものではなく，当事者双方の主張立証活動の結果に左右された結果であることを忘れてはならない。

第5節　編集著作物,データベースの著作物

1 総　説

素材の選択または配列に創作性のある著作物が，編集著作物である（著作 12 条）[1][2]。規定上は，素材の選択のみに創作性がある場合と，素材の配列のみに創作性がある場合をも含んでいる[3]が，選択および配列の双方に創作性がある場合が多い。著作物を素材とする場合，各著作権者から利用の許諾を得ていない場合でも編集著作権は成立する。この点は，二次的著作物や著作隣接権（実演など）の場合と同様である。

[1]　編集著作物の概念を定義することは難しい。あらゆる著作物は編集著作物としての性質を併せもっているからである（田村 23 頁。そのため，田村説は著作権法 12 条は確認的規定であるとしている）。たとえば著作物性の最も認められやすい小説にしてみても，筋道があり，それに沿って諸々の事象が選択されて配置され，その間隙に著者による思想や感情が移入されて作品化されていく。小説全体を細々に分断していくと，素材としての事実や著作物に行き当たることになる。著作物のどの部分を全体と捉えるのかによって，創作性の現れる度合いも異なってくる。このことは，創作性のレベルの低い報道記事等の場合であっても同様である。文章全体としては創作性を認めてよいとしても，そこに記述されている個々の事実についてはもちろん著作物性は認められないから，記事全体を転用することが複製権侵害になっても，その一部分である事実を転用することは著作権侵害にならない。これは後述のとおり，編集著作権侵害の成否の判断の場合と類似している。

[2]　著作権法 12 条は確認的規定にすぎないとする田村説によるならば，編集著作権に基づく請求は他の著作権に基づく請求と訴訟物も同じであると考えるのであろう。しかし，編集著作物は，素材の選択または配列に創作性が認められれば成立が認められ，その素材と素材を結びつけた成果全体として著作者自身による創作性が認められる必要はない。たとえば，判例や学説を集大成した言語の著作物である「著作権法概説」と，編集著作物である「著作

権法判例集」との違いを考えてみるとわかりやすい（コンメンタール1［横山久芳］646頁参照）。したがって，編集著作権侵害を主張する場合には，素材が何であるか，その選択と配列にどのような創作性があるのかといった特別な要件を主張しなければならないから，やはり訴訟物は別と考えざるをえないと思われる。

*3　たとえば，使用頻度の高い漢字を選択して，これを五十音順に並べただけの辞典であっても，その選択において創作性があるとして編集著作権が成立するとされた（東京地判昭60・4・17判タ566・273〈ど忘れ漢字字典事件〉）。本事案における創作性のレベル自体は高いとはいえないが，被告は原告の取捨選択した素材はそのままに，さらには原告著作物にわなとして意図的に挿入された誤りなども含めて，その全体を複製したとの事情も加味されたうえでの判断であることに留意しておく必要がある。

2 素材とその選択または配列

各素材自体は著作物である必要はないから，電話番号という単なるデータであっても，これを選択して職業別に配列すれば編集著作権が成立する（東京地判平12・3・17判時1714・128〈NTTタウンページ事件〉）。なお，旧著作権法14条は「数多ノ著作物ヲ適法ニ編輯シタル者ハ著作者ト看做シ其ノ編輯物全部ニ付テノミ著作権ヲ有ス……」と規定しており，素材を著作物に限定し，かつ編集が適法に行われることを要件としていた。現行法では，各著作権者の許諾を得ないで編集された場合でも，編集著作権は成立する。また，編集著作権が成立したとしても，素材となる著作物の著作者の権利には影響を及ぼさない（著作12条2項）。この場合の両著作物の関係は二次的著作物と原著作物との関係（著作11条）と類似している（⇒第4節4二次的著作物）。

編集の対象となる素材は，著作物であれ事実であれ，言語の著作物や美術・写真の著作物など書面化されたものが多いが，著作権法12条にはそのような限定はなく*1，影像であれ音楽であれ，これを素材として編集著作権が成立することはもちろんである。12条の2のデータベースの対象となるのは「論文，数値，図形その他の情報の集合物」（著作2条1項10号の3）とされているが，編集著作権の対象は情報である

必要性もないことになる。ただし，その本質から導かれる限定がありうる。

　編集著作物の中でも，たとえば辞書などは使い勝手が良いように編集されており，その意味では本来的に実用目的を有している。美術全集にしてみても，たとえば日本の画家の系譜が図版とともに理解できることを実用性と呼ぶならば，美術全集も実用目的を併せもっているといえるかもしれない。しかし，そうではあっても，このような著作物が素材として編集された場合には，その創作は前掲＊1記載の機器やそのための部品の製造等とは異なり，人間の精神活動に用いられるためのものであって，文化的創作であることは疑いがない。

　著作物でない素材を対象とする場合のうちでも，データベースの著作物性に関する著作権法12条の2が規定する「情報」に該当するものであるならば，その選択配列が利便性等の向上といった実用目的によって行われたとしても情報と情報とを結び付ける創作は文化的なものと評価できる場合が多いだろう。ただし，このような情報の取捨選択がたとえば前掲＊1記載の『ど忘れ漢字字典』編集のためであるか，写真植字機用文字盤の作成のためであるかによって，文化的な創作といえるか否か判断が分かれる場合がある。

　著作物でもなくかつ情報でもない素材を選択配列する場合，たとえば専ら鑑賞目的で行われる生け花での草木の選択配列，樹木や植物を選択配列することで行われる造園などは編集著作行為といってよいだろう。美的な雰囲気の醸成目的をもって行われるショーウィンドウでの商品配置や，インテリアデザインとしての家具や電化製品の配置などで

あっても，実用目的は背後に後退しており専ら美的観点から採用される
選択と配列であるとして，編集著作権によって保護してよい場合がない
ではない（反対：中山 153 頁）*2。

> *2 情報でもない素材の編集物であっても通常は著作権法 10 条 1 項に規定す
> る著作物に，たとえば生け花は美術の著作物に該当するが，同項は前述のと
> おり例示規定であるから，そのいずれに該当するかを詮索する意味はない。
> 米国著作権法の例ではあるが，Open Source Yoga Unity v. Choudhury, 74
> U.S.P.Q. 2d（BNA）1434（N.D. Cal. 2005）は，ヨガの 26 のポーズを
> 選択して配列することが編集著作物になりうるとしている。ただし，その後
> 2012 年に米国連邦著作権局が，編集著作物として登録されるためには編集
> 物が米国連邦著作権法 102 条(a)に例示する著作物に該当していなければなら
> ないとの行政上の立場を明らかにした（77 Fed. Reg. 37, 605）こともあり，
> Bikram's Yoga College of India, L.P. v. Evolation Yoga, LLC, 803 F 3d
> 1032（9th Cir. 2015）は，同じヨガのポーズの選択・配列についての編集著
> 作物性を否定している。わが国でもラジオ体操のような各動作の選択・配列
> が編集著作物となる可能性もあるのか，考えてみると面白い。

　著作物でもなくかつ情報でもない素材を，専ら技術的利便性すなわ
ち実用目的から，選択配列する場合であれば，文化的創作として著
作権の成立は認められない。各種部品が選択配列された機器は，工業製
品であって文化的創作物であるといえないことはもちろんである*3。

> *3 半導体集積回路の回路配置を著作権法で保護することは困難であることか
> ら，1985（昭 60）年に特別立法（半導体集積回路の回路配置に関する法律）
> が制定された。

　編集著作権は，編集法などのアイディアを保護するものではなく，
素材の選択配列についての具体的な表現を保護するものである。商
品カタログに関する大阪地判平 7・3・28 知的裁集 27・1・210〈三光商
事事件〉は，編集法が類似していても，具体的な商品が異なれば権利侵
害とはならないと判示している。

　データを素材としたデータベースの場合，体系的構成を真似たとし
ても選択対象となるデータそのものが異なれば，表現された対象は
各別のものとなる（たとえば，民事判例データベースとして公刊判例をある体系
的構成に従って作成した場合に，同様の体系的構成を採用して知的財産判例データベー
スを作ったとしても，素材が異なるので著作権侵害の問題は発生しない）。これ

と同様に，素材の配列方法を真似たとしても選択対象となる素材自体が異なっているならば，異なる編集著作物となる。素材自体を，具体的な著作物や情報以上に抽象化した場合には，その選択や配列は，プログラムにおける解法と同様に基本的な編集方針といった基本的なアイディアにすぎないことになり，表現物とは認められない。ただし，この場合でも何をもって素材と捉えるか，つまりは素材の抽象化の許容性について検討しておく必要がある。たとえば，東京地判平 12・3・23 判時 1717・140〈色画用紙見本帳事件〉の例で説明するならば，取扱商品としての色画用紙の色，材質，用途，サイズ，包装状態等の商品情報を素材とするならば，原告商品を素材とするものと，被告商品を素材とするものとで，素材が異なることになる。一方で広く一般的に，色彩や色名を素材とする編集物とするならば，素材の出所が原告商品であれ被告商品であれ，同一の素材を対象とすることになるし，このような素材を選択した編集著作権が成立することはありうることになる[*4]。しかし，たとえば『知恵蔵』における柱，ノンブル，ツメの態様，分野見出し・項目・解説本文に用いられた文字の大きさや書体，使用された罫などを素材であると主張した事案においても，東京地判平 10・5・29 判時 1673・130〈知恵蔵事件〉は，『知恵蔵』における素材は具体的に記載された用語とその解説であるとして，編集過程における紙面の割付方針などのアイディア的なものを「素材」と構成することはできないとしており（東京地判平 16・3・30 LEX/DB 28091123〈ケイコとマナブ事件〉も同旨），素材の抽象的把握にも限度があるのはもちろんである。

* 4　中山 154 頁は，職業別電話帳の場合に職業分類表を具体的表現物であるとして，東京都の職業別電話帳と同様の職業分類表によって大阪府のそれを作成した場合には編集著作権侵害となってもよいとしている。

　素材を抽象化することで，編集著作権の表現として保護される場面の拡大を図る立場とは別に，編集著作権を他の著作権とは特別視して，編集著作権においては，直接的に編集方法としてのアイディアに編集著作権の成立を認めてよいとする立場もある（潮海久雄「編集著作物の保護に関する基礎理論的考察」著作権研究 27 号 167 頁〔2003 年〕など）。この立場からは，東京高判平 7・1・31 判時 1525・150〈永禄建設会社案内事件

控訴審〉が，原告提案の企画案に用いられたイメージ写真等とは異なる写真を用いて作成された会社案内について，頁数が同じであり，記事に対する配当順序や各記事に対する配当頁数が全く同一であったり，同一頁の同一箇所における余白や白地部分の活用の仕方も類似していることなどを指摘して編集著作権侵害を認めた点を，編集方法としてのアイディアに編集著作権の成立を肯定した事例として引用している。しかし，本判例の著作物はむしろ会社案内を作成するための，いわば見本として各写真が選択されて配列されていたものといえるから，見本に選択された具体的な写真とは異なるがその趣旨に沿った写真をも包含する抽象的な素材が選択されていたものと理解することができる。そうすると，見本で選択配列した素材と被告作成の案内で使われた素材とは異なることになるが，被告は原告のいわゆるデモ版における指示に従って相応しい写真を選択したにすぎないから，編集著作権の侵害と構成することができるだろう。本件におけるこのような特殊事情を捨象して，本事案をもって編集方針等のアイディアに著作物性を認めたものと一般化すべきではない。

③ 創作性

素材の選択または配列に求められる創作性は，一般の著作物における創作性とレベルにおいて差を設ける必要はなく，「個性が現れているか」をもって判断され，その判断の過程で「他の選択肢がありうるか」，「その結果がありふれた表現となっていないか」を吟味することになるが，独創性などといった高度の創作性は要求されない*1 *2 *3。

*1　松本清張の小説中で映画化・テレビドラマ化された作品について項目別に整理編集したリストについて，素材の選択においても，整理する項目においても独自性がないとして創作性を否定した例（東京地判平 11・2・25 判時 1677・130〈松本清張作品映像化リスト事件〉）がある。各項目事項の調査が困難であったとしても，その努力はいわゆる「額に汗」であって，著作物の創作行為としての努力とはいえない。しかし，「松本清張作品中の映像化されたもの」といった素材の選択は，誰でもが考えつくありふれたものであっ

たとしても，これをどの項目ごとに配列整理するかについては，他に選択肢がないほどにありきたりのものといえるかには疑問も残る。かりにこのリストに編集著作物性を認めたとしても，このリスト自体を複製したり翻案したりして利用することが違法になるのはもちろんであるが，このリストに登載された各情報を個別に利用することは自由であるし，このリストに拠ることなく同趣旨から編集されたリストが結果的に同様の内容になったとしても権利侵害にはならないのであるから，編集著作権の成立を認めることに弊害があるとも思えない。この点は，網羅的なデータを使い勝手良く体系化したデータベースの創作性の有無と共通する問題といえよう。

* 2 　知財高判平 25・4・18 判時 2194・105〈薬剤分類便覧事件〉は，漢方薬便覧部分については，薬剤の選択においてわずかではあるが特殊な選択がされており，また配列においても五十音順に従わない部分がわずかではあるが存在するとして編集著作物としての創作性を認めた。ただし，本事案は①*3 記載の〈ど忘れ漢字字典事件〉と同様に，被告書籍にはこれらの点も含めてすべてが複製されていた点を踏まえての判断である点に留意しておく必要がある。

* 3 　たとえば，クラスの生徒全員に同一テーマで執筆させた作文を生徒の苗字の五十音順に並べた卒業文集をクラス担任が編集した場合に編集著作権が成立するだろうか。クラスの生徒全員が同一テーマで執筆した作文のすべてを素材としており，その配列も五十音順であるならば編集著作権が成立しないかのようである。しかし，単に，素材を「クラス生徒全員の作文」，配列を「執筆者の苗字の五十音順」としてのみ捉えるのではなく，これを文集とするに当たっては，表紙や目次，あるいは担任教員による「あとがき」の挿入など，素材の配列に当たっての創作性が加わっているのが常態であろうから，クラス担任は，このような卒業文集といえども編集著作権が成立するといえる場合が多いだろう（後述の最三小判平 5・3・30 判時 1461・3〈智惠子抄事件〉⇒第 2 章第 1 節①著作物を創作する者*4 も参照）。なお，この場合，クラス担任が生徒に書かせる同一テーマを決めたという点も，結局は素材を選択したものとして編集著作権成立の一要素として考慮できるのではあるまいか。

④ 侵 害

🔵 編集著作物の創作性はその素材の選択と配列にあるのであり，編集されている各素材について編集著作権は及ばない。また，編集著作

権の侵害はその素材の選択と配列における創作性のある部分に依拠して
これを複製や翻案することをいうから，素材のみをいくつかピックアッ
プして複製や翻案をしても編集著作権の侵害になるものではなく*，結
局は，各素材の選択または配列にみられる創作的な表現に依拠して，そ
の本質的特徴を感得することができる程度に流用する場合でなければ侵
害とはなりえない。

> * 東京地判平 17・7・1 判時 1910・137〈京城三坂小学校記念文集事件〉は文
> 集を構成する個々の著作物の一部のみを個別に取り出して引用したにすぎず，
> 編集著作物として利用していない場合には，編集著作物の著作者の権利は及ば
> ないとした。

5 データベース

多数の情報を電子計算機で検索できるように体系的に構成したもの
がデータベースである（著作2条1項10号の3）。データベースは編集
著作物の一種ともいえるが，データの配列自体には創作性が要求されず，
その検索のための体系付け等（キーワードや検索要件の策定など）の構成に
創作性が要求される点で異なることから，1986（昭和61）年改正法で12
条の2として別に規定された。編集著作物の場合と同様に，「情報の選
択」か「体系化」のいずれか一方または双方に創作的に寄与した者が著
作権者となる*1。データ自体に著作権性があるものと単なるデータにす
ぎないものの2種がある点でも，編集著作物と同様である。

> ＊1 データベースの著作権は，通常は情報の選択と体系化の双方に携わった者
> に帰属するが，たとえば市販の汎用データベースソフトを利用してユーザー
> が情報を選択して作成されたデータベースの場合はどうであろうか。市販の
> 汎用データベースソフトは，いわばデータベース作成のための道具にすぎず，
> それ自身が特定のデータを体系化したものとはいえないから，「情報の選択」
> をした者がデータベースの著作権者となるといってよいであろう。

データベースにおける情報の選択と体系付けについては問題が多い。
データベースでは，データは網羅的であればあるほど価値が高く，
また，効率的・容易に検索できるほど価値が高い。そうすると，データ

が網羅的で，検索のための体系付けが汎用性のあるものであるならば，かえって，情報の選択においても体系付けにおいても，創作性のある著作物としての保護が認められなくなりそうである。その旨を判示したうえで，相手方がそっくりそのままデータベースを利用する行為については，不法行為責任を認めて民事的救済を図った判例も散見される（東京地中間判平 13・5・25 判時 1774・132〈翼システム事件〉など）。欧州などでは創作性のないデータベースを特別立法で保護している。しかし，創作性のレベルは低いものでも著作物性を満たすとする私見では，データが網羅的とはいえ，そこには何らかの選択行為が含まれている場合が多いであろうし*2，体系的構成にしても他者が作成した体系を流用するのでなければ，何らかの創作性を見出すことができる場合も多く，データベースの著作物の成立を認めてよい場合が多いだろう*3 *4。このような問題状況下にあって，知財高判平 28・1・19 LEX/DB 25447737〈旅 nes Pro 事件〉が，宿泊施設等の情報からなるデータベースについて創作性を認め，複製権ないしは翻案権侵害として差止めと 2 億円を超える損害賠償を認容して，注目されている。

*2 データベースの場合，ありふれた表現でないか否か，何らかの選択行為が含まれているか否かの判断の一手法として，これまで同様の情報の選択や体系的構成を採用したものが存在していなかったかといった視点からの検討が加えられる場合がある（東京地中間判平 14・2・21 LEX/DB 28070383〈分譲マンションデータベース事件〉など参照）が，これもデータベースについて通常の著作物とは異なり，独創性や新規性といった高度の創作性を求めるものではないことに注意しておくべきである。

*3 たとえば，公刊されている判例をすべて網羅したデータベースについては素材の選択に創作性を認められない（東海林保「データベースの著作物性」新・裁判実務大系 185 頁）とされるが，現実には公刊といっても商業誌から業界誌，専門誌，一般誌と幅広く，登載対象とする雑誌をセレクトする作業が行われていること等からも，選択の創作性を一概には否定できないと思われる。一切選択をせずにすべての判決を登載することはおよそ不可能であるし，無意味であって，そこには掲載価値についてのある程度の選択が行われていると考えられる。また，私自身欧州およびアジア諸国の知的財産判例英訳データベースを構築しているからわかるのだが，かりにデータは判例全文であったとしても，各国において司法制度も異なることから検索の便宜のためには，たとえば事件番号のほかに，どのような情報を検索要件とするかと

いった体系的構成にも頭を悩ませる。検索要件が類似しているとして直ちに創作性がないとの結論を導くのは，一般の著作物における創作性のレベルのことに思いを致すならば，納得のいかないところである。

＊4　たとえば，判決全文中に根拠条文の記述がない場合に，根拠条文を抽出する行為は高度の知的作業であり，単なる「額に汗」というものではないが，著作権法でいう創作と評価することはできない。他方，判決全文から判決要旨を作文することは著作権法でいう創作と評価できるから，判決要旨のデータベースが判決自体の選択や体系的構成の点で創作性がなく著作権法で保護されないとしても，個々のデータが著作権法により保護されれば足りるということもできよう。しかし，条文を検索要件とすることはありふれているし，選択されるのは判例全部であって選択にも創作性がないとするならば，本来は条文で検索できない判決を条文で検索できるようにしてデータベース化した努力は報われないことになる。データベースに用いられるデータを生み出させた点の努力をもってデータベースの著作物にいう「素材の選択」と評価して法による保護を認めてもよいのではあるまいか。なお，③創作性＊1も参照。

編集著作権の場合と同様に，検索した結果抽出された個々のデータには，データベースの著作権は成立しないし，体系的に整理されたデータベースの構成，すなわち表現上の本質的特徴が感得できる程度の主要部分あるいはデータの多くの部分を複製，公衆送信等の形態で利用することが権利侵害になるにすぎない＊5。したがって，かりに創作性のレベルの低いデータベースについて保護を認めたとしても，これをそっくりそのまま流用する場合はもちろん，そのようなデータベースの全体構成を利用しているといえる状態での改変を翻案権侵害と認めることには問題はなく＊6，権利保護と利用の調整を図れるのではないかと思われる。

＊5　データベースの著作権は情報の選択と体系化の双方によって成立するから，体系化の部分を複製せずとも，創作的に選択された情報を複製等すれば権利侵害になるのが理論的な説明である。しかし，選択された膨大なデータ中の少しの部分を抽出したとしても，創作的に選択された情報の複製と評価できる場合は考え難いし，このような少数単位のデータ自体はこれを自由に使える点にこそデータベースの有用性があるといえる。

＊6　前掲東京地判平 12・3・17 〈NTT タウンページ事件〉は，被告データベースは原告データベースの創作性を有する体系構成を基にしており，独自に分類したものとはいえないとして侵害を認めた例であり，前掲知財高判平

28・1・19〈旅 nes Pro 事件〉は，被告データベースからは原告データベースの体系的構成および情報の選択の本質的な特徴を認識可能であり，その本質的な特徴を直接感得することができるとして，複製権ないしは翻案権侵害を認めた例である。

論点研究 2 キャラクター

1 キャラクターとは何か

　🔘 キャラクターという単語は，国語辞典では，劇，小説，漫画などの登場人物，配役などのこととされているが，著作権法で検討すべきキャラクターは，漫画やアニメなどで視覚的に表現されている人物や動物などの主体（ファンシフル・キャラクター）と，言語の著作物である文学作品に登場する人物や動物などの主体（フィクショナル・キャラクター）に分けられる。さらに，分類するならば，視覚的に表現される人物や動物などの主体も，ポパイやサザエさんのような連載漫画に登場するキャラクターと，ハロー・キティやけろけろけろっぴのように商品化のために単体で創作される人物や動物などの主体（オリジナル・キャラクター）もある。

　🔘 最一小判平 9・7・17 民集 51・6・2714〈ポパイネクタイ事件〉は，連載漫画に登場するキャラクター（ファンシフル・キャラクター）に関する事案であるが，「キャラクターといわれるものは，漫画の具体的表現から昇華した登場人物の人格ともいうべき抽象的概念であって，具体的表現そのものではなく，それ自体が思想又は感情を創作的に表現したものということができない」として，「当該登場人物が描かれた各回の漫画それぞれが著作物に当たり，具体的な漫画を離れ，右登場人物のいわゆるキャラクターをもって著作物ということはできない」と判示した。著作権法は思想または感情から顕現した具体的な表現を保護するものであって，その表現が醸し出す雰囲気やシチュエーションなどを保護するものではない。画風や作風が著作権の保護対象とならないのも，同様の立場から説明できるから，キャラクターを，表現された著作物とは別の保護されるべき権利と構成することができないことは，物権法定主義からも当然のことというべきである。評者によってキャラクターの定義が異なるが，ポパイネクタイ事件最一小判は，そもそも思想または感

情の創作的表現とはいえない抽象的概念をキャラクターと定義したうえ
で，その著作物性を否定したものであって，いわば当然の判示である。

　　🔘　漫画の場合であっても，これが長年継続している連載漫画の場合
には，視覚的表現とこれを説明する言語の著作物によって，具体的に視
覚的に表現された主体の本質的特徴を直接感得することができる範囲が，
単品として公表される視覚的著作物以上に拡大している場合がある。た
とえば，初期のサザエさんと，現在のサザエさんの視覚的表現にはかな
りの差異があるが，これは連載されていく過程で次第に変更されてきた
ものであり，名前を含んだ言語表現において構成されたイメージの影響
もあって，両方のサザエさんの視覚的表現が著作者による翻案の範囲内
にあるものと認識できることになる。また，ポパイネクタイ事件最一小
判の事案においても，訴訟の対象となっている水兵らしい人物の絵柄が，
当初公表されたポパイの漫画の翻案であるとすることは，公表以来長年
連載されているポパイから醸成されてきた，水兵であるポパイの拡大さ
れているイメージをかなり取り込まなければ，困難な事案である*1。
このように，通常の単品として創作される視覚的な著作物の場合よりも
広く同一性を認めることができる範囲にある登場人物の表現を「キャラ
クター」と呼ぶのならば，これは著作権の保護範囲である翻案権侵害が
成立する範囲が広く解されるに至った登場人物の視覚的な表現対象の呼
び名であって，ポパイネクタイ事件最一小判がキャラクターと定義した
「表現対象物を離れた別個の権利客体」とは異なるものである*2 *3。

　　キャラクターという言葉で何を定義するかを確定しないままに論ずる
ことは危険であることを知っておかなければならない。

　　　*1　漫画などのように視覚的な媒体に登場するキャラクターではなく，
　　　　言語の著作物である小説などの登場人物のキャラクター（フィクショ
　　　　ナル・キャラクター）の場合には，いくらその登場人物が個性的に描
　　　　かれていたとしても，言語で容姿，性質，役柄等が表現されることに
　　　　よって構成された登場人物のイメージそのものは著作権の保護客体と
　　　　はなりえない（また，このような言語的表現からイメージされるキャ
　　　　ラクターも読者によって異なるのが一般的であろう）。したがって，
　　　　たとえば登場人物の名前が共通するが，物語のストーリー展開等は全
　　　　く異なっている場合に，物語の全体構成が醸し出す登場人物のイメー
　　　　ジが類似したものとなったとしても，言語の著作権の侵害となること
　　　　はない（渡邉修「キャラクター（文学的キャラクター）の侵害」裁判
　　　　実務大系 150 頁参照）。このことは，キャラクターが著作権とは別個

の保護されるべき権利と構成できないと解する以上当然のことである。たとえば小説で描かれている主人公と同一の名前であり，言語で表現されている容姿や，性格などをも共通する小説を書いた場合であっても，言語表現を翻案したものではない限り，著作権侵害の問題は生じない。マーガレット・ミッチェルの「風と共に去りぬ」の続編であるアレクサンドラ・リプリィの「スカーレット」の例などもこれに当たる。そこで，以下では，漫画等の視覚的な媒体に登場するキャラクターに限って論ずることにする。

＊2　東京地判昭 51・5・26 無体裁集 8・1・219〈サザエさん事件〉は，キャラクターについて，「連載漫画に例をとれば，そこに登場する人物の容ぼう，姿態，性格等を表現するものとしてとらえることができるもの」と判示している。これをもって，視覚的表現を離れた著作権の保護客体をキャラクターとして保護したものと理解する立場もあるようであるが，同判決は，連載された膨大な量の漫画のどのコマに依拠したかという立証まで必要でないと述べたもの（中山 221 頁）というべきであろう。なお，連載漫画の場合は，連載の過程で主人公等登場人物の喜怒哀楽の表現が多数展開されることによって視覚的表現の翻案権侵害が認められる範囲が拡大してくるということができるが，これをもって主人公の容ぼうや姿態を超えた性格等をも著作権で保護されるとする（君嶋祐子「キャラクターの侵害」新・裁判実務大系382 頁）のはいいすぎであろう。

判決中にキャラクターという文言が登場して，そのキャラクターの侵害を判示したものとしては，ほかに東京地判昭 52・11・14 無体裁集 9・2・717〈仮面ライダー V3 事件〉がある。

＊3　たとえば，サザエさんの 20 年後を描いた漫画や，劇は著作権侵害になるだろうか。たとえば，サザエさんの顔そのものが 20 年後といえども，その表現上の本質的特徴を看取できるのであれば，漫画といった絵の著作物の翻案と捉えることができよう。また，漫画ではなくサザエさん一家のシチュエーションのみを流用して，20 年後の一家を俳優が演じていった場合（宮沢りえがワカメちゃんに扮した TVの CM があったが），シチュエーションや配役の名前などにしか共通性がなく，20 年後として展開されるストーリーも全く異なることになろうから，これを翻案とすることは難しいだろう。なお，米国ではシルベスタ・スタローンの演じたロッキーのキャラクターやシチュエーションを用いていくことは，story being told であって，これを流用することはキャラクターの侵害とされた事件（Anderson v. Stallone, 11 U.S.P.Q. 2d (BNA) 1161 (C.D. Cal. 1989)）がある。

⚫ これに対して，ハロー・キティやけろけろけろっぴのように商品化のために単体で創作される人物や動物などの主体（オリジナル・キャラクター）の場合には，集中的な広告宣伝などによって著名になったとしても，喜怒哀楽の表現が多数展開されるといったことは少ないことなどから，その姿態や表情が変化しても同一の登場人物であると認識できて翻案と認められる範囲は必ずしも広いものとはいえない*4。

> ＊4　たとえば，けろけろけろっぴは単純化したカエルの絵ではあるが，表現全体としては創作性が認められるし，これを好きな子供であればけろっぴであるか否かを間違うことはないであろう。しかし，単純な絵であるうえに，表情や姿態などの変化した表現が多数存在しているとはいえないから，翻案と認められる範囲は必ずしも広いとはいえない（東京高判平 13・1・23 判時 1751・122〈けろけろけろっぴ事件〉参照）。しかし，この場合でもけろっぴのけろっぴたる所以である表現上の本質的特徴を備えているのであれば，たとえば宇宙服を着たけろっぴは今までに描かれていなかったとしても，けろっぴであることに変わりはなく，翻案権侵害としてよい。

⚫ 連載漫画などの場合に，後発の視覚的に表現された登場人物のうちで，先発の視覚的に表現された登場人物の表現上の本質的特徴を承継しているとして，複製あるいは翻案の範囲内に属すると認識できる範囲内においては，後発の登場人物の表現には何らの創作性を有するものではなく，後発の登場人物の表現中で，先発の登場人物の表現を超えて新たに創作性を付加して表現された部分についてのみ新たな著作物（二次的著作物）としての保護が及ぶことになる。そして，同一の登場人物であると認識される限度においては，先発の著作権の保護期間の満了によって後発の登場人物の表現に対する保護期間も満了すると解される（前掲ポパイネクタイ事件最一小判）。したがって，登場人物として同一性を有すると把握される限度においては，無名・変名の著作物や団体等名義の著作物である場合には，最初の公表年から計算して保護期間が満了する時点で，著作権としての保護期間は満了すると解するべきである（反対：田村 280 頁）。

⚫ 現実には連載漫画の主人公の視覚的な表現が特定の出所を示すものとして商標的に利用される例も多い。商標は商品の出所を示すものとして使用されていれば 10 年ごとに更新することで永久的に存続しうる。これに反して前述のように連載漫画の登場人物の承継されている表現形

式は結局公表後 70 年で保護期間が満了することになり，この点に違和感を抱く者もありえよう。しかし，このような場合は登場人物の視覚的表現を商標として登録し，あるいは特定の出所を示す商品表示として使用継続して不正競争防止法を活用することなどで，その目的は達しうる。連載漫画等における登場人物の視覚的表現保護を著作権法で求めていこうとする以上，その保護が著作権の期間満了によって終了するのはむしろ当然である。

2 翻案の元になったコマを特定することの要否

● 前掲ポパイネクタイ事件最一小判は，侵害訴訟事件において，著作権侵害を主張する権利者は，複製あるいは翻案されたと主張する原告の連載漫画のコマを具体的に特定する必要があるとしており，調査官解説（三村量一「最判解民事篇平成 9 年度中」978 頁注 17〔2000 年〕）はその理由として，コマの特定を不要として，これらに共通する特徴を備えた登場人物の絵を想起させるものは著作権の侵害であるという主張を許すことは，具体的な視覚的表現を超えたキャラクターの保護を認めるに等しいことになるからであるとしている。一方，前掲＊2 のサザエさん事件東京地判は，そのような特定は必要ないと明示している。いずれにせよ長年にわたって連載されてきた漫画のどのコマに依拠しているかを特定することは不可能に近く，ポパイネクタイ事件最一小判も，原告において，連載漫画中の複製ないしは翻案されたと主張している特定のコマに描かれた登場人物の絵に被告が直接依拠して作品を作成したことまでも主張立証すべきとはいっていない（三村・前掲最判解 944 頁）。結局，長年にわたって特定の登場人物の視覚的特徴として維持されてきた本質的な部分を承継しており，かつその長年にわたって維持されてきた特徴的部分を含む視覚的表現が同一の著作権者に権利が帰属して，かついずれもが保護期間内にあるのであれば，これを備えるものとして原告が具体的に主張している特定のコマに直接依拠しているか否かを詮索するまでもなく，間接的にであれ，これに依拠したものと評価できれば，複製権または翻案権の侵害となるとするのに十分であるとするのであろう（三村・前掲最判解 953 頁）＊5。

＊5　たとえば，サザエさんがイヌイットの服を着て踊っているシーンはなかったのに，被告がそのシーンを使っている場合を考えてみよう。サザエさんのサザエさんたる特徴的表現部分が共通していることは誰

が見ても明らかである場合に，被告は連載漫画の中で原告が主張している特定のコマに依拠したことを争ったとしても，結局はサザエさんの特徴的表現部分を含むいずれかのコマに依拠したことは否定しようがなく，独自に創作したものでないことは明らかであるから，かりに被告が具体的に依拠したと主張するコマに原告が請求原因を変更しようがしまいが，結果としてサザエさんの特徴的表現部分に依拠したこと変わりがなく，このような請求原因の変更は意味がないことということができるだろう。

▶ ポパイネクタイ事件最一小判は，原告としては侵害されたとする特定のコマを請求原因として主張しなければならないとしながら，登場人物の特徴的表現部分の共通性を広く認めたうえで，被告が依拠したとする具体的なコマの認定を緩めることで妥当な解決を図ったものということができる。長年連載されてきた漫画の登場人物の視覚的表現が，元の著作物からの二次的，三次的といえる連鎖の過程で変容してきたとしても，登場人物の登場人物たる所以となる特徴的表現の共通性が広く認められるからこそ，侵害されたとする具体的なコマの特定が困難ではなく，かつ被告が依拠したとするコマも緩めに認定することが可能となったといえる*6。

* 6　第4節④3の項で説明したように，二次的，三次的と創作性が加味されて逐次創作された著作物を想定するならば，後発する著作物の権利者は新たに創作性の加味されたところにしか著作物としての保護を主張できないから，原告がどの著作物の侵害を主張するかは，権利侵害の成否を判断するうえでも重要である。しかし，本件のような共通する特徴的表現部分への依拠が問題になる特殊な場面であるならば，その共通する特徴的表現を包含する著作物である場合，原告がいずれのコマの著作権が侵害されたと主張しようとも重要な意味を持たないといえる。

▶ 結局，連載漫画のように視覚的表現が継続的に行われてきたことによって，登場人物としての視覚的表現が同一であると把握される範囲の拡大が生じている場合には，視覚的著作物の翻案権の範囲が通常の場合よりも拡大していることになる。「キャラクター」概念をどのように把握するかという定義の違いを別にするならば，このような状況を説明したものとして，サザエさん事件東京地判とポパイネクタイ事件最一小判の立場には結局大きな違いはないというべきであろう。

第 2 章

著作権の主体

《この章の課題》

第1章で学んだ著作物，これを創作した者が著作者である（著作2条1項2号）。著作者は，著作（財産）権ならびに著作者人格権を取得し（17条），これを創作者主義という。

本章ではまず，第1節で，著作者について特許法上の発明者と対比して総説したうえで，さらに，著作物の真の創作者が誰なのか探索し難い場合，著作者はどのようにして推定されるか（14条）を説明する。第2節では，複数の者が共同して著作を行う場合，すなわち共同著作（2条1項12号）を扱う。著作権法において，著作者は自然人に限られず，法人がなる場合も規定されている（15条）。これが職務著作（⇒第3節）である。

ところで，前述のように著作者は著作権と著作者人格権を取得するのであるから，著作権者ともいうべき者である。もっとも著作権法は，著作者と著作権者が分離する場合，すなわち，創作者主義の例外を定めている（29条）。これが映画（⇒第4節）であり，ある一定の要件を満たしたときにのみ成立する。

本章では，各規定の説明とともに，要件や効果についても検討を行う。

第1節　著作者

1 著作物を創作する者 （2条1項2号）

発明の場合は，発明をすることができるのは自然人に限られる。ただし，職務発明の場合は，従業者と使用者との事前の取決めによって，特許を受ける権利を従業者から使用者が（法定移転により）原始取得したりあるいは承継取得することができるとされている（特許35条2項，3項）。発明をした者がまずは特許を受ける権利を取得するという原則を「発明者主義」という。著作権の場合も，原則として著作（創作）をした者が著作者人格権と著作権を取得し（著作17条1項），この原則を「創作者主義」という。ただし，特許の場合は，発明をすることができるのは自然人に限られており法人発明は存在しないが，著作権の場合，従業者が職務として著作した場合には使用者である法人が著作者になる場合があるから，法人著作もあることになる（15条）。法人が著作者となり，著作者人格権と著作権の双方を原始的に取得するとの構成は擬制的なものであるが，創作した者が著作者人格権と著作権を取得することを創作者主義というのであれば，職務著作の場合にも創作者主義が採用されているということができる。なお，「創作者主義」の例外となるのは，映画の著作権の場合である（29条）。この点は，映画の著作者・著作権者の項で説明する（⇒本章第4節映画の著作者・著作権者）。

著作者とは著作物を創作する者（著作2条1項2号）であり，著作者は創作したことによって著作（財産）権と著作者人格権を原始的に取得する。その後に著作者が著作（財産）権を他へ譲渡してしまうと，著作者と著作権者が分離して，著作者は著作者人格権しか有していないことになる。したがって，たとえば，著作権に含まれる権利の種類を規

定する 21 条は「著作者は，その著作物を複製する権利を専有する」と
規定しているが，この場合の「著作者」は，創作といった行為をした時
点を捉えて，その段階で財産権たる複製権を取得する者のことを意味し
ている[*1]。

> *1　そうすると，後述のように，映画の著作者（監督など）が参加約束をして
> いる場合に，著作権が原始的に映画製作者に帰属するとする説（原始帰属
> 説）を採用すると，映画の著作者は創作したその時点では既に複製権を有し
> ていないことになってしまうから，著作権法 21 条等の支分権の規定と整合
> しないことになりかねない。この点は，支分権の規定の仕方といったテク
> ニックの問題にすぎないが，たとえば，21 条の場合であるならば，「著作権
> には著作物を専ら複製する権利を包含する」などと規定していれば何ら問題が
> なかったといえる。このように著作権法には立法技術上，工夫不足な点が散
> 見される。

創作者が互いに無関係な甲か乙のいずれであるかをめぐって争われ
た事案として，東京高判平 5・3・16 知的裁集 25・1・75〈唱歌チュ
ーリップ事件〉があり[*2]，また，作曲者不詳とされてきた楽曲につき自
分が作曲者であると名乗り出た者が真の創作者であるか否かが争われた
事案として，東京地判昭 58・6・20 判時 1083・143〈同期の桜事件〉な
どがあるが，いずれも専ら事実認定の問題であって法律的な問題ではな
い。

> *2　小学校唱歌「チューリップ」の楽曲と歌詞の著作者をめぐって争われた事
> 案である。この唱歌は，大正から昭和初期に創作され，以後全国的に唄い継
> がれてきたが，長年作詞，作曲者不詳とされていた。公表後 50 年で著作権
> が消滅しそうになったことから，日本教育音楽協会理事の立場にあった者が，
> 著作権使用料の確保のためにとして，実名登録（著作 52 条 2 項 3 号）をし
> たうえで，自分が作詞作曲をしたと名乗り出た。そして，これは，自分が赤
> 坂尋常小学校の教師であったときに，「創立 50 周年記念日の歌」として作詞
> 作曲したものを元にしたものであると主張した。ところが，当時東京帝大教
> 授の娘であった者が，父が幼稚園唱歌を編纂していた際に適当な歌がないこ
> とから，自分が頼まれて作詞したと名乗り出たため，訴訟になった。双方と
> もに社会的地位のある者で，それぞれが，その作詞の経緯を主張して，認定
> の困難な事件であった。50 周年記念式典には皇族（三笠宮＝澄宮）が出席
> したが，その際の式次第として提出した資料の「澄」の字に誤記があり，こ
> のような誤記は当時であれば不敬罪であるから，その資料は偽造であるなど
> との主張まで出て，歴史の勉強をするような事件であったが，結果的には女

性側の主張が認められた。

一方で，創作過程に関与した複数の者の間で，誰が創作者となるかが争われる場合には，創作行為にどのように関与したものが著作者といえるかが問題となる。たとえば，東京地判平10・10・29知的裁集30・4・812〈スマップインタビュー記事事件〉では，インタビューに応じた者ではなく，これを文章化したものが著作者となるとしている*3。一般論としていうならば，著作物の創作に関与したとしても，創作にあたってのヒントやテーマを提供した者，必要な資料を収集・整理した者，資金や機材を提供したものなど，著作物の創作的な表現とは認められないところに関与したにすぎない者は著作者とはいえない。

*3　もちろん，口述を文章化するといっても，文章化するに当たって口述内容にどの程度の創作性を加えるかによって判断は異なることになる。ただし，この事件の被告は複製物を出版した者であり，インタビューに応じた者と文章化した者が共同原告になっている事例であるから，いずれにせよ被告の行為が権利侵害になるとの結論は動かない事案であった。一方で，口述した者とこれを文章化した者との間で，文章化した者が共同著作者になるか否かが争われた事例としては，大阪地判平4・8・27知的裁集24・2・495〈静かな焔事件〉があり，同判決は共同著作物であるとした。たとえば職務著作が成立するか否かが争点となる訴訟であっても，法人と従業者間での著作権の帰属をめぐる争いか，著作権侵害をした第三者に対して法人あるいは従業者が原告となっている争いなのかによっても，職務著作の成立要件に対する判断が微妙に異なる可能性がある。これと同様に判例を読む場合は，原告と被告の関係にも注意しておく必要がある。

編集著作物に関しては，編集の方針を決定し，実際に素材の選択や配列を創作的に行った者が著作者になる*4。素材の一部を収集したり，編集方針の相談にあずかって意見を述べたり，進捗状況の報告を受けて了承したりした者は著作者とはいえない*5。なお，共同著作物に関しては後述する。

*4　高村光太郎の『智恵子抄』は，光太郎の一連の詩に感銘を受けた出版社の主人が，光太郎に対して，多くの詩の中から智恵子に関するものをピックアップして出版してはどうか進言して，気乗りしない光太郎を説得して，出版にこぎつけたものであり，出版社の主人が編集著作権を有するとして，光太郎の遺族との間で争われた訴訟がある。結局，出版社は編集についてのアイディアの提供やサジェスチョンをしたにすぎず，光太郎自身が自ら智恵子に

関する全作品を対象として綿密に検討したうえ，収録する詩や最終的な配列を確定したとして出版社の主人の編集著作権の成立が否定された（最三小判平5・3・30判時1461・3〈智恵子抄事件〉）。ただし，このような素材だけを集めて詩集を編集したらよいとした出版社の考えは，以後の光太郎の名を高からしめるのに貢献があったことは確かであろうから，編集著作権の成否だけでは割り切れない事案であったといえよう。

* 5　東京地判昭55・9・17判時975・3〈地のさざめごと事件〉参照。知財高決平28・11・11判時2323・23〈著作権判例百選保全抗告事件〉は，出版物に共同編集著作者と表示されている者であっても，編集方針の決定に果たす権限が著しく制限されており，実際の素材の選択と配列に関しても他人の行ったそれを消極的に容認するにすぎなかった者は共同編集著作者とはいえないとして，著作者の推定（著作14条⇒②参照）を覆している。

② 著作者の推定 (14条)

美術や写真などのように，原作品が存する著作物の場合には，原作品に氏名を著作者名として通常の方法で表示した者が，著作者と推定される。その他の著作物の場合に，これを出版するなどして公衆へ提供したりする場合に著作者名を表示する場合も同様である。書籍の場合には，表紙や奥付などに著作者として表示されている必要がある。なお万国著作権条約で定めている©マークは著作権者を表示するものであるから，これをもって著作者の推定がはたらくものではない（加戸144頁）。

この場合の著作者名は実名でなくとも，雅号，ペンネーム，略称などの変名であっても周知のものであればよい。たとえば海音寺潮五郎とか司馬遼太郎などはこれに当たる。

著作権は，特許権のように出願や審査・登録を経て成立するものではなく，創作によって直ちに成立するから，表現物の真の創作者を探索することは容易ではない。そこで，表現物に著作者と表示されている者を著作者と推定するとの政策が採用されている。この推定はいわゆる法律上の事実推定である。

したがって，訴訟で自らが著作者と主張する者は，原作品や書籍などに自己の名前が著作者として表示されていることを主張すれば足

り，自らが創作したことまで主張する必要はない。これを争う者の方が，その事実推定を覆すために，他者が創作したことを主張立証しなければならない。なお実名の登録による著作者の推定（著作75条3項）との関係については第5章第1節②実名の登録の項を参照。

第2節　共同著作

2名以上の者が共同して創作し，その結果としての作品に対する寄与を分離したり，個別的に利用できないものを共同著作物という（著作2条1項12号）[*1]。共同著作物の保護期間は，原則として最後に死亡した共同著作者の死後70年である（51条2項かっこ書）。

> [*1]　何人もの論文からなる論文集の場合は，各人の著作物が集合して一冊の本になっているにすぎず，共同著作物ではなく，集合著作物と呼ばれる。また，歌詞と曲が各別に分離できる音楽作品は，一体のものと構成されていながら寄与を分離して利用することが可能であるから，やはり共同著作物ではなく，結合著作物と呼ばれる（ただし，結合著作物も集合著作物も著作権法文上の用語ではないことには要注意）。なお，座談会における各出席者の発言部分は，相互に影響しあってはいるが，各発言者の寄与部分は分離して個別に利用できるから共同著作物ではないと解される（入門92頁）。

共同創作による共同著作権の成立には，互いの共同著作の意思が必要である。特許の場合を考えてみても，意思を共通せずに一つの発明を複数人が完成することは想定できない。無体財産として，互いに拘束しあった共有関係を構築する創作作業であることに思いを致せば，共同創作意思を不要とする考え方（創作意思不要説）は採用し難い。不要説が共同著作を認める，たとえば原著作者の死後の改定の場合には，改定者には二次的著作権が成立すると構成すべきであって，あえて死者との共同著作物であると構成する実益は認められない[*2]。ただし，共同創作意思の認定判断は，共同著作者が共同して創作しようと思っていたか否かといった主観面を詮索することによってではなく，創作行為といった

客観的行為から推し量られるべきものである（上野達弘「共同著作の要件論」理論と実務 102 頁）。共同での創作行為があるのに共同創作の意思がない場合は通常は想定し難いだろう。

＊2　原著作者の死後の補訂行為は共同著作ではなく二次的著作であると判示した例として東京地判平 25・3・1 判時 2219・105〈基幹物理学事件〉がある。共同創作意思不要説が，二次的著作物ではなく共同著作物の成立を認めようとするのは，後述の著作権法 65 条 3 項（相共有者の著作物の利用を正当な理由なくして拒めないとする規定）の適用を認めたいがためのようである。しかし，同項は，本来共同創作意思の下に創作された著作物であったり，本来の権利者から持分の譲渡や相続によって持分を取得したといった，密な関係のある者どうしであることを念頭に置いた規定であるから，そのような関係にない場合にまで同項の適用を図ること自体正当とはいい難い。また，死後改定を共同著作物とした場合，死後の改定によって著作権の存続期間が延長することになる（著作 51 条 2 項かっこ書）のも不当であろう。

共同著作権の成立する各人の創作行為とは，あくまで著作物の創作行為のことをいうから，資金を提供したとか，素材の提供や構想の提案などによって共同著作者となることはできない（東京地判昭 50・3・31 判タ 328・362〈私は貝になりたい事件〉，東京地判平 14・8・28 判時 1816・135〈はだしのゲン事件〉，東京地判平 16・2・18 判時 1863・102〈家庭内暴力書籍事件〉）＊3。また，共同著作権の成立する各人の創作行為は，思想または感情の創出に対するものではなく，あくまで表現に対するものでなければならないから，たとえば全く絵心のない人が，実際に絵筆を取る人に対して絵画の構成や色彩などについて指示したとしても，これをもって完成した絵画の共同著作者となるものではない。

＊3　京都地判昭 52・9・5 無体裁集 9・2・583〈平家物語翻訳事件一審〉は，平家物語の原典を理解することができない外国人が，英語翻訳文のぎこちなさの除去，リズムの調整等の作業を行った場合につき，共同著作者とはいえないとした。しかしその控訴審である大阪高判昭 55・6・26 無体裁集 12・1・266 は，日本人の英訳を校訂して，それがその後の英訳にも引き継がれて強い影響を及ぼしているとして，共同著作者となると逆転判決をしている。

共同著作による著作物は，共同著作者の共有(準共有)となる。著作権の共有は共同著作の場合のほか，相続や譲渡などによって複数人が持分を有することによっても生じる。共同著作物の場合，著作者人格権は共同著作者に渾然融合して帰属することになり（著作 64 条），財産

権は各著作者が共有することになる。著作権の共有の法律関係において，著作権法に特別の規定がない事項については民法が適用されるので，各人の持分は特段の事由のない限り平等と推定され（民250条），共有者の一人が持分を放棄しあるいは相続人なくして死亡したときは，その持分は他の共有者に帰属する（同法255条）。一方で，民法上は持分の譲渡は自由であるが，著作権法は著作権が無体の財産権であるとの特色から，共同著作物の持分を譲渡等処分する場合には，他の著作者の同意を必要とし（著作65条1項）*4，著作権の行使も全員の合意が必要とされている（同条2項）。同意を得ていない持分譲渡は効力を生じないから，同意をしなかった共有者に対する関係では，持分の譲受人の著作物の利用行為は著作権侵害となる。

> *4　相続の場合の持分の移転には同意は不要であり，同意を得て設定された質権の実行による持分の移転についても同意は不要であると解される。ただし，持分を差し押さえたうえで強制執行としての持分の移転についても同意が不要とする立場（加戸460頁）があるが疑問である。むしろ，後述の著作65条3項の同意を拒む正当な理由があるか否かにかからしめるべきであろう（中山272頁）。

著作権法65条2項の共有者の同意を必要とする著作権の行使とは，著作権法「第2章第7節　権利の行使」に規定する著作物の使用許諾や出版権の設定等の積極的利用行為をする場合のことを指す。特許権の場合，実施権の設定は他の共有者の同意が必要であるが（特許73条3項）*5，各共有者は他の共有者の同意を得ないで発明を実施することができる（同法73条2項）。また，特許権侵害行為がある場合には，持分権者は持分権の行使としてあるいは持分の保存行為として当然に単独でその差止めや損害賠償を求めることができると解されている。一方で，著作権法は著作権を他者に利用許諾する場合と，自らが利用する場合を分けることなく，行使に全共有者の合意が必要であると規定するのみである。しかし，たとえば著作権侵害の場合には各持分権者が相共有者の同意を得ずに差止請求や持分に基づいた損害賠償等を請求できるとの特別な規定（著作117条1項）を置いていることから，著作権法にあっては，共有者自身が著作物を複製，翻案等して利用する場合についても，共有持分権者の保存行為として各自が行えるのではなく，著作権の行使とし

て共有者全員の合意が必要と解するほかない*6 *7。

　*5　有体物の場合，使用収益などといった管理に関する事項は持分の価格の過
　　　半数で決められる（民 252 条）。かりに持分の価格が 44 対 55 の場合，55 の
　　　持分権者がその物の使用収益の仕方を決められることになる。特許権や著作
　　　権のような無体財産権の場合には，持分が過半であるか否かにかかわらず，
　　　すべての共有者の合意によってしか使用収益方法を決められないとする根拠
　　　は，後述のように利用に量的な限界のない無体財産の場合には，他の共有者
　　　に使用収益させることは処分に等しいと評価されることによるのであろう。

　*6　有体物の共有の場合には，一つの有体物の利用には量的な限界があるが，
　　　無体財産の場合には量的な限界がなく，他の共有者が利用しても自らの利用
　　　ができなくなることはない。したがって，たとえば特許権の場合，共有者全
　　　員が特許発明を実施する場合には，互いが競争関係に立つことになるから，
　　　他の共有者の資力や実施能力による影響を受けることになる。そこで，特許
　　　権の共有持分の譲渡や質権設定には他の共有者の同意が必要とされている
　　　（特許 73 条 1 項）し，専用実施権の設定や通常実施権の許諾についても他の
　　　共有者の同意が必要とされている（同条 3 項）。この点は著作権の場合も同
　　　様である。一方で，特許権の場合は，各共有者は他の共有者の同意を得ない
　　　で実施することができるとしている。これは共同発明の場合を含めて，持分
　　　の譲渡に他の共有者の同意を必要とすることによって，予想外の者が共有者
　　　になることを阻止することができるし，基本的に特許発明はむしろ実施され
　　　るべきであって，持分権者が牽制しあって実施ができなくなることを避ける
　　　必要があるからであろうと考えられる。この点，著作権の場合は，前述のよ
　　　うに各共有者が自己利用する場合にも他の共有者の同意を必要としているこ
　　　とに注意しておく必要がある。

　*7　渋谷 104 頁は，各共有者は著作物の複製等は持分権の行使として民法の原
　　　則に従ってすることができるとし，その根拠として著作権法 65 条 2 項の
　　　「著作権の行使」には利用権としての著作権の行使は含まれず，この場合に
　　　は民法の一般原則が適用になるからであるとしている。しかし，一方で質権
　　　に関する 66 条 1 項の「著作権を行使」には，特許法 95 条の場合と同様に複
　　　製等をして著作物を利用する行為を含むとしており（渋谷 479 頁），整合性
　　　を欠いている。立法政策的には，特許権の場合と著作権の場合とを同様にす
　　　ることも考えられないではないが，特許の場合と異なり，著作物はこれを経
　　　済財として積極的に利用されるべきものといえるものではなく，その利用に
　　　は人格的利益に対する配慮が必要とされることが現行法で差違の生じている
　　　一因になっているように思われる。

　持分権者は，他の共有者の持分権の処分の同意や権利行使の合意を
正当な理由のない限り拒めない（著作 65 条 3 項）。応じない場合には，

「同意せよ」,「合意せよ」との判決を求めていくことになる（東京地判平12・9・28 LEX/DB 28052331〈経済学書籍事件〉, 東京高判平12・4・19 LEX/DB 28055149〈童話映画事件控訴審〉, 東京地判平11・10・29 判時 1707・168〈童話映画事件一審〉）*8 *9。同意や合意なくして持分権の処分や権利行使をした場合には, その行為は違法であって効力を生じない。ただし, 他の共有者から処分の相手方や処分を行った共有者に対して差止めや損害賠償が求められた場合であっても, 他の共有者が同意や合意を事前に求められても拒絶できない場合に当たっていたならば, 同意や合意をしていない旨の主張が信義則違反や権利濫用となる場合もないわけではあるまい*10。なお, 原著作権者との間に共同創作意思がなく, むしろ原著作権者の了解なくしても成立する二次的著作権者と原著作権者間には, このように互いの立場を尊重すべきとする規定はない*11。

　*8　持分の譲渡に対する同意を拒否する場合と, 権利の利用に対する合意を拒否する場合で, その許否の判断基準に差異があるか。金井高志「著作権ビジネスにおける共同著作物および二次的著作物」コピライト 575 号 16 頁（2009 年）は, 前者は拒否を原則認めるべきであるが, 後者は文化の普及との観点から拒否できる場合は制限されるべきであるとする。しかし, 特許法の場合には持分の譲渡も実施権の許諾も他の持分権者の了解を要件としており（特許 73 条 3 項）, その許否を正当事由にかからしめてはいない一方で, 各自の実施は自由としている（同法 73 条 2 項）。無体物の場合には, 権利の処分と利用の他者への許諾が共有持分権者に及ぼす影響が等しく大きいことは前述のとおりであるから, これを単純に二分して別異に解釈する合理性は見出し難い。むしろ, 権利の処分および利用の他者への許諾と, 著作物の自己利用とに区分して, 後者の方の合意の拒否を容易には認めないとする方が合理性があるように思われる。

　*9　共有者の一人が著作物を他へ使用許諾しようとするのに対する合意を他の共有者に対して裁判で求める場合の問題については, 三村量一「共同著作物」新・裁判実務大系 278 頁を参照。特に, 共同著作物の持分権者が出版社に複製許諾するような場合において, 他の共有者だけを被告として複製権許諾に同意せよとの判決を得ても, これをもって出版社と他の共有持分権者間の紛争が既判力によって解決されるわけではない。よって上記論考は, 出版社と共に原告となって他の共有者を被告として, 他の共有者に同意を求めるとともに, 他の共有者が出版社に対しては差止請求権が不存在であることの確認を求めるとの提案をしている。

　*10　東京地決平 28・4・7 判時 2300・76〈著作権判例百選仮処分異議事件〉は

共同編集著作権者の一人が提訴した，他の共同著作権者から許諾を受けた出版社に対する出版差止仮処分申請において，出版社は債権者が著作権法65条3項により合意の成立を妨げられないと主張しうる立場にはないとしたうえで，債権者が信義に反して合意の成立を妨げているとの事情もないとして，権利の濫用の主張を排斥している。

*11　東京地判平22・9・10判時2108・135〈やわらかい生活脚本事件〉は，二次的著作物の場合には，その著作者と原著作者との間に共同著作物のような共同して創作したという相互に緊密な関係がないから，著作権法65条3項を安易に類推適用することは許されないと判示している。

このように，共同著作物についての権利の行使には共有持分権者間でも統制がはたらくことから，その中から代表者を定めてその者に権利行使を委ねることができるようにしてある。この場合に代表権に制限を加えても，その制限をもって善意の第三者に対抗することはできない（著作65条4項による64条3項および4項の準用）。

第3節　職務著作

特許法35条によると，職務発明についての特許を受ける権利は，まず，発明者である自然人に帰属し，法人等の使用者は無償の法定通常実施権を取得する。しかし，職務発明規程等で事前に取決めがされていないならば，使用者はその権利を当然に取得できるものではないし，特許を受ける権利を使用者が取得した場合には，発明者に相当の金銭その他の経済上の利益（相当の利益）を支払わなければならないと規定している。そして，職務発明規程における相当の利益が些少にすぎる場合には，最終的には裁判所がこれを定めることになる。

　一方，著作権法は，特許法におけると類似する趣旨での職務著作，すなわち従業者が職務上作成する著作物については，法人その他の使用者を原始的な著作者とし，使用者が著作権と著作者人格権の双方を取得すると定めた*1。したがって，職務発明の場合のように，いったん自然人

たる従業者に帰属した特許を受ける権利を使用者が取得するための手続は一切不要である。ただし、職務著作に該当する場合であっても、著作権や著作者人格権を使用者ではなく従業者に帰属するとの別段の定めを、その作成のときにおける契約や勤務規則等で行っておくことは可能である（著作15条）*2*3。

*1 旧著作権法（明32年法）には職務著作に関する規定はなく、権利の存続期間について団体名義で発行・興行した著作物については発行または興行のときから30年とするとの規定（6条）があり、団体名義で発行される著作物についての権利が現行著作権法15条のように団体に帰属するのか創作者個人に帰属するのかは解釈に委ねられていた。たとえば東京高判平14・10・17 LEX/DB 28080040〈旧盤復刻レコード製造差止事件〉は、「旧法下においても、著作物の著作者についての社会通念及び法的評価は現行法におけるものと実質的な相違はないと考えられることを考慮すれば、現行法15条と同様の要件において、職務著作（法人著作）によって法人（団体）が著作者として著作権を取得し得るものと解するのが相当である」としている。また、知財高判平20・7・30判タ1301・280〈黒澤明映画DVD事件控訴審〉も現行法15条と同一の要件下での職務著作（法人著作）が成立する余地を認めている（ただし、知財高判平20・2・28判時2021・96〈チャップリン映画DVD事件控訴審〉は、旧法下での法人著作の成立を否定したが、その上告審である最一小判平21・10・8判時2064・120は、逆に法人著作の成立の余地を認める判示をした）。この立場によるならば、現行著作権法15条の規定は確認的なものということになろう。

*2 特許法では、職務発明について会社が契約や勤務規則で事前に権利を取得する旨を定めることは可能とされている。著作権の場合は、職務著作として会社に帰属すべき著作権や著作者人格権を、著作物作成のときにおける契約や勤務規則等で創作担当者である従業者に原始的に帰属させるとの約定をすることが可能となっている。この場合、約定後に創作された著作物については、現実に創作した従業者が原始的に著作権および著作者人格権を取得する。著作権法15条に「その作成の時における契約、勤務規則」と明記されていることからも、職務著作の要件を充足して著作物が創作された後の合意で、創作時に遡って原始的に創作担当者である従業者の著作であったことにすることはできない。逆に、職務著作の要件に該当しない従業者による創作を、事前に契約や勤務規則等で、創作と同時に原始的に会社に権利帰属させることはできない。著作（財産）権については、職務発明に該当しない従業者発明の場合と異なり、職務著作に該当しないため、従業者が原始的に取得する著作（財産）権を会社が権利承継することを事前に約束させること自体は禁じられていない。しかし、そもそも未だ完成していない著作物を事前に権利譲

渡する旨の約定は，法律が特にこれを認めていない限り無効というべきであろう。また，著作者人格権については，譲渡不可の権利であるから，本来従業者に帰属すべき著作者人格権を約定により法人が取得することはありえない。

＊3　職務著作に関する準拠法について知財高判令3・9・29 LEX/DB 25571734〈戦姫コレクション事件〉は，使用者と被用者の雇用契約の準拠法国の著作権法の職務著作の規定によると判示した。職務発明の場合（高林・特許 92 頁）と比較すると興味深い。

以下では，まず，職務著作の成立要件の「法人その他使用者の発意に基づき」，「業務に従事する者」，「職務上作成する」，「法人等が自己の著作の名義の下に公表するもの」4 つについて説明する。

① 発　意

発意は「イニシアチブ」の訳語であろうから，使用者が企画を立ててこれを統括して遂行していくことが，発意に基づくものの典型である。しかし，使用者の発意があったか否かは，その作成が従業者によって職務上行われたものであるか否かの判断と相関関係にあるということができる。たとえば，明確な使用者の意思が示されていなかったとしても，正式に雇用契約に基づいて稼働している者が与えられている部署において行う職務は，使用者からも当然に期待されているといってよいから，これをもって法人等の発意に基づくものといってよい（東京地判平 17・12・12 判時 1949・113〈宇宙開発事業団プログラム事件〉，東京地判平 18・2・27 判時 1941・136〈計装士技術維持講習事件〉，知財高判平 22・8・4 判時 2101・119〈北見工業大学事件〉）。また，後述のように著作権法 15 条に規定する従業者は，雇用関係になくとも雇用関係と類似する一般的な指揮命令関係にある者も含まれると解されるが，そのような場合，その者の職務の範囲に当該著作物の作成が包含されるためには，ある程度具体的な法人の発意があることが必要になるであろう。ただし，いずれにせよ使用者の発意は，著作物完成前に存することが認められなくてはならない＊。

＊　職務著作として法人等が原始的に著作権と著作者人格権を取得するか，あるいは創作担当した従業者が原始的に著作権と著作財産権を取得するかは，創作の時点で明確になっている必要があるから，いったん創作された後に法人等の

事後的な発意（了解）によって権利の帰属の変動を認めることは妥当でない。

🔘 　職務発明の場合は，事前に勤務規則等で特許を受ける権利を会社が取得するとされている場合であっても，従業者はこれに対する相当な利益を請求できるので，従業者の権利が擁護されているといえる。しかし，職務著作の場合は，これに該当すると従業者は著作者人格権すら取得せず，使用者が財産権も人格権も原始的に取得し，従業者は財産権の承継対価も請求できないから，職務発明の場合に比べると，従業者は不利益な立場に置かれることになる。そこで，職務著作の成立する場合を限定して，使用者からの具体的な指示命令を「発意」として要求したり，あるいは同条にいう従業者を雇用契約上の地位にある者に限定して，派遣社員や出向社員の創作を職務著作に包含しないといった厳格適用説（斉藤 126 頁）もある。

② 法人等の業務に従事する者

🔘 　著作権法 15 条に規定する「従業者」は雇用契約上の地位にある者に限定されるかについて，下級審の判例は，企業が従業者による創作について職務著作として権利を取得したことを前提として，著作権侵害者に対して訴訟を提起できるか否かが問われた事案においては，当該創作担当者と企業との間に雇用関係に類似する指揮命令関係があったり，法人等に当該著作物の著作権を原始的に帰属させることを前提にしている関係にある者による創作も職務著作であるとしている（東京地判平 10・10・29 知的裁集 30・4・812〈スマップインタビュー記事事件〉，東京高判平 10・2・12 判時 1645・129〈四進レクチャー事件〉）。

　一方，最二小判平 15・4・11 判時 1822・133〈RGB アドベンチャー事件〉は，創作担当者と企業間で著作者が誰かをめぐって争われた事案であるが，創作担当者が雇用関係にあるか否かは「法人等と著作物を作成した者との関係を実質的にみたときに，法人等の指揮監督下において労務を提供するという実態にあり，法人等がその者に対して支払う金銭が労務提供の対価であると評価できるかどうかを，業務態様，指揮監督

の有無，対価の額及び支払方法等に関する具体的事情を総合的に考慮して，判断すべきもの」とした。本判例は，労働法上の雇用関係にあるか否かを判示したものであって，雇用関係にない者であっても著作権法15条の従業者に該当することがあるか否かについて判示した最高裁判例は未だにない。

　従業者が使用者の下で創作し，かつ使用者名義で公表されることも了解していた著作物に関して，外部からうかがい知れない使用者と従業者との内部関係を重視して権利の帰属を決定すべきではなく，使用者と当該従業者間において雇用関係と比肩できるような外部からうかがい知ることができる指揮命令関係[*1]が認定でき，そのほかの要件（法人の発意，職務上の作成）も認定できる場合であれば，公表名義を有する使用者に権利が帰属するものとして扱うことを原則とすべきであろう[*2]。したがって，会社の取締役であっても著作権法15条の従業者に該当する場合もありうる。

> *1　職務発明の場合の使用者の従業者に対する指揮命令・監督関係も同様であるが，ここでいう指揮命令・監督関係とは，特定の創作行為をするに当たっての指揮命令関係ではなく，雇用関係にある者と同視できるような使用者と従業者間の指揮命令関係にあることを意味している（中山257頁）。
>
> *2　前掲RGBアドベンチャー事件最二小判以降，創作担当者と企業間で著作者が誰かをめぐって争われた訴訟において，雇用関係が認定できない場合であっても業務に従事する者であるとして職務著作の成立を認めた事例としては，東京地判平28・2・25 LEX/DB 25447945〈神獄のヴァルハラゲート事件〉がある。

　一方で，たとえば著作物の創作を外部の者に請け負わせた場合，創作内容を注文者が指示するのは当然としても，それ以上に注文者が請負人に対する業務上の指揮命令関係を有せず，また請負人が注文者側の設備等を利用したといった事情もなく，独立した立場で創作行為を行う場合には職務著作とはならないのはもちろんである。このような成果物は請負契約の趣旨に沿って，完成後に注文者に譲渡されることになろうが，書面等による明確な取決めなくして成果物を当然に注文者に帰属させる旨約束させることは下請法（下請代金支払遅延等防止法）に違反することになる。また，かりに完成した成果物は注文者に譲渡されると約し

ていたとしても，著作権は譲渡可能であるが，著作者人格権は譲渡不能な権利として請負人に留保されることになる。

🔘　なお，「法人その他使用者」にいう「法人」には法人格なき社団や財団も含まれる（著作2条6項）し，「その他の使用者」には国や地方公共団体のほか，個人事業主も当然に含まれる。

③ 職務上作成したもの

🔘　上記の意味での業務に従事する者であることが肯定される場合に，その者が具体的に使用者から命ぜられた場合はもちろんこと，職務として期待されている仕事として作成したものであれば「職務上作成したもの」になる。したがって，たとえば勤務時間外に作成したとか，勤務場所以外で作成した場合であっても職務上作成したものに該当する場合もあるし*，逆に，勤務時間内に勤務場所で作成したのであれば，原則として職務上作成されたものといえることになる。

> ＊　前掲東京地判平17・12・12〈宇宙開発事業団プログラム事件〉では，留学期間中に作成されたものであっても，留学の性質や目的によっては職務著作になるとしている。

④ 法人等が自己の著作名義の下に公表するもの

🔘　職務著作が認められるための著作権法の加重要件である「法人等が自己の著作の名義の下に公表するもの」*1は，登録等を経ずに権利が成立する著作権法独自のものではあるが，コンピュータ・プログラム等，公表することが本来予定されていないものに関しては，1985（昭60）年改正でこの要件が不要とされた（著作15条2項）。「公表したもの」ではなく「公表するもの」と規定されていることからも，法人等が自己名義の下に公表することを前提として創作された著作物であれば，完成によって，未だ公表されていない段階で職務著作として成立（東京地判

平 7・10・30 判時 1560・24〈システムサイエンス事件〉）し*2, 著作者人格権と
しての公表権は法人等に帰属するから, 創作を担当した従業者がこれに
対して著作権や著作者人格権を主張することはできず, 自ら公表したり
できないのは当然である*3。

* 1　前掲東京地判平 18・2・27〈計装士技術維持講習事件〉は, 著作物（講習
資料集）の表紙下段の「高砂熱学工業㈱東京支店計装システム部部長 X」
という表示は, 講師 X の肩書の表示にすぎず, 高砂熱学工業㈱の著作者表
示とはいえないと判示している。しかし, たとえば「X㈱」のように著作者
であることを必ずしも明示していなくとも, 諸々の事情からこれが著作者の
表示であると認められる場合もある。なお東京地判平 7・12・18 知的裁集
27・4・787〈ラストメッセージ in 最終号事件〉は, 出版社名で発行された
書籍中で編集長名等が付された挨拶文について, 出版社内部の職務分担を示
すものにすぎず法人名義で公表された職務著作といえると判示している。新
聞の場合でも, 従業者である記者の文章だということが明らかな特派員報告
などと表示された記事の場合, 新聞社名で発行されている新聞の内部分担を
表示するものにすぎず, 職務著作となると解するべきであろう（ただし反対
説もある。加戸 154 頁, 田村 385 頁参照）。
* 2　公表名義を職務著作成立の要件とするのは, 当該著作物の著作者であるこ
とを公に知らしめることが, 著作物についての責任を負い信頼を得ること
になるからである（加戸 152 頁）。しかし, たとえば著作物の創作を外部会社
に委託し, 受託会社の従業者がその職務として著作物を創作した場合を想定
するならば, 当該著作物は受託会社名で公表されることはなく, むしろ委託
会社名で公表されることが多いであろうから, この場合の当該著作物は受託
会社の職務著作ではなく, もちろん委託会社の職務著作でもなく, 結局従業
者個人の著作物となってしまう。このような場合の解決策としては受託会社
とその従業員さらには委託会社の三者間の契約によって著作（財産）権を従
業者から受託会社を経て委託会社に譲渡するほかないことになろうが, この
場合でも前述のように著作者人格権の処理の問題が残ることから解決策とし
ては十分とはいえない（大阪地判令 3・4・8 LEX/DB 25571509〈リクルー
ト求人広告事件〉参照）。
* 3　なお, 大阪地判平 24・2・16 判時 2162・124〈漢字検定対策問題集事件〉
は, 創作時に予定されていた法人名義とは別の法人名義で公表されてしまっ
た事案において, 著作権法 14 条の推定を覆して 15 条の職務著作の成立を認
めている。その結果は, 公表名義を信頼した者を裏切ることになりかねない
が, 公表時に付されていた著作名義は創作時に予定されていた著作名義と同
一であることが通例であるから, 本判決は稀有な事案ということができる。

職務著作として発生した権利（財産権および人格権）が使用者に原始的に帰属するというだけでなく，使用者が職務著作をした自然人に対して相当な利益を支払わなければならないとする規定もない。現実に法人が創作活動をするのではなく，その従業者が創作担当者として創作していることは否定できないが，法はいったん創作担当者に原始的に著作権や著作者人格権が帰属した後に法人等に承継されるといった構成を採用することなく，原始的に法人等にこれらの権利が帰属するとの擬制を行っている。

　著作権は創作によって成立し，登録等の手続が一切不要であり，日々創作される著作物の数は無限といってよいほどに多い。この場合に，公表名義によって権利者を知ることができるようにしておかなければ，著作物の利用を図ることが困難である。まして著作者人格権の場合は譲渡等が不可能であるから，これをいったん創作担当者に帰属させたのでは，いかに契約処理しても法人等が承継することはできないことになってしまう。新聞記者が記事を書き，会社の宣伝部の者が宣伝広告文を書く等の行為の場合，従業員は使用者のいわば手足として創作活動をしているともいえるから，著作権も著作者人格権も共に会社に帰属させてもよい典型例である*4。したがって，創作担当者に発生すべき著作権や著作者人格権を法人等が召し上げると構成しても合理性があろう。しかし，職務著作の態様によっては職務発明の場合と差異がない場合も想定されるから，両法で財産権の帰属が異なることはともかくとして*5，職務著作となると著作者人格権が常に法人等に帰属することになることには違和感がないではない*6。

*4　このような場合に，著作権は法人等に帰属させ，著作者人格権を創作担当者に帰属させたのでは，法人等が完成後の著作物を改変して利用する際に逐一創作担当者の了解を得なくてはならなくなってしまい妥当でない。この点は公表権や氏名表示権を創作担当者に与える場合も同様である。

*5　コンピュータ・プログラムは著作権として保護されるとともに，場合によっては発明として特許権も成立することは前述した。したがって，従業員が職務上完成した一つのコンピュータ・プログラムを著作権として保護する場合には，著作権および著作者人格権は使用者に原始的に帰属し，特許権として保護する場合には，特許を受ける権利は従業者に帰属し，これを会社が取

得するためには勤務規則等の定めがなくてはならないし，その場合には従業者に相当な利益を支払わなければならないとされていることも前述した。特許はいくつもの具体的なプログラムを包含した抽象的存在としてクレームされた思想を保護するものであるが，著作権は具体的なプログラムとして表現されたもののみを保護するものである。思想の利用を自由にして，そこから多様な表現が生み出されることで文化の発展に寄与しようとするのが著作権法である。したがって，権利の帰属に限っていえば，抽象的な思想についてはその財産的価値（＝特許権）を従業者個人に帰属させるが，この思想から導き出される個々の表現についてはその財産的価値（＝著作権）を法人に帰属させることにも合理性がないではない。

　ただし，職務発明の場合には，従業者に相当な利益を支払ったうえで特許を受ける権利を会社が取得すると勤務規則等で定めることがむしろ原則化しており，職務著作の場合でも，新聞記者が記事を書くというような場合ではなく，コンピュータ・プログラムのような技術的な著作物の場合にあっては，現実の創作をした自然人に対しては補償を要求する権利も与えずに，使用者に権利を帰属させてしまうのは行過ぎではないかとの議論もある。

＊6　だからといってこの場合，従業者個人に人格権を帰属させてしまうならば，前述のように使用者によるその著作物の利用を制限することになってしまう。職務著作のうちでも企業内で常態的に作成される人格的要素が低い著作物などの場合には，著作者人格権自体が生じないとすべきであるとの説（なお，米国では職務著作に関しては moral right〔＝著作者人格権〕は生じないとされている）もある。一方で，東京地判平 26・9・12 LEX/DB 25446679〈会長はなぜ自殺したか事件〉は，9 名の新聞社社会部員が共同執筆した 250 頁ほどの著作物について新聞社の職務著作とした事案である。このような創作担当者の創作性の高い著作物について，職務著作として著作者人格権も企業が取得することに疑問を呈するものとして，岡邦俊『著作物を楽しむ自由のために』（2016 年・勁草書房）89 頁がある。

　中学や高校などの教師の行う授業は，学校（法人）の発意に基づき職務として行われるものであり，授業の過程で配布される教材も通常は教師名は付されておらず，むしろ公表されるのであれば学校（法人）名で公表されるものであろうから，職務著作といえる場合が多いだろう。それならば，大学教授が行う講義やその過程で配布される講義案やレジュメ等はどうであろうか＊7。少なくとも私が法学部で行っている講義の講義案（レジュメ）や教科書は，当該法律を概説するものであって，職務に関連して作成されるものではある。しかし，その作成は大学教授の

職務とはいえず，また大学名ではなく教授個人名で公表されるだろうから職務著作には該当しない。

* 7　大学教授の行う授業の模様を映写して DVD 化して他の授業に活用したり大学の広報に利用したりする場合があるが，この場合の権利処理が問題になる。授業全体が職務著作と位置付けられるならば，著作権者であり著作者人格権者でもある大学がこれを DVD 化し，あるいは改変して利用することもすべて自由となる。しかし，大学教授の授業の実施は教授の職務であるが，その授業の内容（たとえば現在，私が行っている講義「知的財産権法 II」）は教授自身が決定しており，法人の発意によるものとは必ずしもいえないであろうから，授業全体を法人著作とするのは困難である。また，教授の肖像権の問題もあるので，大学がその映像をいかようにも使えるということはありえないだろう。しかし，では教授の個人著作であって，これを教授個人がDVD 化して勝手に外部で販売してよいかといえば，そのような行為は暗黙的な雇用契約規定違反になるのではなかろうかと思われる。そこで，たとえば早稲田大学では，これらの場合の権利処理を事前に契約で行って，大学と教授双方の合意の下で有効適切な活用方法を規定している。

第 4 節　映画の著作者・著作権者

１　映画の著作者

　著作権法 16 条は，制作，監督，演出，撮影，美術等を担当した者であって，映画の著作物の全体的形成に創作的に寄与した者が映画の著作者となるとしている。映画で翻案されている小説や脚本，あるいは音楽などの著作者（クラシカルオーサーと呼ばれることがある）は映画の著作者にはならない。ただし，この場合映画が小説や脚本の二次的著作物となる場合には，クラシカルオーサーは映画の原著作者としての権利（著作 28 条）を有することになるし，映画中で使用されている音楽について音楽の著作権者が映画の著作権とは別に権利主張をすることができ

るのはもちろんである。

　映画の制作担当者とはプロデューサーのことであるが，典型的なプロデューサーの行為である製作資金の調達やスタッフの選定などは映画の著作物の創作行為とはいい難い（東京高判平 15・9・25 LEX／DB 28082741〈超時空要塞マクロス事件控訴審〉参照）。ただし，プロデューサーと呼ばれていても，企画立案にとどまらず映画の制作担当としてその全体的形成に創作的に寄与した者といいうる場合もあり，この場合はこの者が著作者になる*1 *2。著作物の全体的形成に創作的に寄与した者とは，映画を一つの成果物へと一貫して作り上げる者がこれに該当する。このような者は必ずしも総監督と呼ばれる者一人に限られず，複数いる場合にはもちろんその者らは共同著作者となる。ただし，通常は，総監督と呼ばれる者が一人いる場合であれば，総監督以外の制作を担当するプロデューサーや，演出を行うディレクター，撮影監督や美術監督など職務を異にする複数の者が総監督と共に映画の全体的形成に創作的に寄与した者となることは，たとえば影像に全体を貫いた特色があるよう特殊な作品に限られることとなろう*3。

* 1　東京地判平 14・3・25 判時 1789 号 141 頁〈宇宙戦艦ヤマト事件〉は，「企画・原案・原作・総指揮」とクレジットが付けられたプロデューサーである N 氏と，「美術・設定デザイン」担当であった松本零士氏のうち，どちらが映画の著作者であるかが争われた事案であるが，判決は N 氏の方が全体的形成に創作的に寄与した者に当たると認定し，松本零士氏は共同著作者にも該当しないとした。

* 2　「スウィートホーム」という映画の監督（原告）が，伊丹プロや東宝（被告）を相手に訴えた事案（東京地判平 7・7・31 知的裁集 27・3・520〈スウィートホーム事件〉）がある。本事案で原告は，被告が当該映画を上映した後にビデオ化し，あるいはテレビ放送したことに対して，映画監督としての報酬以外にもビデオ化等に伴う報償を請求した。後述のように参加約束をしている以上，映画の著作権は製作者に帰属し，監督は著作者としての人格権しか有しないから，映画のビデオ化等に伴う利用の対価を当然に請求できる立場にはない。本件では，映画製作に際しての報酬支払約束はされているが，書面化は一切されていない。映画監督とはいっても弱小で資本もない者が映画を作るのは困難であるから，映画製作に際しての監督が慣行上どのように扱われているのかがよくわかる事案である。なお，本判決では，テレビ放送の際にワイド画面でないために左右をカットすることは，著作者人格権（同

一性保持権）の侵害には該当しないやむをえない改変（著作 20 条 2 項 4 号）
と認められると判示しており，人格権の制限に関しても注目される。

＊3　総監督以外にも美術監督，撮影監督など複数者が著作者になる場合には，
映画製作への参加約束（著作 29 条 1 項）によって著作権は後述のように映
画製作者に収斂しても，著作者人格権は複数の共同著作者に帰属すること
になり，全員の合意によらなけらば人格権を行使することはできない（64 条 1
項）ことになる。各人は信義に反してこの合意を妨げることはできないし
（2 項），人格権を代表者に行使させることもできる（3 項）が，その代表権
に加えた制限は善意の第三者には対抗できない（4 項）から，共同著作者と
しての人格権の行使は困難であるとともに，映画製作者が映画を利用するに
際しても，人格的側面について著作者の了解を得ることに事実上大きな制約
が加わることになる。ただし，映画の著作権が映画製作者のみに帰属する場
合（29 条）には，映画の著作者は公表を同意したものと推定される（18 条
2 項 3 号）から，この点での問題は生じない。

映画自体が職務著作となる場合（記録映画やニュース映画を映画会社が職
務として従業者に作成させている場合など：加戸 159 頁）には，映画の著作
者も法人となる（著作 16 条ただし書）＊4。ただし，映画が職務著作に該当
するためには法人等の使用者名で公表されることが要件である（15 条 1
項）から，監督名をもって公表されている場合には，これだけで職務著
作の成立は否定される＊5。

＊4　知財高判平 18・9・13 判時 1956・148〈グッドバイ・キャロル事件〉は，
完成した映画が職務著作であるとの主張は排斥して，監督が著作者であるこ
とは認めたが，監督も後述の参加約束をしていたとして，製作会社に著作権
が帰属すると判示した事案である。

＊5　前述の旧著作権法 6 条の団体名義による公表に当たるか否かが争点となっ
た事件として，東京地判平 19・9・14 判時 1996・123〈黒澤明映画 DVD 事
件一審〉は，当該映画は大映の社章と「大映株式會社製作」との表示がされ，
大映製作の映画として系列映画館で上映されたものではあるが，冒頭部分に
表題に続き「監督黒澤明」と表示されていることから，黒澤明の実名で公表
されたものであるとした。

② 映画の著作権者

映画の著作（財産）権は，その著作者が映画製作者に対して該映画の著作物の製作に参加することを約束している場合には映画製作者（映画会社）*[1]に帰属する（著作29条1項）。もちろん参加約束がない場合は，映画の著作者が著作権をも取得するが，参加約束がある場合には，著作者と著作権者とが分離することになる。

> *1　映画製作者とは，映画の著作物の製作に発意と責任を有する者である（著作2条1項10号）。前出のグッドバイ・キャロル事件は，映画製作者とは，映画の著作物を製作する意思を有し，著作物の製作に関する法律上の権利義務が帰属する主体であって，そのことの反映として同著作物の製作に関する経済的な収入・支出の主体ともなる者のことであると定義している。したがって，常識的に映画製作者としてイメージされる映画会社等でなくとも著作権法にいう映画製作者といえることになる。この点，知財高判平24・10・25 LEX/DB 25444974〈ケーズデンキCM事件〉は，15秒および30秒の短時間のテレビCMについて，広告主が映画製作者として著作権者となると判示している。

参加約束の法的性質については，法文上明確ではない。映画製作に当たっては，報酬契約や映画製作委託契約等の契約が製作者との間で締結されるのが通例であろうが，著作権法29条1項に規定する参加約束はこのような契約そのものではなく，「約束」とはあるが法律行為ではない*[2]。また，書面によることも要件とはなっていないから，通常は製作者の意向に沿って映画を創作することが，すなわち参加約束をしていることとなるといえる。多大な費用をかけて，多数の者が関与して製作される映画については，財産権は集約的に製作者に帰属させて，有効な利用を促進させるとの立場から規定されたものである。

> *2　法律行為（契約）であるならば，当事者はこれによって生ずる法的効果を認識しており，これに沿って法的効果が生ずることになるが，参加約束にはそのような意味での効果意思は要求されていない。したがって，そのような効果が生ずるとの認識がなかったとか，あるいは契約不履行などを理由とする参加約束の解除などの問題は生ずる余地はない（ただし，反対：コンメI［小倉秀夫］593頁）。

著作者が映画製作者に参加約束をしている場合，完成した映画の著
　　　作権は原始的に映画製作者に帰属するとする考え（原始帰属説）と，
いったん著作者に帰属した権利が映画製作者に自動的に移転するとの考
え（法定帰属説）がある*3 *4。著作者が創作行為によって原始的に著作
権を取得するとする立場を貫徹するならば法定帰属説が妥当ということ
になるが，理論的な問題であって，説の違いによって現実的な影響が生
ずるわけではない。

　　　*3　映画の著作者が映画の著作権を当初から取得しないと構成する原始帰属説
　　　　　に対しては，たとえば映画が小説の二次的著作物である場合，小説（原著作
　　　　　物）の著作者は映画の著作者と同一の種類の権利を有する（著作28条）と
　　　　　構成することと矛盾するとの指摘（入門115頁注80）がある。なお，本章
　　　　　第1節①著作物を創作する者*1も参照。
　　　*4　なお，東京高判平5・9・9判時1477・27〈三沢市勢映画製作事件〉は，
　　　　　映画が完成することによって，映画の著作権は映画製作者に帰属するが，完
　　　　　成の前段階にある場合の各撮影フィルム等の著作権は，監督として撮影に関
　　　　　わった者に帰属すると判示していることは前述した。この事案の場合は，フ
　　　　　ィルムを撮影した後に編集を経ることで映画の著作物が完成するものである
　　　　　ことが前提となっている。いずれにせよ一つ一つの素材については，創作し
　　　　　た段階で個別の著作権が成立するが，これが編集されて映画の著作物となっ
　　　　　た途端に最終的に映画に使われたか否かを問わず各素材の著作権は消滅して，
　　　　　映画の著作権が製作者の下で発生することになる。一方，映画によっては，
　　　　　子供の運動会の模様を撮影しただけのもののように編集作業を経ることなく
　　　　　撮影することで直ちに完成するものもあるが，この場合は素材の著作権と映
　　　　　画の著作権の帰属は常に一致していることになる（ただし，通常はこのよう
　　　　　な映画は29条1項が適用になるようなものではないだろうから，問題が生
　　　　　ずることはない）。結局，撮影されたフィルムについてはこれが将来どのよ
　　　　　うに使われる予定で撮影されたのかによって権利の帰属先が異なることにな
　　　　　らざるをえないだろう。

　　　少数の映画製作会社が多額の費用を投じて映画を製作し，これを配
　　　給制度を利用して全国で上映して利潤を得ていた昔とは異なり，現
在は映画製作方法も上映方法も多様化している。また，映画の著作物に
は，音楽CDやアプリケーションソフトに類似する流通形態をとるゲー
ムソフトも包含されており，ゲームソフトの製作費用の捻出方法や製作
方法も従来の劇場用映画とは大きく異なっている。また，劇場用映画で

あっても，たとえば映画監督が原作者からの翻案権の許諾を得て，スタッフを集め脚本化をしたうえで資金提供者を募ったり，あるいは製作委員会（映画に対する出資会社の共同体）*5を構成して資金調達を図ったり，資金調達手段として信託制度を活用したりすることもある。著作権法29条の規定する「参加約束」の要件も明確でないことから，同条を厳格に一律適用するのではなく，製作資金調達や完成した映画の利用の多様化にあわせて，権利の帰属についても，当事者間の契約によって明確に処理することが望まれる。

> *5　現在ではわが国の商業映画のほぼ全部が製作委員会方式で製作されているという（内藤篤「映画の制作と法律・契約」著作権研究41号76頁〔2014年〕）。しかしこの場合でも，製作委員会が映画製作を委託する制作プロダクションが著作権法にいう映画製作者となるのか，製作委員会の幹事会社が映画製作者となるのかについては定説はない（コンメ I 117頁〔小倉秀夫〕参照）が，その後の契約処理により製作委員会の構成員が組合として著作権を合有するとする運用（水戸重之「『クールジャパン戦略』における製作委員会の法務と今後の展望」コピライト669号2頁〔2017年〕参照）も紹介されている。

🔘 著作権法29条2項，3項は，「専ら」放送事業者や有線放送事業者が放送するために製作する映画（TVドラマなど）について，映画製作者としての放送事業者等に帰属する財産権を，1項の映画の場合より限定して，放送することや，複製物により他の放送事業者に頒布することに関する権利などだけとしている。条文上は明確でないが，この場合も製作者が著作権を取得するためには著作者が参加約束をしていることが当然の前提となる。29条1項の映画に比して，専ら放送するために製作される映画は投下される資金も少ない場合が多いが故の特別な規定である。放送用映画の場合には後にこれをDVDなどとして公衆に販売したりする権利は映画製作者に帰属せず，映画の著作者（監督など）に帰属することになる。

第 3 章

著作権の効力

《この章の課題》

　本章では第 2 章で学んだ著作者が取得する権利のうち，著作（財産）権と，その効力について学習する。著作権の概要や特徴は，序章で既に学んだとおりである。

　著作権法 17 条 1 項は，21 条から 28 条までに規定する権利を著作権としており，各権利は支分権という。各規定は文言上，「……権利を専有する」としているため，あたかも権利者に独占権があるようにみえるが，そうではなく他者に対する禁止行為類型という側面もあるということに注意を要する。この点は序章第 3 節でも，説明しているので，再読してもらいたい。逆にいえば，ここに規定されていない行為は，他者が権利者の許可なく行ってもよい，ということであり，このような意味でも各支分権の内容は重要である。本章ではまず，各支分権の枠組みを提示したうえで，具体的な内容について解説していく（⇒第 1 節）。我々の日常生活に卑近な問題も多いので，想像力をはたらかせて読んでもらいたい。第 2 節では，権利侵害とみなす行為（著作 113 条）について説明する。上記 21 条から 28 条と同様に，113 条も，他人が権利者に無断でしてはならない行為を定めたものである。

第1節 支分権

1 総 説

著作権法17条1項は，21条から28条までに規定する権利の総体を著作権と規定しており，各権利は支分権と呼ばれることは前述した（⇒序章第3節著作権法で規定する権利）。著作権は，権利者の許諾なくして支分権として規定されている行為を禁止することができる権利であって，その反面，支分権として規定されている行為を権利者が許諾することができる権利であるということもできる。

支分権の分類

旧著作権法（明32年法）において，著作権の効力としては複製権と，文芸学術の著作権についての翻訳権，脚本と楽譜の著作権についての興行権しか規定されていなかったことは前述した。現行法で規定する複製（著作21条）は有形的な再製のことをいい（2条1項15号），一方，無形的再製と評価できる行為を禁止できる権利として，上演権および演奏権（22条），上映権（22条の2），公衆送信権等（23条）と口述権（24条）を支分権と規定している。また，有形的あるいは無形的な再製ではなく，原作品やその複製物を提供・提示することを禁止できる権利として，展示権（25条），頒布権（26条），譲渡権（26条の2）および貸与権（26条の3）を支分権と規定している*1。著作権法27条と28条はこれとは全く異なり，著作物の表現形式を変更することを禁止する権利（27条）と，その結果作成された著作物について原著作物の著作者が有する権利（28条）を規定するものである*2。このうち27条と28条については，第1章「著作権の客体」第4節「二次的著作物」で説明したので再説しない。

また，21条の複製についても同箇所で説明したので，それ以外の部分に限って簡単に解説するにとどめる。

    *1   複製のほか，「無形的再製行為」といえる上演・演奏，上映，公衆送信等，口述は「著作物を……する権利を専有する」と，対象を「著作物」と広く規定しているが，「原作品やその複製物を提供・提示する行為」といえる展示，頒布，譲渡，貸与の場合には，「著作物を」原作品や複製物などにより「……する権利を専有する」と対象を限定して規定している。「無形的再製行為」と「原作品やその複製物を提供・提示する行為」との分類については第1章第4節①複製*2を参照のこと。

      なお，複製が全く同一の著作物を再製する場合だけでなく，翻案には至らない表現形式の変更を伴うものも包含することは前述したが，無形的再製の場合もこれと同様に全く同一の著作物でなくとも，翻案には至らない表現形式の変更をも対象としており，この場合に依拠性等が要件となることも複製の場合と同様である。ただし，入門305頁，中山710頁や田村48頁は，依拠性を複製の要件ではなく，権利侵害の要件として説明していることは，第1章第4節①複製*5を参照のこと。

    *2   翻案は，著作物の表現形式を変更する一回的な行為のことをいう。したがって，翻案権侵害の複製物が多数製造（複製）されている場合，原著作物の著作権者がその製造を差し止められるのは，翻案権侵害した著作物の複製行為を，著作権法28条を経由して複製権侵害と構成したうえで複製行為の差止めが求められるからである。

なお，複製以外の無形的再製および原作品やその複製物の提供・提示を禁止できる権利は，「公衆」に対して，または「公に」される場合のみ行使できる。この場合の「公衆」は，特定かつ多数の者を含む（著作2条5項）から，特定かつ少数の者以外，すなわち不特定かつ多数の者はもちろん，特定かつ多数の者も，不特定かつ少数の者も公衆に該当することになるので，「不特定又は多数」の者が公衆であると表現することができる。また，「公に」とは公衆に直接見せまたは聞かせることを目的とすることである（22条かっこ書）から，この場合も「不特定又は多数」の者への提示を目的とすることを意味している。不特定又は多数の者に向けた行為であればよく，実際にはたとえば誰も見たり聴いたりした者がいない場合であっても要件を満たす*3。

有形的再製の場合には，いったん複製がされてしまうと，有形的再製の段階では公への提供目的ではなかったとしても，将来的には反復して

利用されることが可能となるから，「公に」提供する目的との要件を課すことなく，禁止できることとされている。ただし，私的使用のための複製の場合には著作権が制限される（著作30条）。この点は「著作権の制限規定」（⇒第4章第3節著作権の制限規定）で述べる。

> ＊3 名古屋地判平15・2・7判時1840・126〈社交ダンス教室事件〉は，社交ダンス教室での音楽の演奏に関して，受講生がある時点のある教室では特定かつ少数の者にとどまるとしても，受講資格に制限がなく，希望すれば誰でも入会して受講できるし，授業によって受講生も入れ替わるのであれば，不特定の者すなわち公衆に対する演奏であると判示している。一方で，東京地判平25・12・13 LEX/DB 25446206〈幸福の科学事件〉は，他者から紹介を受けた5，6人の信者に経文を口述したことは，少数かつ特定の者に対する口述であるとして，口述権侵害を否定している。

2 複製 (有形的再製行為) を禁止できる権利 [1]

> ＊1 複製については既に説明したので，以下では「一時的蓄積」と「リバース・エンジニアリング」についてのみ触れる。

複製の定義（⇒第1章第4節１複製3＊5）でも述べたが，有形的再製行為はすべて複製に該当すると解し，依拠性は権利侵害の要件であるとする立場によるならば，コンピュータやインターネット等の使用に伴う著作物の一時的蓄積であったとしても複製に該当すると解することになろうが，このような立場によりながらも複製概念を規範的に捉えて一時的蓄積は複製ではないとする立場（中山305頁）もある。もっとも，一時的蓄積とはいえレベルには差があり，コンピュータを起動している間だけRAMに著作物が蓄積されているような場合と，一時的とはいえ装置をOFFにして再起動しても，ある一定の期間であれば著作物が蓄積されたままになっている場合もある。「公に」行われるのではない複製をも支分権の対象とした趣旨が，前述のように事後の複製物の反復利用可能性にある点に思いを致すならば，前者のような反復利用可能性のない瞬間的かつ過渡的な著作物の蓄積は，物理的には著作物の蓄積が行われていようとも，著作権法で許容されている著作物の閲覧に等しく，支

分権の対象となる複製に該当しないということもできよう*2 *3。しかし後者の場合は，蓄積されている著作物は他へ転用することも可能であり財産的価値を有することにもなるから，一概に許容される行為ということはできない。そこで，2006（平 18）年，2009（平 21）年の著作権法改正を経て 2018（平 30）年著作権法改正では，著作物の複製等に該当することは前提としたうえで，電子機器の使用に対する萎縮効果を避けるために著作権が制限される場合の規定を整理して拡充する改正が行われた。この点は後述（⇒第 4 章第 3 節著作権の制限規定）する。

> *2　東京地判平 12・5・16 判時 1751・128〈スターデジオ事件〉は，著作権法上の複製に当たるためには，将来反復して使用される可能性のある形態の再製物を作成するものであることが必要として，RAM におけるデータ等の蓄積は，一時的，過渡的な性質を有するものであって，将来反復して使用される可能性のある形態の再製物とはいえないと判示している。
>
> *3　詳しくは後述するが，2018（平 30）年改正著作権法 30 条の 4 第 3 号は，著作物の表現についての人の知覚による認識を伴うことなく当該著作物を電子計算機による情報処理の過程で利用する場合，たとえば情報通信設備のバックエンドで著作物の蓄積等を行う場合の著作権を制限している。こういった蓄積の中には瞬間的，過渡的なものも含まれるし，また私見によるならば依拠性も認められないから，本来，複製でないと構成してもよい場合が包含されている。

リバース・エンジニアリング（既存の製品を解析して，内容を研究することによって，さらに優れた技術を開発しようとする行為のことをいう）についても，たとえばプログラムの著作物については，オブジェクト・プログラム（コンピュータに動作を指示する 0 と 1 からなる機械言語で記述されたプログラム）は外面から見るだけでは内容を知ることができないので，これを分析してソース・プログラム（オブジェクト・プログラムの元となる人間が判読できるプログラム言語で記述されたテキストデータ）を抽出する必要があるが，その過程でソース・プログラムを媒体等に蓄積して保存しておく行為も許容されるかが問題となっていた。技術的思想を保護対象とする特許法の場合は，技術の発展に資する試験研究のための実施は，権利侵害とならないとの規定（特許 69 条 1 項）があるが，技術の発展という視点が法定されていない著作権法はこのような規定を欠いていた。もちろん，これらのソース・プログラムを利用して開発したプログラムが，元のプロ

グラムの複製物や翻案物（二次的著作物）である場合には，その再製は複製権や翻案権侵害になるが，ソース・プログラムを参考にして，これとは独立した別個のプログラムを開発した場合にも，参考とするために限定された範囲内で行われたリバース・エンジニアリング自体を複製権侵害であるとすることには違和感が拭えない*4。しかし，特許法の試験研究の実施に関する特別規定のような制限規定の存在しない著作権法の下では，瞬間的かつ過渡的な蓄積の域を超えて，新たなプログラム開発のための，他への転用も可能な態様でのリバース・エンジニアリングの過程における複製を著作権侵害でないと構成することは困難であった。なお，2018（平30）年改正著作権法30条の4でリバース・エンジニアリングも認められるようになったとの見解もあるが，この点は後述（⇒第4章第3節著作権の制限規定）する。

　*4　リバース・エンジニアリングによる分析を経たとはいえ，その結果完成したプログラムが元のプログラムの複製にも翻案にも該当しない場合であれば，リバース・エンジニアリングの時点での複製権侵害を発見して権利行使をする可能性は極めて低いものと思われる。したがって，リバース・エンジニアリング自体が複製権侵害で訴追される場合は限られ，むしろその結果完成したプログラムに対する複製権や翻案権侵害を理由にする訴訟の場面において，元の著作物への依拠性の主張立証の過程でこの問題が登場することになろう。そして，結果として元の著作物の複製物や翻案物であることが否定される事案であるならば，かりにリバース・エンジニアリングによって元のプログラムを分析参考にした点が複製権侵害になったとしても，それにより認められる損害額は微々たるものにすぎないといえよう。なお，知財高判平22・4・27 LEX/DB 25442123〈おじゃるデブシステム事件〉は，複製または翻案されたプログラムであったとしても，販売目的でなく作成されたものであることなどを理由として，損害が発生したとは認められないとして請求を棄却した事案である。

③ 無形的再製行為を禁止できる権利

1 上演・演奏 (22条)

🔘 「著作物を，公衆に直接見せ又は聞かせることを目的として（以下「公に」という。）上演し，又は演奏する権利」である。通常の意味にいう楽器による演奏ばかりでなく，歌唱も著作権法上は演奏と定義されており（著作2条1項16号），音楽を演奏（歌唱）する以外に演ずるのが上演である。「直接」と規定されているが，生での上演や演奏ばかりでなく，録音・録画されたものを再生したり，電気通信設備を用いて伝達することも含まれる（2条7項。ただし，上演や演奏を公衆送信したり上映することは別途公衆送信権や上映権でカバーされるので上演・演奏権の範囲外とされている）。

🔘 演奏したり上演したりする者は実演家であり，実演家は著作物を伝達して演ずる者と構成されており，上演・演奏することによって著作隣接権および実演家人格権を取得する。この場合，著作権者の許諾を得ていない場合には，実演家は著作隣接権および実演家人格権を取得できるが，上演・演奏行為は上演権や演奏権といった支分権を侵害することになる。この点は著作隣接権の項（⇒第7章）で説明する。

2 上映 (22条の2)

🔘 「著作物を公に上映する権利」であり，上映とは，著作物を映写幕その他の物に映写すること（著作2条1項17号前段）をいう。したがって，上映の対象は視覚的な著作物が原則であるが，映画の上映に伴って音を再生することは演奏ではなく上映とされている（2条1項17号後段）。かつて上映権は，映画の著作物にのみ認められていたが，1999（平11）年改正ですべての著作物に認められることになった。たとえば本や写真をプロジェクターなどで映し出すことも上映に該当する。レーザー再生ホログラフィーのように，立体的に投影される場合であっても上映と解してよいことは「映画」（⇒第1章第3節⑦映画）で説明したとおりで

ある。なお，公衆送信された著作物を受信装置を用いて公衆に提示する
行為は，上映とは別に後述の（公衆）伝達権（著作 23 条 2 項）として定義
されている。

3　公衆送信 (23 条 1 項)

公衆送信とは，公衆によって直接受信されることを目的として無線
通信または有線電気通信の送信を行うことをいう[*1]が，同一構内で
行われる公衆送信は除かれる（著作 2 条 1 項 7 号の 2）[*2]。公衆送信は，放
送（2 条 1 項 8 号），有線放送（同項 9 号の 2），自動公衆送信（送信可能化[*3]を
含む：同項 9 号の 4，同項 9 号の 5）とその他[*4]に分類される。

[*1] 「公衆によって直接受信されることを目的とする」とは，公衆に向けられ
た送信を受信した公衆の各構成員が，著作物を聴取等することによりその内
容を覚知することができる状態になることをいう（知財高判平 20・12・15
判時 2038・110〈まねき TV 事件控訴審〉）から，たとえばケーブル業者が
番組制作者と公衆向発信者との間を有線でつないで電気信号を運搬している
だけでは公衆送信に該当しない（加戸 33 頁）。

[*2] たとえば構内で行われている上演や講演を同一構内に送信して別室で提示
する場合には，本会場での上演や講演に対する上演権や口述権で侵害行為を
捉えれば足りるとされている。ただし，同一構内であってもプログラムの著
作物を送信して別の会場で使用する場合には，元のプログラムが真正なもの
であれば，その使用はもちろん同一構内で多数のコンピュータで使用される
ことを捕捉する他の支分権は存在しないから，別会場への送信行為は公衆送
信権侵害行為となると構成されている。なお，元のプログラムが違法作成さ
れたものである場合には，これを知って業務上使用する行為自体も著作権侵
害とみなされる（著作 113 条 2 項）。

[*3] 送信可能化とは送信の前段階の行為であって，公衆の用に供されている
（インターネットなどの）電気通信回線に接続された（サーバーなどの）自
動公衆送信装置に著作物を入力することや，著作物が入力されている（サー
バーなどの）自動公衆送信装置を（インターネットなどの）電気通信回線に
接続することをいう。なお，地上波テレビ番組の転送サービスをめぐって自
動公衆送信装置の該当性および当該装置への著作物を入力する主体が争点と
なった事案として最三小判平 23・1・18 民集 65・1・121〈まねき TV 事件
上告審〉がある。この点は第 8 章第 4 節④で再説する。

[*4] 前記 3 類型に包含されない，たとえば顧客からの個別の求めに応じてファク
スで著作物を送信する「手動送信かつ異時受信」も公衆送信に包含される

（加戸 33 頁）。

インターネットなどの電気通信回線に接続されたサーバー（自動公
衆送信装置）に許諾なく著作物をアップロードする行為は，複製権
侵害であると同時に公衆送信権（送信可能化権）侵害に当たる。このよう
なサイトにインラインリンク（リンク元のウェブページが立ち上がった時に，
自動的にリンク先のウェブサイトの画面がユーザーの端末に送信されて，リンク先の
ウェブサイトが当該ユーザーの端末上に自動表示されるように設定されたリンク）を
張る行為や，同様に複製権や公衆送信権を侵害する違法なツイートをリ
ツイートする行為が新たな複製権侵害や公衆送信権侵害になるかは問題
であるところ，知財高判平 30・4・25 判時 2382・24〈リツイート事件〉
は複製権と公衆送信権の侵害をともに否定した。

4 伝達 (23条2項)

公衆送信された著作物を受信装置を用いて公衆に提示する行為であ
り，放送番組をそのままスピーカーで来店者用に流して聞かせるこ
となどが典型例である。映像の場合は上映あるいは上演と，音声のみの
場合は演奏と類似する行為であるが，これらとは別に（公衆）伝達権と
定義されている。ただし，放送されまたは有線放送される著作物に関す
る伝達権は，営利を目的とせずかつ聴衆や観衆から料金を受けない場合
には一般的に制限されるし，家庭用受信装置を用いる場合は営利目的や
有料で行う場合でも伝達権は及ばない（著作 38 条 3 項）。

5 口述 (24条)

口述とは，著作物を口頭で公に伝達することであるが，実演に該当
するものは除かれている（著作 2 条 1 項 18 号）から，講演や演説など
が典型例である。条文上も朗読は口述と捉えられるが，声優による朗読
などの場合には，実演というべき場合もあろうから，その場合は，口述
ではなく上演に該当し，朗読した者に対しては実演家としての著作隣接
権が生ずることになろう（加戸 58 頁）。

なお口述には，上演や演奏の場合と同様に，生の口述だけでなく，録
音・録画されたものを再生したりする場合も含まれる（著作 2 条 7 項）。

④ 原作品やその複製物を提供・提示することを禁止できる権利

1 展示 (25条)

美術および未発行の写真の著作物について，その原作品により，公
になされる展示行為が対象となる。原作品についてのみ認められ，
複製物に認められないのは，美術の著作物を例にとるならば，原作品は
原則的に一つしか存在せず，その価値と無限に生み出されうる複製物の
価値に雲泥の差が認められるが故である。ただし，デジタルカメラで撮
影した写真も写真の著作物であるが，この場合に原作品というべき当初
に撮影した写真とその複製物にはほとんど差異が認められないから，未
発行であるとしても原作品にのみ展示権を認める根拠は希薄であるとい
わざるをえないし，美術の著作物にあっても，コンピュータ・グラフィ
ックの手法を用いた美術などにおいては，原作品と複製物には何らの差
異もないといえる状況が生じている。なお，応用美術について著作権法
による保護が認められる場合があることは前述（⇒第1章第3節④美術）
のとおりであるが，この場合には原作品を観念することができないし，
最初の作品とその後に生産される作品には差異が認められないから，一
般の美術の著作物とは異なり原作品に対する展示権は認められないと解
するべきであることも前述のとおりである（反対：中山323頁。原作品の展
示権は原作品の所有者やその同意を得た者には及ばないとされているから，最初に制
作される作品を原作品と捉えてこれに展示権を与えても不都合はないとする）。

2 頒布 (26条)

頒布とは，有償・無償を問わず，所有権を移転する譲渡も移転しな
い貸与をも含めて，公衆に対して複製物の占有を移転することであ
り，映画の著作物の場合にはさらに，公衆に提示することを目的として
複製物の占有を移転することも含む（著作2条1項19号）。映画以外の著
作物においては，頒布行為が後述のみなし侵害となる場合があるほかは，
頒布権ではなく譲渡権や貸与権がその利用態様をカバーしている。また，

貸与権（26条の3）も有償・無償を問わないが，映画以外の著作物において
いては営利を目的とせずに無償で公衆に貸与する場合には著作権が制限
されている（38条4項）から，結局，映画の著作物の場合だけ無償での
公衆への貸与や公衆へ提示することを目的とした貸与が権利侵害となる。

　なお，配給制度とかかわりなく製作される中古ゲームソフトの再販売
行為が映画の著作権の頒布権により禁止できるか，いったん適法に販売
されたゲームソフトについての頒布権が消尽するかといった問題に関し
ては，論点研究 3 として検討を加える。

3　譲渡 (26条の2)

　　頒布権の認められる映画を除く著作物を原作品または複製物により
　　公衆に譲渡する権利であり，1999（平11）年の著作権法改正で導入
された[1]。譲渡権はいったん適法な譲渡がされた後は，その後の譲渡に
対する権利は消尽する（著作26条の2第2項）[2][3]。

　　*1　東京高判平12・5・23判時1725・165頁〈剣と寒紅事件〉は，著作権を侵
　　　　害する複製行為を行った者自らが頒布する行為は，その後の頒布が情を知っ
　　　　ていようがいまいが，複製権侵害として捉えれば十分であると判示している。
　　　　同判例は譲渡権創設前の著作権法適用事案であるが，現行法下であれば，著
　　　　作権を侵害する複製行為を行った者自らが頒布する行為は，複製権侵害であ
　　　　ると同時に譲渡権侵害行為となる。
　　*2　譲渡権が消尽する場合について，著作権法26条の2第2項は1号から5
　　　　号で細かく規定しているが，条文を読めばわかることであるから再説しない。
　　　　特許法においても，特許権者の了解の下に生産されて流通に置かれた製品が，
　　　　その後に転々譲渡されてもその譲渡行為が逐一特許権侵害にないとすること，
　　　　すなわち真正商品の国内消尽については，条文はないものの，いわば当然の
　　　　こととして是認されてきたところ，最三小判平9・7・1民集51・6・2299
　　　　〈BBS並行輸入事件〉は正面からこれを認める判示を行った。ただし，著作
　　　　権法26条の2第2項5号が国外で適法にいったん市場に流通した著作物の
　　　　原作品や複製物については，わが国における譲渡権が消尽するとして，いわ
　　　　ゆる国際消尽を認める旨規定している点には注意しておくべきである。特許
　　　　法においては，各国ごとに特許権は登録され，それぞれの権利は別個に存在
　　　　しているから，一国で適法に流通に置かれた特許製品といえども，これを第
　　　　三者が他国へ輸入することはその国の特許権を原則として侵害することにな
　　　　り，制度としての国際消尽は否定されている（前掲BBS並行輸入事件最三

小判)。

＊3　なお，消尽する譲渡権は著作物を原作品または複製物により公衆に譲渡する権利であるから，書籍やCDのように著作物を固定した有体物が対象であって，公衆送信される電子書籍などのデジタル著作物は対象ではない。したがって，ネットでダウンロードすることで電子書籍を購入した場合でも著作権者の公衆送信権は消尽することはなく，利用者がこれをさらに公衆送信する行為は権利侵害となる。デジタル消尽として論じられる問題であるが，利用者にしてみれば購入した書籍は転売できるが，電子書籍ではそれができないというのには違和感もあろう。

　いったん適法な譲渡がされたものであるか否かは外形的に必ずしも明らかとはいえないから＊4，譲渡権が消尽していないことについて善意無過失で入手した者の場合には，その後にこれを公衆に譲渡しても譲渡権侵害にならない（著作113条の2）。かりに入手後悪意になった場合でも，その後の公衆への譲渡には譲渡権は及ばないが，当該著作物が違法複製著作物（いわゆる海賊版）である場合であれば，そのことを知って頒布する行為は著作権侵害とみなされる（113条1項2号）。なお，前述の善意無過失者の公衆への譲渡は譲渡権侵害にならないが，譲渡権が消尽しているわけではないから，その者から入手した者が悪意者または有過失者である場合はその者が著作物をさらに公衆へ譲渡する行為には譲渡権が及ぶ。

＊4　適法に複製された複製物であっても，これを権限に基づかずに譲渡することは譲渡権侵害になるから，違法複製著作物（いわゆる海賊版）でなくともその譲渡が譲渡権侵害となる場合もないわけではない（ただし，第2節②侵害品頒布行為＊1参照）。

4　貸与（26条の3）

　頒布権の認められる映画を除く著作物を複製物＊5により公衆に＊6貸与する権利であり，貸レコード店が問題化したのに伴い1984（昭59）年の著作権法改正で導入された。ただし，公表された著作物（映画の著作物を除く）を非営利かつ代金を受けることなく公衆に貸与する場合には権利が制限される（著作38条4項）。もちろん，いったん権利者によって適法に流通に置かれた著作物であっても，その公衆への貸与には貸与権が及び，その権利が消尽することはない。

　原作品の所有者はかりに著作権者でないとしても，これを公衆に貸与することは貸与権侵害にはならない。したがって，原作品の所有者がこれを美術展用に貸与することは有償で行っても貸与権侵害にはならない。原作品を譲渡した場合，その所有者はこれを公に展示することができる（著作45条）のと同様に，その所有者はこれを公に貸与することもできることになる。譲渡権の場合は「原作品及び複製物」とされているのとの対比から当然に導かれる解釈論である。ただし，写真や版画のように原作品といっても複製物と同等なものである場合には，著作権法26条の3にいう「複製物」に該当すると解されている（加戸218頁）。

*6　東京地判平16・6・18判時1881・101〈NTTリース事件〉では，リース先を限定して使用許諾したプログラムを，約定に反して他のリース先に再許諾した行為が契約違反となるだけでなく，少数であっても不特定の者に対する貸与になるとして貸与権侵害が認められた。公衆への貸与といえるか微妙な事案といえる（この点を指摘するものとして，作花文雄「著作権制度における『公衆』概念」コピライト560号41頁〔2007年〕参照）。なお，たとえばエンジンにプログラムの組み込まれたレンタカー事業がプログラムの貸与権の対象となるかといった問題（中山341頁参照）もあるが，あくまで車のレンタルであって付随的なプログラムの貸与ではないとすべきであろう。

　上記1984年著作権法改正時に，既に存在していた貸本屋に対していきなり貸与権が行使されると社会的な混乱が予想されることなどから，附則4条の2で，書籍と雑誌については，当分の間，26条の3（貸与権）の規定は適用されないこととされていた。その後，新しい業態のレンタルブック店も出現し，これによる著作権者の経済的損失を見過ごすことができなくなったこともあって，書籍等についても貸与権をはたらかせるべきであるとの配慮から，2004（平16）年著作権法改正時に前記附則4条の2は削除された。ただし，同年改正法附則4条によって，2004年8月1日の時点で貸本屋が現に所持している書籍については，従前どおり貸与権は，はたらかないとの経過措置がとられている。

論点研究 **3**　**中古ゲームソフトの頒布**

1　ビデオゲーム影像の著作物性

　東京地判昭59・9・28無体裁集16・3・676〈パックマン事件〉

は，ビデオゲームを実行する際に映し出される影像は映画の著作物であると判断して，上映権の存在を認めた。被告は，ゲーム影像はプレイヤーによって常に変化するから，影像は固定されているとはいえず，映画の要件を欠くと主張したが，裁判所は，変化する影像自体はすべてプログラム中に組み込まれているのであるから，自由に変化しているように見える影像も，結果としては，映画フィルムと同様な意味で ROM 中に固定されているといえると判示した。

　　⚫ その後，ビデオゲーム業界は目覚ましく発展し，ゲームソフトも CD-ROM 等に収納され，一般の音楽ソフトと流通形態も変わらなくなってきた。そこで，このようなゲームソフトを映画の著作物として保護し，映画の著作物のみに認められる頒布権（著作 26 条）により，中古ソフト販売が規制できるかが問題となった。

2　1999（平 11）年著作権法改正

　　⚫ パックマン事件判決後の 1999（平 11）年著作権法改正で，従前は映画の著作物に関してのみ認められていた上映権が，映画以外の著作物にも広く認められるに至った。これは，従前はディスプレー上で音や影像を提供できるのは映画に限られたが，デジタル技術の進歩などにより，写真，美術，言語，音楽などあらゆる著作物が融合した上映形態で利用されるようになってきたのに対して，複製概念（複製とは「印刷，写真，複写，録音，録画その他の方法により有形的に再製すること」をいう〔著作 2 条 1 項 15 号〕）のみでは対応できなくなってきたことに起因する。

　　また，頒布権同様に著作物の譲渡を規制できるとする譲渡権（著作 26 条の 2）が，同じく 1999（平 11）年著作権法改正で，映画以外の著作物にも広く認められるに至った。従前は，違法に複製された物を事情を知って頒布したりする行為だけが侵害とされていた（改正前 113 条 2 項：みなし侵害規定）が，譲渡権の創設により，それ以外の場合でも広く複製物の譲渡を違法とすることができるようになった。ただし，譲渡権は，著作権者等によりいったん正当な権原に基づき流通に置かれた後には消尽すると規定された（26 条の 2 第 2 項）が，映画の著作物についてのみ残存した頒布権に関しては，権利消尽に関する規定の追加は行われなかった。

　　このように，従前は，多大な費用をかけて製作される特別のものであ

るとの発想から，映画の著作物についてだけ頒布権や上映権を認めていたものの，ビデオゲームのように，製作費においても他のコンピュータソフトの製作費よりも常に高額であるとはいい難い状況が生じていることもあって，デジタルかアナログか以上に，映画か言語かによって著作権法上の保護に差異を設ける必要があるのかという疑問が提示されていた。

3　最一小判平 14・4・25 民集 56・4・808〈中古ゲームソフト大阪事件上告審〉に至る経過

▶　このような状況下で，中古ゲームソフト販売の問題に関し，東京地判平 11・5・27 判時 1679・3〈中古ゲームソフト東京事件一審〉は，「スターオーシャン・セカンドストーリー」とのビデオゲームに関して，画面上に表示される連続影像が一定の内容および順序によるものとしてあらかじめ定められているとはいえないとして，映画の著作物性を否定した。一方，大阪地判平 11・10・7 判時 1699・48〈中古ゲームソフト大阪事件一審〉は，前記パックマン事件判決と同様に判断して，ビデオゲームの映画の著作物性を認めたうえで，映画の著作権者による頒布権の行使を肯定した。中古ゲームソフトの販売を違法とする正反対の結論が出たことで，実務，業界においても混乱が生じた。

▶　上記両事件の控訴審は，いずれも当該ビデオゲームの映画の著作物該当性自体は認めた。そのうえで，東京高判平 13・3・27 判時 1747・60〈中古ゲームソフト東京事件控訴審〉は，頒布権は，配給制度による流通形態が採られている映画の著作物にのみ認められるから，一般市場で流通することを前提としている当該ビデオゲームソフトの複製物は著作権法 26 条 1 項の複製物に該当しないとした。また，大阪高判平 13・3・29 判時 1749・3〈中古ゲームソフト大阪事件控訴審〉は，ビデオゲームの映画の著作物性を認めて頒布権の存在は認めたものの，2条 1 項 19 号後段の配給制度によって流通に置かれる映画の著作物についての頒布権は消尽しないが，それ以外のゲームソフトを含む映画の著作物についての頒布権（同号前段）は，いったん正当な権原に基づき流通に置かれた後は，譲渡権同様に頒布権も消尽するとして，両件とも中古ソフト販売を適法とする判断を示した。両事件とも上告された。

▶　東京事件控訴審判決は，映画の著作物の複製物の内に頒布権の対

象となる物とならない物を分ける点，大阪事件控訴審判決は，映画の著作物に認められる頒布権を消尽するものとしないものに分ける点が現行法規定の文理上は解釈としての難点を包含していた。また，東京事件控訴審判決の趣旨が，配給制度とかかわらないビデオ化された映画についても頒布権を否定するとの結論に至るのであれば，従前の下級審の判例（たとえば，東京地判平 6・7・1 知的裁集 26・2・510〈101 匹ワンちゃんビデオ並行輸入事件〉 *1）との整合性が問題になることが指摘されていた。

> ＊1　ディズニー映画ビデオにつきわが国での販売ライセンスを受けた者が，国外で販売され，並行輸入されたビデオ（並行輸入とは海賊版ではなく権利者によって外国で正規に流通に置かれた真正商品を，正規のディーラーではない輸入業者がわが国に輸入することをいう）をわが国で販売しようとした業者に対して，頒布権侵害であるとして侵害警告をした行為につき，ビデオ化されているといえども映画の著作物として頒布権があることを理由に侵害警告は違法でないと判断した事例である。

4　最一小判平 14・4・25 民集 56・4・808〈中古ゲームソフト大阪事件上告審〉

▶ 上告審は，著作権法 26 条は頒布権が消尽するか否かを規定しておらず，配給制度といった取引形態にない映画の著作物についての頒布権が消尽するか否かは専ら解釈に委ねられているとして，結果として頒布権の消尽を認める大阪事件控訴審判決の立場を是認した。

▶ 大阪事件控訴審判決の判旨には，前記のとおりの難点が指摘されていたが，著作権法の制定当時にはおよそ想定できなかった著作物が映画の著作物としての定義に該当してしまうからといって，従前どおりの解釈論のみを採用していたのではあまりにも実態にそぐわない結論となってしまうだろう。前述のように，プログラム CD とゲーム CD を比較した場合に，ゲーム CD の方がプログラム CD と比べて，従前の映画と同様に多額の製作費を要するものであるということもできないし，実際のユーザーレベルでいうならば，プログラム CD よりもゲーム CD の方が消費財として広くユーザーに行き渡っているのが現実であって，ユーザーの利用目的や意図も両者で大きく変わるわけでもない。したがって，ゲームソフトに関する限りにおいては，これを映画の著作物であるとしながらも頒布権の消尽を認めた上告審判決の趣旨は是認するほかはない。

5 判例の射程範囲

🔵 現在 DVD 等に収納されているものとしては，プログラムソフトやゲームソフトのほかに劇場用映画もあり，劇場用映画 DVD はもちろん配給制度等とは関係なく媒体に収納されて一般ユーザーに販売されている点ではゲームソフトと変わりはない。このような媒体については著作権法 26 条に規定する複製物に該当しないとした前掲東京事件控訴審の立場でも，2 条 1 項 19 号前段の頒布権の対象であるとする前掲大阪事件控訴審の立場によっても，頒布権は生じないか（東京事件控訴審の立場），または第一譲渡によって消尽する（大阪事件控訴審の立場）ことになるだろう。そして，現にゲームソフトではないビデオ映画ソフトについても頒布権は第一譲渡によって消尽するとした下級審判例（東京地判平 14・1・31 判時 1791・142〈中古ビデオソフト販売事件〉）も，前記最一小判の直前に言い渡されている。ただし，同事件のソフトは当初から，配給制度による上映で公衆に提示することを目的として制作された映画ソフトではなかった点に留意しておくべきである。前記最一小判も，ゲームソフトについて頒布権が消尽する理由付けとして，当該ソフトが，配給制度を前提とせず，公衆に提示することを目的とせずに譲渡されていることを掲げている。これは，いったん配給制度を前提として製作された劇場用映画であれ，そうではない映画であれ，DVD に収納して一般市場の流通に置いた場合にも転用可能な理由付けであろう。しかし，最一小判自体はあくまでゲームソフトに関する事案であって，その射程は，そのままではゲームソフト以外のましてや劇場用映画 DVD に当然に及ぶものではない。ゲームソフトと劇場用映画 DVD の相違点も看過することはできない*2。

> ＊2　貸与権（144 頁）は無償での公衆への貸与には権利が及ばない（著作 38 条 4 項）が，頒布権は無償での公衆への貸与に対しても権利が及び，図書館や教育施設等でなければ無償で公衆に貸与することができないし，その場合でも権利者には相当の補償金を支払わなくてはならない（同条 5 項）から，消尽の点以外でも頒布権か貸与権かでは大きな違いがある。かりに劇場用映画 DVD について，貸与の点では通常の映画と同様に無償によるそれであっても，頒布権として権利者が規制できるとするのであれば，それとのバランスからも，いったん譲渡された劇場用映画 DVD であっても無償での再譲渡等を規制できる

　　　　として頒布権の消尽を認めないといった解釈も成り立ちうるであろう。

第2節　侵害とみなす行為

　著作権法 113 条のみなし侵害規定は，著作（財産）権のみでなく，著作者人格権や著作隣接権をも包含したものであるが，本節では便宜上著作権の効力として説明することにする。

1　頒布目的の侵害物輸入行為 (113条1項1号)

　特許の場合と異なり，著作権の場合は，国外で権利者によって正当に流通に置かれた著作物の原作品や複製物についてもわが国の譲渡権は消尽し（著作 26 条の 2 第 2 項 5 号），これを輸入して国内で譲渡してもわが国の譲渡権は及ばないことは前述した。もちろん，国外で作成されたいわゆる海賊版についてはこれが国外で流通に置かれたとしてもわが国の譲渡権は消尽しないから，これを輸入して国内で譲渡する行為は譲渡権侵害になるが，その前段階として頒布目的で輸入する行為自体も侵害とみなされることになる。このことを規定したのが本条である*。

　　*　なお著作権法 113 条 1 項 1 号は，「国内で作成したとしたならば……侵害となるべき行為によって作成された物」と規定しているので，たとえば日本の著作権制限規定によっては適法とならないが，当該国の著作権制限規定では適法となる行為によって作成された物は，同号では侵害となるべき行為によって作成された物となる（東京地決昭 62・11・27 判時 1269・136〈レオナール・ツグハル・フジタの生涯と作品事件〉）。

② 侵害品頒布行為 (113条1項2号)

譲渡権新設前には，適法に作成された複製物の譲渡には著作権は及ばず，いわゆる海賊版の譲渡（頒布）のみが本条で違法とされていた。譲渡権新設後は適法に複製された複製物であっても，これを権限に基づかずに譲渡することは譲渡権侵害になるし*1，いわゆる海賊版の譲渡も譲渡権侵害になる。ただし，いずれの場合にも取得時に譲渡権が消尽していないことについて善意・無過失であったならば譲渡権侵害にならない（113条の2）し，著作者人格権や実演家人格権の侵害行為によって作成された物の譲渡行為も譲渡権侵害にならないが，これらの場合でも情を知って頒布するなどしたならば，本条にいうみなし侵害になることになる*2 *3。

> *1　ただし，複製を許諾する場合には譲渡をも同時に許諾するのが通例であろう。複製はしてもいいが，その複製物を譲渡するには別に許諾を得なければならないというのでは，複製権を許諾した実質が果たせないからである。
> *2　なお，著作権侵害によって作成された物を譲渡以外でたとえば公衆送信することは公衆送信権侵害になり，一方，著作者人格権侵害によって作成された物の頒布は本条のみなし侵害となるが，その公衆送信は現行法では侵害と構成することは困難である（この点の立法上の不備を指摘するものとして高部・詳説103頁）。
> *3　本号は頒布の段階に至った場合のみでなく，その前の頒布目的や業としての輸出目的での所持などをもみなし侵害としている。これは，いわゆる水際取締りの際の便宜を図ったものである。

③ リーチサイト・リーチアプリ対策*1 (113条2項, 3項)

著作権を侵害するコンテンツに導くようなリンクを張る行為自体は新たな公衆送信権侵害行為とはいえないと解されていることは前述した（⇒第1節③3公衆送信）が，2020（令2）年著作権法改正で，侵害著作物等*2へのリンク情報を集約して*3利用者を侵害著作物等に誘導するウェ

ブサイト*4（リーチサイト）や，これと同じ機能を有するアプリケーション・プログラム（リーチアプリ）の悪質な提供行為等を著作権，出版権，著作隣接権を侵害する行為とみなすこととした。

　113条2項および3項はいずれも長文であり，用語も難解なため理解することは容易ではないので，まずは条文をじっくりと読むことをお勧めする。

　簡単に説明するならば，提供行為が違法となるリーチサイト・リーチアプリとは「公衆を侵害著作物等に殊更に誘導するもの」または「主として公衆による侵害著作物等の利用のために用いられるもの」に限定され（113条2項1号，2号），かつリンク先コンテンツが侵害著作物等であることについて故意または過失のある場合に限られる（113条2項本文）。さらに自らはリンクの提供等を行なってはいないが上記リーチサイトを運営しあるいはリーチアプリを提供する者が，リンク情報の提供を防止するための措置を講じないことも，リンク先コンテンツが侵害著作物等であることについて故意または過失のある場合に限って侵害とみなされる（113条3項）。ただし，自ら直接的にリーチサイトの運営等を行なっておらず，基本的には適法なサイトで構成されているが，一部にリーチサイトも含まれており結果的にリーチサイトの運営等の機会を提供しているにすぎないプラットホーム・サービス提供者（YouTubeなど）は規制の対象から除かれている。

　　*1　リーチ（leech）とは吸盤でくっついて吸血するヒルのことであり，吸血鬼や寄生虫のような人のことを意味している（ライトハウス英和辞典〔研究社〕）。
　　*2　この場合の侵害著作物等からは，原著作者の許諾なく創作した二次的著作物（ただし翻訳を除く）を当該創作者自らがアップロードしたものは除外されている。ただし，当該創作者以外の者が無断でアップロードしたものはもちろん侵害著作物等に含まれる。
　　*3　URLの提供だけでなく，それに類する効果を有する手段であって直接的実質的に侵害コンテンツへの到達を可能とする手段の提供も含まれる。
　　*4　ウェブサイトの定義については著作権法113条4項参照。

④ 違法作成プログラムの業務上使用行為 （113条5項）

違法に作成されたプログラムを電子計算機で使用する行為を一般的に禁止できる支分権は存在しないが，違法作成プログラムであることを知りながら取得し，かつ業務上使用する行為は侵害行為とみなされる。業務上の使用が要件であるから，個人的な使用は除外されるし，過失により違法なプログラムであることを知らず，あるいは取得後に違法なプログラムであることを知った場合も，その使用は違法とはならない。

⑤ 技術的利用制限手段の回避行為 （113条6項）

2017（平29）年著作権法改正により加えられた規定である。同年改正著作権法2条1項21号に規定された技術的利用制限手段（アクセスコントロール）＊を回避して著作物を視聴したり，プログラムを実行することは，複製権等の支分権を侵害する行為とはならないが，技術的利用制限手段についての研究や技術開発の目的上正当な範囲内で行われる場合その他著作権者等の利益を不当に害しない場合を除き，著作権，出版権，著作隣接権を侵害する行為とみなされる。

＊ 上記改正著作権法2条1項20号に規定された技術的保護手段（コピーコントロール）および不正競争防止法が規定する技術的制限手段（コピーコントロールとアクセスコントロールの双方）については第4章第3節④1私的使用のための複製＊5参照。技術的保護手段を回避して複製等をする行為は，支分権である複製権の侵害行為となる。

⑥ 技術的保護手段・技術的利用制限手段を回避する指令符号の提供等行為 （113条7項）

2020（令2）年著作権法改正で，技術的保護手段（2条1項20号）また

は技術的利用制限手段（同項21号）の回避を行う機能を有する指令符号
を提供等する行為を著作権，出版権，著作隣接権を侵害する行為とみな
すこととした。典型的には技術的保護手段や技術的利用制限手段が施さ
れたコンテンツを入手してライセンス認証を行う際に必要な指令符号
（シリアルコード）を不正に提供等（公衆への譲渡や貸与，それらの目的をもった
製造，輸入，公衆送信など）する行為を侵害と擬制したものである。

7 権利管理情報の改変行為等 (113条8項，9項)

著作権法2条1項22号に規定されている電磁的方法で著作物等に
用いられるべき権利管理情報に，故意に虚偽の情報を付加したり
（著作113条8項1号），情報を故意に除去したり改変する行為（同項2号）
や，これらの虚偽情報が用いられている著作物等を情を知って頒布等す
る行為（同項3号）は，権利侵害行為とみなされる。また，8項で規定し
ている「著作隣接権」には実演家やレコード製作者が取得する報酬請求
権や二次使用料請求権も含まれる旨が9項で規定されている。

8 音楽レコードの還流防止措置 (113条10項)

著作権の場合は，国外で権利者によって正当に流通に置かれた著作
物の原作品や複製物についてもわが国の譲渡権は消尽し（著作26条
の2第2項5号），これを輸入して国内で譲渡してもわが国の譲渡権は及
ばないことは何度も述べた。しかし，たとえばアジア諸国を例にとるな
らば，国家間の経済状況を反映して，わが国の著作権者の許諾を得た音
楽レコードが安価で販売されており，これが少なからずわが国に還流し
て，わが国で販売されている同じ音楽レコードよりも安価で販売されて
いる（いわゆる逆輸入）という事情が存在する。このような価格格差を利
用したレコードの還流を阻止するため，2004（平16）年著作権法改正で
本条が新設された。本条新設に当たっては，そもそもわが国で販売され

ている音楽レコードの価格が高額すぎるのではないかといった指摘等も
あり大いに議論された。その点を考慮して，本条には，「当該著作権者
又は著作隣接権者の得ることが見込まれる利益が不当に害されることな
る場合に限り」「専ら国外において頒布することを目的とする」レコー
ドであることを知りながら還流する行為であることや，行使できる期間
の制限などの限定要件が加えられている。詳しくは条文を参照のこと。

⑨ 著作者の名誉・声望毀損行為 (113条11項)

「著作者人格権」（⇒第6章第5節名誉声望を害する方法での利用の禁止）で後述
する。

第4章

権利の制限

《この章の課題》

　第3章で学んだように，他者が複製や上演・演奏など著作権法21条から28条規定の権利を利用したい場合，権利者の許可が必要である。しかし，著作権法の最終目的は，表現の保護をもって文化の発展（著作1条）につなげることである。いちいち許可をとっていたのでは，著作物の利用に支障をきたし，かえってこの目的が達成できなくなるおそれがある。したがって，著作権もこの目的に沿った範囲内で保護する必要がある。すなわち，一定の場合には，権利者と利用者（社会ともいえる）の利益バランスの調整が求められる。

　このように，著作権の成立は認めるものの，著作物の利用の性質や，公共性といった理由から，権利に制限がかかる場合を規定したのが30条から49条である。第3節では，権利制限規定を4つの観点から分類し，各規定について検討を行う。

　もっとも，公共性が強いため，そもそも著作権自体が成立しない著作物も存在する。それらは13条に規定されており，第1節で解説する。

　以上のような著作権法の目的に適うよう，ある一定期間が過ぎれば著作物の利用を自由にする規定も設けられている。これを著作権の保護期間といい，第2節で扱う。

第 1 節　著作権法の保護を受けない著作物

　著作権法 13 条は権利の目的とならない著作物として，① 法令，②告示，訓令，通達その他これらに類するもの，③ 裁判所の判決・決定・命令や審判，行政庁の裁決や決定で裁判に準ずる手続で行われるもの，④ 国などが作成する①～③の翻訳物，編集物を掲げる。これらの著作物は，その性質上広く国民にその内容を告知することこそ望まれるものであるから，著作（財産）権はもちろん著作者人格権も生じない。

　①にいう法令には，政府提出の法律案や外国の法令も含まれる。かりに外国ではその国の法令に著作権が生じているとしても，わが国の著作権法では保護されないということである。

　政府が発行する白書や公開報告書などは，法令や通達と同様に国民への広報を目的とするものではあるが著作権は成立する。ただし，著作権法 32 条 2 項により，説明の資料として刊行物へ転載することが広く許容されている（ただし，これを禁止する旨の表示がある場合を除く）。

　上記③には，判決中に引用されている法廷陳述や鑑定意見等は包含されないから，これらには著作権は成立するが，著作権法 40 条 1 項の「裁判手続……における公開の陳述」に該当し，翻訳，翻案，放送等いずれの方法によるかを問わず広く利用することが許容されている。ただし，裁判記録中に綴じられているにすぎない証拠書類等は著作権の対象であり，かつ 40 条 1 項にも該当しない。なお，特許庁審決は上記③に該当する。

　最高裁のホームページには，知的財産権関係判例データベースなどがあるが，これは上記④の「編集物」には該当せず，データベースの著作物（著作 12 条の 2）としての保護を受ける（加戸 147 頁）。判例を民間企業が編集した判例雑誌などには編集著作権が成立する。この場合，掲載されている個々の判例自体には著作権は成立していないが，コメン

ト部分に著作権が成立しているのはもちろんである。

第2節　時間的限界

1 著作権の保護期間

ベルヌ条約では著作権の保護期間は著作者の死後 50 年とされているが，同盟国はこれより長い期間を定めることができ，保護期間については相互主義が採用されている（ベルヌ条約 7 条，著作 58 条）ので，本国法である外国での保護期間の方が短い場合には，その短い方が採用される。近時欧米の主要国が相次いで保護期間を著作者の死後 70 年に延長したため，欧米主要国ではその著作物は著作者の死後 70 年保護されるのに，日本の著作物は，その国では著作者の死後 50 年しか保護されないことになるとの不平等が指摘されていた。保護期間 50 年が妥当なのか 70 年が妥当なのかといった議論は，いずれにせよその正当性の根拠が明確とはいえないが，結局 2017（平 29）年著作権法改正により，わが国でも原則として著作者の死後 70 年まで保護期間が延長された。

著作権は，創作の時に何ら審査手続等の要式行為を経ずに発生し，著作者の死後 70 年の経過で消滅するのが原則である（著作 51 条：共同著作物の場合は最後に死亡した者の死後 70 年）*1。ただし，無名・変名の著作物や団体名義を有する著作物は公表後*2 70 年を経過するまで存続する（52 条，53 条）*3。無名・変名著作物も，その間に実名登録（75 条）がされれば，死亡時起算になる（52 条 2 項 2 号）*4。なお，これら，著作者の死後 70 年とか公表後 70 年という期間は，死亡日や公表日の属する年の翌年から起算される（57 条）から，1971 年 8 月 1 日に著作者が死亡した場合は，その翌年である 1972 年 1 月 1 日から起算して 70 年を経過した 2041 年の 12 月 31 日の終了の時点で保護期間が満了することになる。

特許権は出願から 20 年（特許 67 条），意匠権が登録から 20 年である（意匠 21 条 1 項）こととの対比からも，著作権の存続期間は極めて長い。この点については，序章「著作権法概観」も参照のこと。

    ＊1 著作権者が，自然人の場合であれ法人の場合であれ，死亡ないしは解散後に権利承継する者が存在せず，民法の規定により権利が国庫に帰属することになる場合には，その時点で著作権は消滅する（著作 62 条）。

    ＊2 公表とは，著作物が発行され，あるいは上演，演奏，上映，公衆送信，口述，展示の方法で公衆に提示されることをいう（著作 4 条）。この場合の発行とは，公衆の要求を満たすことができる相当部数の複製物が作成され頒布されることをいう（3 条）。

    ＊3 団体名義を有する著作物として，サンリオのキャラクターであるキキララの絵のように，基本となる絵の公表年のほか，多少異なる絵を公表した年を重ねて表示している場合がある（たとえば©1981，2001）。この場合に，後者の公表年から 70 年権利が存続するとなると，未来永劫権利が存続できることになる。このような著作物はいわば商標的に利用されているものであるから，商標と同じように権利を永続化してもよいとの考えもありえよう。しかし，前述のとおり，最一小判平 9・7・17 民集 51・6・2714〈ポパイネクタイ事件〉は，1929 年に発表以来 5 名の執筆者により継続的に逐次公表されてきたポパイの 4 コマ漫画に関して，後続の漫画に登場する人物が，先行する漫画に登場する人物と同一と認められる限り，当該登場人物については，最初に掲載された漫画の著作権の保護期間によるべきであると判示した。

    ＊4 東京高判平 5・3・16 知的裁集 25・1・75〈唱歌チューリップ事件〉が作者不詳の楽曲について著作者である旨主張する者が実名登録をしたうえで，保護期間の延長を図った事案であることは前述した。なお，団体名義を有する著作物の場合，たとえば創作から 40 年後に公表された場合には，公表後 70 年すなわち創作から 110 年保護されることになる（著作 53 条 1 項）。

写真は公表後 50 年で消滅するとされていたが，1996（平 8）年改正で著作権法 55 条が削除され，他の著作物同様の保護期間となった。また，映画は，2003（平 15）年改正で公表後 50 年から公表後 70 年に延長された（著作 54 条 1 項）＊5。

    ＊5 同改正の際の経過規定（附則 2 条）では「この法律の施行の際現に改正前の著作権法による著作権が消滅している映画の著作物については，なお従前の例による」としており，改正法施行時点である 2004（平 16）年 1 月 1 日に既に著作権が消滅している場合は期間を延長するとの改正法の適用がないものとされていた。そこで，2003（平 15）年 12 月 31 日の終了の時点で保護期間が満了する 1953（昭 28）年公表の映画が，2004（平 16）年 1 月 1 日

の改正法施行時点で既に権利が消滅しているのか，あるいは12月31日の終了と同時に翌年1月1日施行の改正法により期間が延長されることになるのかが争われた。この問題は立法に際しての全くのテクニックの問題にすぎないが，1953（昭28）年公表の映画にはいわゆる名画が多かったこともあり，利害が絡んで大騒ぎになった。最三小判平19・12・18民集61・9・3460〈シェーン事件上告審〉は，「この法律の施行の際」である2004（平16）年1月1日はあくまでその日であり，その直前の時点は含まれないとして，1953（昭28）年公表の映画の保護期間の延長を認めなかった。

映画の原作である小説や脚本の著作者は，完成した映画の著作者となるものではなく（著作16条），著作権が映画製作者に帰属する場合（29条1項）であっても，原作の小説や脚本の著作権は映画製作者に帰属するものではない。したがって，映画の著作物を複製するためには映画の著作権者のほかに，原著作物の権利者の許諾も必要になる。しかし，映画の著作権が公表後70年で消滅した後に，小説や脚本についての著作権が別に存続するならば，結果的に映画の複製はできないことになる。そこで著作権法54条2項は，映画の著作権の消滅と共に原著作物の著作権も消滅すると規定する。ただし，当該原著作物自体の著作権が消滅するのではなく，当該映画の著作物の原著作物としての権利が消滅するにすぎない。なお，映画の中で利用されている音楽や美術の著作物は映画の著作物と一緒に消滅しない（反対：田村277頁）。

団体名義を有する著作物の場合，保護期間は公表時から起算されるが（著作53条），たとえば，新聞・雑誌・年報のように，冊，号または回を追って公表される著作物（継続的刊行物）は，毎回の公表時が起算点になる。連載小説のように，一部ずつ逐次公表されて完結する著作物（継続的刊行物）は最終部分の公表時が起算点になる（56条1項）。

戦時加算：第二次大戦中に著作権が実質的に保護されていなかったことを理由として，「連合国及び連合国民の著作権の特例に関する法律」4条により，連合国民の著作権に関しては，第二次大戦の開戦日である1941（昭16）年12月8日から，たとえば米，英，仏，豪などの国の場合には平和条約締結の日までの3794日間が保護期間に加算される。旧著作権法から現行著作権法に移行する際に保護期間が満了していなかった著作物についても，50年の保護期間が適用され，また2018

（平30）年12月発効の環太平洋パートナーシップ協定（TPP協定）の締結に伴う2017（平29）年著作権法改正により，その時点で保護期間が満了していなかった著作物については70年の保護期間が適用される。したがって，現在においても連合国民の著作権に関する保護期間の算定においては，戦時加算を考慮する必要が残されている。

　著作者人格権は著作物の創作によって発生し，著作者が存しなくなることにより消滅する。ただし，権利消滅後といえども，何人も著作者が存していたならば著作者人格権を侵害する行為をしてはならない（著作60条）。また，著作隣接権は，実演については実演を行った時，レコードについてはその音を最初に固定した時，放送や有線放送については放送・有線放送をした時から始まり，その日の属する翌年から起算して，実演とレコードは70年（ただし，レコードは発行から70年），放送と有線放送は50年を経過した時に消滅する（101条2項）。

2 著作権の消滅事由

　著作権は保護期間の満了によって消滅するほか，下記の事由によって消滅する。なお著作権が消滅時効により消滅することがないことは序章第3節①著作権＊2参照。

① 相続人の不存在（62条1項1号）

　民法は，最終的に帰属先の決定されなかった相続財産は，国庫に帰属すると定める（民959条）。しかし，著作権の場合は，これを消滅させて万人の財産として，誰でもが自由に利用できるとした方が文化の発展に資することになるという意味で合理的であるので，著作権法62条1項1号はこのように定めている。なお，相続人のあることが明らかでない場合に相続財産管理人を選任し，相続人あるいは特別縁故者への分与の手続をとることは，民法による通常の手続と同様である（民951条以下参照）。

② 著作権者である法人の解散（62条1項2号）

　著作権者である法人が解散して，法律によりその財産が国庫に帰属するとされる場合にも，相続人不存在の場合と同様に著作権は消滅して，

誰でもが自由に利用できることになる。

③　映画の著作権の特例（62条2項）

　前述のとおり，映画の著作権がその存続期間満了により消滅したときは，当該映画の利用に関しては，原著作物の著作権は共に消滅する（著作54条2項）が，同様に映画の著作権が①および②の理由で消滅した場合には，当該映画の利用に関しては原著作物の著作権も共に消滅する。

④　著作権の放棄

　特許法に，特許権は放棄できるとの規定（特許97条1項）があるが，著作権法にはこのような条文はない。著作権は財産権であるから，権利者がこれを放棄できないとする理由はないが，特許権の場合は，これを維持するためには登録料の支払い等の負担を伴う。著作権の場合はこのような負担はないし，また，後述のように著作権者が権利を留保しつつも，単独行為として万人に対して広く利用を許諾することも可能であるから，著作権者が著作権を放棄までするという場面は，通常は想定し難いように思われる。

第3節　著作権の制限規定

1　総　説

　著作権法30条から49条までは，著作権が制限される場合について規定している。著作権の制限という文言は，一般的にこなれたものではないが，著作権を構成する支分権の一部の効力が及ばない場合のことをいい，特許法69条が特許権の効力が及ばない範囲として「試験又は研究のためにする特許発明の実施」などを規定しているのと同様の趣旨である。訴訟では，原告である著作権者が権利侵害を請求原因として主張した場合に，著作権の制限される場合，すなわち著作権の効力が及

ばない場合であるとして，被告側が抗弁として主張することになる（青柳晱子「著作権訴訟の要件事実」裁判実務大系44頁）。著作権法の各権利制限規定は，著作物利用者が「著作物を複製することができる」というように，あたかも著作物利用者に権利を付与しているような体裁となっており，このような規定ぶりが一因となって，図書館を利用する一個人が公立図書館を相手方として，31条1号（現31条1項1号）に基づき図書館蔵書の複製権を有することの確認を求める訴訟を提起したこともある。東京高判平7・11・8知的裁集27・4・778〈多摩市立図書館事件〉は，当然のことであるが，31条1号はこのような権利を定めた規定ではないと判示している。

   著作権の保護は，著作物の公正な利用に留意しつつ行われるべきものである（著作1条）。特許法においても発明の保護と発明の利用を同時に図るべきことが法の目的として謳われており（特許1条），裁定実施権の制度（同法83条以下）や，前述の技術進歩に役立つ試験研究のための実施を効力範囲外とする規定（同法69条1項）などが設けられている。発明も著作物も，新たな創作であるが故に法が保護を与えるものではあるが，成果を得るためには先人の知恵に依拠する部分も多いから，絶対的財産権あるいは人権としてアプリオリに保護されるものではなく，あくまで法目的である産業の発達（特許1条）や文化の発展（著作1条）に沿う範囲内で保護されるものであるということができる。したがって，著作権の制限規定は，いわば著作権保護に必然的に内在する規定ということができ，同趣旨の規定は，各国の著作権法のいずれもが有している。また，著作権の成立を認めたうえでその利用の場面ごとに制限を加えるのではなく，より強い公共性のために著作権の成立自体が認められない対象として，憲法その他の法令や裁判所の判決などがあることは前述した。このような著作権法の体系に思いを致すならば，著作権者は著作物を使用・収益・処分する全権限を有していることを前提として，著作権を制限する例外規定の該当性は厳格に解釈しなければならないという立場は必ずしも妥当でなく，法の趣旨に基づいた合理的な解釈が望まれるところである。

② フェア・ユース (fair use) の法理

🔘 米国連邦著作権法 107 条が，著作物のフェア・ユースには著作権の独占権が及ばないとする一般規定を置いていることは，よく知られている[*1]。

> [*1] 英国著作権法にも，フェア・ディーリング (fair dealing) として著作権を制限する規定があるが，個別的な制限規定に付随したものであって，米国のフェア・ユースとは立法形式が相当に異なっている。

🔘 米国連邦著作権法のフェア・ユース条項は，一般規定といえども，累次の判例で示されてきた，著作権の独占権を制限すべき場合の判断要素の主だったものを注意深く法文化したものである。たとえば，批評，解説，ニュース報道，授業，調査などを目的とする場合の，著作物のコピーやレコードへの複製その他の著作権者の独占的権利の使用をフェア・ユースとして著作権侵害から除外し，フェア・ユースの成否の判断に際しては，① 使用の目的および性格 (使用が商業性を有するか，非営利の教育目的であるかなど)，② 著作物の性質，③ 著作物全体の関係での使用された部分の量や重要性，④ 著作物の潜在的市場や価値に対する使用の及ぼす影響，を考慮すべきであるとしている。フェア・ユースと認められるためには，これらの要素のすべてを充足しなければならないものではなく，またすべてを充足してもフェア・ユースと認められない場合もあるとされており，その後の判例の集積によってフェア・ユース該当性の判断の基準が，ある程度具体的に示されている。したがって，フェア・ユース条項を，わが国の権利濫用の禁止条項 (民 1 条 3 項) や信義則 (同法 1 条 2 項) あるいは公序良俗 (同法 90 条) のような概括的な一般条項と同一に論ずるのは正しくない。

🔘 また，著作権の制限規定として，米国のフェア・ユース条項[*2]を大まかな規定ぶりの例とし，これとわが国のような細かな規定ぶりとの長短が対比されることがあるが，米国連邦著作権法は 108 条から 122 条で著作権が制限される具体的場合を，むしろわが国の著作権法よりも細かく規定していることを忘れてはならない。つまりは，米国連邦著作権法では，各著作権制限規定から外れる場合であっても，フェア・ユー

ス条項によって著作権の独占権が及ばないとして権利侵害を免れる場合が法定されているのであって，著作権を制限すべき場合のすべてが，一般規定であるフェア・ユースによって決せられるのではない。また，フェア・ユース条項が存在するために，108条以下の著作権制限規定の解釈は，むしろ融通性なく厳格に行われている。これに対してわが国は，一般条項を設けずに具体的・個別的な制限規定のみを設けている。特許法が，わずか一条で特許権の効力の及ばない範囲について規定しているのに比して，著作権法の著作権制限規定は30条以下の多数の規定に及んでいる。著作権法は，権利者と利用者双方の利害が一致しない場面が多いという性質を有していることから，時代の推移につれて，いずれの条文にも該当しないが著作権を制限すべきであると考えられる場合や，あるいは逆に著作権の行使を認めるべきであると思われる場合が出現するため，その度に著作権法改正論議が登場することになる。

  ＊2　ベルヌ条約9条(2)，TRIPs協定13条に規定される「スリーステップテスト」とフェア・ユース規定の関係が論じられることがある（詳しくは，例えば著作権研究35号〔2008年〕権利制限特集を参照）が，スリーステップテストとは，①通常の利用を妨げず，②著作者の正当な利益を不当に害しない，③特別な場合の3要件を充足することを要件として著作権の制限を認めるものであって，むしろ著作権制限規定の効力を制限するもの，すなわち著作権の効力を維持する方向ではたらくものである点に注意しておく必要がある。

　このような観点から，米国流のフェア・ユース条項をわが国でも解釈論として導入することを提唱する者もいるが，条文上の根拠なしにフェア・ユースの抗弁を認めることはできないことは，東京地判平7・12・18知的裁集27・4・787〈ラストメッセージin最終号事件〉などが指摘するとおりである。ただし，たとえば著作物の引用を規定する著作権法32条が，「公正な慣行に合致するもの」，「報道，批評，研究その他の引用の目的上正当な範囲内で行なわれるもの」である場合に著作物の利用を許容しており，この「公正な慣行」，「正当な範囲内」といった規範的な要件の解釈において米国のフェア・ユース条項の解釈論を参照することなどは可能であろう（⇒④6引用(2)公正な慣行参照）。

　立法論としてであっても，判例法体系の下で，多数の判例の蓄積のある米国の例を範としてわが国でも著作権制限の一般規定を導入す

べきであるとする立場は，結局は著作権侵害の成否の判断を事案ごとに
裁判官に一任するに等しく，結果の予測可能性をむしろ低めることにな
りかねない。制定法主義の伝統の下においては，まずは，著作権制限規
定を改正によって拡充すると同時にその解釈を柔軟にするなどして，適
切妥当な法の運用を工夫するという道を選択すべきである。しかし，
2006（平18）年，2009（平21）年，2012（平24）年と行われてきた事細か
く条件を設定した著作権制限規定の度重なる新設が，かえって当該条件
を具備しない著作物の利用は権利侵害になると反対解釈され，著作権制
限規定の解釈に融通性をもたせることを困難にしてしまっていると指摘
される状況も生じていた。そこで，2018（平30）年著作権法改正におい
ては，著作権制限規定を大幅に見直し，これを整理して，著作権の各制
限規定において例示された場合のほかにこれらの例示を包含する規範的
な受け皿規定を設けることにより，柔軟な解釈を可能とする工夫が施さ
れている*3。

> *3　なお，著作権法はその後も著作権制限規定を含み 2020（令 2）年，2021
> （令 3）年と改正されており，その経緯を辿ることは煩雑なので，以下での
> 説明は，2018（平 30）年の大幅改正を経た 2021（令 3）年改正著作権法条
> 文をもって行い，特に必要な場合に限り改正前の条文を示すことにする。

③ 著作権制限規定の概要

1　著作権制限規定の分類

　著作権を制限できるとされる場合としては，まず，著作物の利用が著
作権者の利益を通常は害さないと評価できたり，あるいはその利用によ
って蒙る著作権者の不利益が軽微であると評価できたりする場合，たと
えば電子機器の使用に際して付随的に生ずる著作物の複製行為などにつ
いては，電子機器の使用に対する委縮効果を避けるためもあり，広範な
著作権制限規定を設けることに合理性を認めることができる。そのほか，
① 著作物の利用の性質または利用促進のため，② 公益上の理由，③ 他
の権利との調整のためなどの理由により，場合によっては権利者に補償

金を支払うなどで著作権者の蒙る不利益をカバーするなどしたうえで，著作権を制限することを認めてよい場合もある。

　米国においてフェア・ユースが認められるためには，前述のように多方面からの要素が考慮されるのと同様に，わが国の著作権法が著作権を制限すべきとする理由も必ずしも一つに収斂できるものではなく，これを単純に分類することは非常に困難であるが，本書では，著作権制限規定を概観して理解する便宜上，一応次のように分類しておく。

　　*　著作 30 条の 4 に規定する著作物の利用は，著作物の利用が著作権者の利益
　　を通常は害さないと評価できる場合に該当し，広範な制限規定の導入が可能な
　　場面といえる。この点は後述する。

2　著作権制限規定の適用を排斥する契約等の効力（オーバーライド）

　　著作権法 39 条は，新聞紙や雑誌に掲載された政治上，経済上また
は社会上の時事問題に関する論説の他の新聞紙や雑誌への転載等を
許容しているが，著作権者が利用を禁止する旨を表示している場合を除
外しており，32 条 2 項も同様の除外規定を置いている。他の著作権制
限規定には，著作権者が各態様による著作物の利用を禁止する旨表示し
ている場合の効力に関する規定はない。著作権制限規定は，著作権保護
に必然的に内在するものであるとの認識に立つならば，明文の定めがな
い場合において，著作権者が著作物にその旨を記載したという程度の一
方的な意思表示によって，著作権制限規定の適用が排斥されるとの考え
は採用できない[1]。

　　*1　もっとも，著作物がコピープロテクト（技術的保護手段：著作 2 条 1 項
　　　20 号）される場合には，著作権者の一方的な行為によって著作権制限規定
　　　の適用が不可能となっているともいえる。

　　それでは，著作権者と利用者間の契約の場合はどうか。両当事者の
契約とはいえ，これがいわゆるシュリンクラップ契約（パッケージの

封を破ることで，使用許諾契約して同意したものとする契約方式）のような場合には，契約の成否自体が問題となり，これが否定される場面も多いと思われる。また，逆に，著作権者と利用者との間で個別的に，たとえば著作権制限規定が適用になる形態での利用について許諾料等を支払うとの契約が真意に基づいて締結された場合であれば，このような契約の効力を否定すべきとする理由はないから，その意味では著作権制限規定は強行法規ではないということができる*2。近時，情報がデジタル化され，著作物の管理を大量かつ定型的に契約処理できるようになったため，契約処理にすべてを委ねていると，著作物利用者の利益を不当に害する場面が出現しかねないことに注意を払うべきであるが，このような場面は，契約処理が大量かつ定型的に行われる他のあらゆる私法の場面と共通する問題である*3。

> *2　ただし，著作権制限規定の中には，引用しての利用（著作 32 条）のような表現の自由（憲 21 条）との調整のための規定なども存在する。その場合にも，契約で一律に制限規定の適用を免れることができるとすべきかについては，さらなる検討が必要になるだろう。
>
> *3　2017（平 29）年改正民法 548 条の 2 第 1 項には約款を用いた場合の契約の成立要件に関する規定が置かれているが，右要件を具備していたとしても，相手方の利益を一方的に害すると認められる場合は除外されている（同条 2 項）。なお，著作権制限規定をオーバーライドすることを内容とする約款の有効性に関しては，金井高志「インターネット上での消費者による著作物利用行為と権利制限規定」コピライト 657 号 2 頁（2016 年）も参照。

3　著作権の制限と著作者人格権 (50条)

🔘 著作権が制限される場合であっても，これに伴って著作者人格権も制限されることにはならず（著作 50 条），別途著作者人格権侵害回避の措置が必要となる*。

> *　ただし，法律によって財産権としての著作権の表現形式の変更が許容されているにもかかわらず，これが著作者の意に反するとして同一性保持権侵害となるとするのは不合理な場合もあるから，やむをえない改変（著作 20 条 2 項 4 号）としてこれを許容することもありうるところである。この点は後述する（⇒第 6 章第 4 節 3（2）やむをえない改変）。

4 各規定の検討

1 私的使用のための複製 （著作30条）

支分権のうちで，複製と翻案のみが，特定かつ少数の者に対する著作物の提供等を目的とする行為も権利範囲に包含していることは，前述のとおりである。そして，著作権法30条は，個人的または家庭内等で使用する目的の場合は，複製を権利範囲外としており，複製だけでなく複製して使用する際に翻案することも47条の6第1項1号で許容されている。したがって，この場合の個人的または家庭内という要件は，特定かつ少数より，さらに限定された閉鎖的な関係を意味していることになるだろう。たとえば，少人数の10人程度のグループは，そのメンバーに固定性があるならば，通常は特定かつ少数といえるだろうから[*1]，このようなグループ内において音楽を演奏したり，映画を上映したりすることは演奏権や上映権には本来包含されるものではない。しかし，同じような規模のグループであり，特定かつ少数といえる範囲内であったとしても，個人的または家庭内という要件を充足するとはいえないから，このようなグループ内で使用する目的での複製は許容されないということになろう。

> *1　ただし，上演権・演奏権における「公衆に直接見せ又は聞かせることを目的」は，4〜5人でもよいという立場も紹介されている（コンメンタール1 ［伊藤真］387頁）。このような立場であるならば，上演や演奏といった場面では「特定かつ少数」と「個人的又は家庭内」との差異はほとんどないように思われる。

使用する者自身による複製でなければならないとされているが，たとえば複製機器の使用のできない子供や身体障碍者の手足として複製するような行為は当然に許される。また，家庭内に準ずる限られた範囲内で使用する目的であれば，各人が複製物を持ち寄ることができるのであるから，一人の者が複数の者の手足として何部か複製することまでも一律に制限するのは現実的ではない[*2]。なお，使用後にこれを目的外で頒布したり公衆に提示することが，新たな複製権や翻案権の侵害とな

ることは前述した（著作49条）。

> * 2　書籍のデジタル化いわゆる「自炊」の代行をする業者はたとえ顧客からの
> 依頼によって顧客所有書籍の複製をしているとしても，複製主体そのもので
> あって，個人的家庭内での複製とは認められない（知財高判平26・10・22
> 判時2246・92〈自炊代行事件〉）。ただし，複製機器を所有していない者が，
> 業者により提供された機器を用いて自らの所有書籍をデジタル化する場合は，
> 複製の主体は個人ということができよう。

複製が手作業で行われていた頃には，私的にかつ趣味的に行われる
複製まで規制する必要もなく*3，また，これを捕捉することも困難
であったが，複写技術が格段に進歩した現代では，私的使用との一事で
複製を広く許容することによって，著作権者の利益を著しく損なう場合
が生じてきた。そこで，1992（平4）年に，デジタル方式により録音録
画する場合には，著作権者や実演家等に補償金を支払わなければならな
いとする制度（著作30条2項，104条の2以下）が創設され*4，1999（平11）
年改正では電磁的方法によるコピープロテクト（技術的保護手段）を解除
して行う場合は，私的使用目的でも複製が許されないとされた（30条1
項2号）*5。

> * 3　旧著作権法（明32年法）30条1項第1によれば，発行する意思なくかつ器
> 械的または化学的方法によらないでする複製は，複製権侵害ではないとされ
> ていた。したがって，手書きでの複製は原則的には複製権侵害にならなかった。
> * 4　著作権者が私的に行われる録音録画の実態を把握して補償金を徴収するこ
> とは到底不可能であるため，著作権法第5章（著作104条2以下）で私的録
> 音録画補償金制度を規定している。これは，文化庁長官が指定する団体（私
> 的録音補償金管理協会：sarah〔サーラ〕と私的録画補償金管理協会：
> SARVH〔サーブ〕）による集中管理制度であり，補償金の徴収方法，金額
> の決定方法，権利者への分配方法，補償金の支払義務のない者への返還制度
> 等について規定している。詳しくは条文を参照してほしいが，簡単に述べる
> ならば，録音録画媒体や録音録画機器を販売する際に製造業者等が媒体や機
> 器に一定額の補償金を販売価格に上乗せして顧客から徴収し，指定団体は媒
> 体や機器の製造業者等からその補償金を受領するという制度であり，対象と
> なる媒体や機器など施行令で定められる（104条の4）。製造業者は顧客から
> 補償金を徴収したうえで指定団体に渡すべき法的義務があるのか，あるいは
> デジタル専用録画機器は施行令で定める機器に該当するかをめぐって争われ
> た事例として知財高判平23・12・22判時2145・75〈東芝私的録音録画補償
> 金事件控訴審〉がある。一審（東京地判平22・12・27 LEX/DB 25443016）

は，著作権法 104 条の 5 が定める製造業者等の協力義務は法的強制力を伴わない抽象的な義務にすぎないとしたが，控訴審は機器該当性自体を否定した。これに伴い，SARVH は事実上補償金の徴収対象となるべき機器がないこととなり，2015（平 27）年 3 月に解散するに至った。

*5　著作物に対するアクセスコントロールを解除して著作物を視聴する行為自体は著作権法が規定する支分権を侵害する行為とはいい難い。そこで，従来は，著作権法では信号付加方式によるコピーコントロール（コピープロテクト）のみを「技術的保護手段」として，これを解除しての複製を権利侵害としており，不正競争防止法でコピーコントロールとアクセスコントロール技術双方を「技術的制限手段」として，これを解除する機器等の譲渡を不正競争行為（不正競争 2 条 1 項 17 号，18 号）として規制の対象としていた。しかし，その後の技術の進展により，たとえば現在の DVD のようにコンテンツを暗号化して真正品でなければ視聴できなくしているアクセスコントロールではあるものの，これをそのまま PC に取り込んだうえでデータ変換して視聴するいわゆるリッピング行為が広まっていた。そこで，2012（平 24）年改正著作権法 30 条 1 項 2 号は，これらの行為も実質的には技術的保護手段（2 条 1 項 20 号）を回避しての複製行為であるとして，権利侵害となるとした。さらに，2017（平 29）年著作権法改正で，技術的利用制限手段（アクセスコントロール）を回避して著作物を視聴したりする行為自体を著作権，出版権，著作隣接権を侵害する行為とみなす規定（113 条 6 項）が新設され，さらに 2020（令 2）年著作権法改正で，技術的保護手段（2 条 1 項 20 号）または技術的利用制限手段（同項 21 号）の回避を行う機能を有する指令符号を提供等する行為を著作権，出版権，著作隣接権を侵害する行為とみなす規定（113 条 7 項）が新設されたことは前述（⇨第 3 章第 2 節⑤技術的利用制限手段の回避行為および⑥技術的保護手段・技術的利用制限手段を回避する指令符号の提供等行為）した。

2009（平 21）年著作権法改正で，私的使用のための複製であっても，違法に公衆送信されているものであることを知りながら受信してデジタル方式で録音・録画することは複製権侵害となるとされ（著作 30 条 1 項 3 号）*6，さらに 2012（平 24）著作権法改正では，対象を有償著作物等（適法に録音・録画された著作物や実演であって有償で公衆に提供等されているもの）に限ったうえでではあるが，刑事罰（2 年以下の懲役もしくは 200 万円以下の罰金）を課すこととした（119 条 3 項 1 号）。その後 2020（令 2）年著作権法改正で，私的使用のための複製であっても，違法に公衆に送信されているものであることを知りながら受信して録音・録画以外の方法でダ

ウンロードすることも複製権侵害となるとされ（著作30条1項4号）*7，さらにこれらの行為を継続的にまたは反復して行う場合には刑事罰も課すこととした（119条3項2号）。ただし，著作権法119条3項1号および2号により刑事罰が課されるのは故意がある場合に限られ，重大な過失がある場合は除かれると規定（119条4項，5項）されている。

*6　たとえばYouTube等の動画投稿サイトから動画をキャッシュに蓄積しつつ視聴する行為は2009（平21）年改正著作権法47条の8で，また2018（平30）年改正著作権法47条の4第1項2号で複製権侵害とならないとされているから，本条も適用されないと解される（コンメンタール24年改正別冊192頁）。なお，知財高判平25・7・2 LEX/DB 25445717〈ブラウザキャッシュ複製権侵害事件〉はブラウザキャッシュにプログラムを一時的に格納することはそもそも新たな複製行為とはいえないと判示している（第3章第1節2複製を禁止できる権利参照）。

*7　ネット上にUPされている違法著作物を録音・録画以外の方法での私的使用目的でダウンロードする行為は，対象が画像やマンガなどに限定されていないから，これを広く違法としてしまうと，個人の情報収集等が困難になる可能性があるため，条文においても，この場合に違法とされる複製からは，著作権者の了解なくして作成された二次的著作物を対象とするものや，軽微なものは除かれているし，さらに著作権者の利益を不当に害さないと認められる特別な事情がある場合も除かれている。詳しくは条文を参照のこと。

　文献コピー機以外では，私的使用の目的といえども公衆向けに設置された自動複製機器（ダビング機等）で複製することは権利侵害になる（著作30条1項1号：本規定は1984〔昭59〕年の著作権法改正で貸与権と同時に新設された。文献コピー機については「当分の間」適用除外されている：附則5条の2）。

　著作権法による規定ではないが，2007（平19）年制定の「映画の盗撮の防止に関する法律」により，最初の日本国内の上映から8か月間に限り，映画館等における映画の録音・録画（盗撮）には，著作権法30条1項の適用はなく，個人的な録音を目的とするものであっても複製権侵害となり，差止め，損害賠償請求のほか，刑事罰の対象ともなる（同法4条）とされた。

2 付随対象著作物の利用 （著作30条の2）

2012（平24）年著作権法改正で新設された規定であり，写真撮影や録音・録画をするなどして著作物を創作する際に，対象以外の著作物が入り込んでしまう場合を複製権や翻案権侵害から回避させたものである。スナップ写真を撮影する際に背景の著作物が写り込んでしまったり，ビデオ撮影に際して周辺で流れていた音楽が入り込んでしまう場合などが典型例である[*1]。同年改正時には，著作物を創作する際という要件のほか，入り込みを許容される著作物は撮影等の対象からみて軽微なものでなくてはならないし，対象から分離することが困難である場合に限られるとされていたが，2020（令2）年著作権法改正で分離困難性の要件が削除されたほか，許容される行為も「写真の撮影，録音，録画，放送その他これらと同様に事物の影像又は音を複製し，又は複製を伴うことなく伝達する行為」に拡大され，著作物を創作する際との要件も削除され，またいずれの方法によるかを問わずに利用できるとされた。そのため，これまで許容されてきた[*1]記載の「写り込み」ばかりでなく意図的な「写し込み」の場合であっても，また防犯カメラでの撮影やスクリーンショットでの複製等の場合であっても，付随的な著作物の利用と評価できるのであれば，許容されることになる。

> [*1] 複製には依拠性が必要であり，依拠とは元の著作物を利用しようという意図といった主観的な要件である（⇒第1章第4節[1]複製参照）。したがって，その存在が撮影者に認識されていないいわゆる「写り込み」の場合には，依拠性がなく，複製権侵害に該当しない場合もあるだろう（なお加戸264頁も参照）。しかし本条は，たとえばキャラクターがプリントされたTシャツを着た子供を撮影する場合のように，依拠性を否定することができない場合においても，社会通念上は分離困難であるとして複製権侵害とならないとして，「写り込み」の許容範囲を明確化し，拡大したものということができる。

著作権法30条の2第1項により利用された付随対象著作物は，これをブログにアップしたり，SNSに投稿したり，書籍に登載したりするなど，いずれの方法によるかを問わず，利用することができる（同条2項）[*2]。ただし，著作権者の利益を不当に害する場合は除かれている。

3　検討の過程における利用（著作 30 条の 3）

　　前条同様 2012（平 24）年著作権法改正で新設された規定である。許
諾を得ての著作物の利用を検討する段階や, 著作権者が不明な場合
などに裁定を受けて著作物の利用を検討しようとする段階などに, たと
えば, 会議の資料, 企画書等に著作物を載せたりして, 当該著作物を必
要な限度で複製したり翻案したりして利用することを広く許容するもの
である。ただし, 著作権者の利益を不当に害する場合は除かれている。
各著作権制限規定, たとえば著作物の教科書への掲載（著作 33 条）を検
討する過程で当該著作物を複製等して利用する行為は, 権利制限の範疇
に属すると解することができるが, 許諾や裁定を受けるための準備的行
為も同様に権利侵害から回避できるか否かには疑義があるために, これ
も権利制限されることを明確化する趣旨の規定である（コンメンタール 24
年改正別冊 113 頁参照）。

4　著作物に表現された思想または感情の享受を目的としない利用
（著作 30 条の 4）

　　著作物の本来的利用には該当せず, 権利者の利益を通常害さないと
評価できる行為類型であるとして, 後述の著作権法 47 条の 4 とと
もに既存の条文が許容する利用態様を拡充・統合するなどして 2018（平
30）年著作権法改正で新設された規定である[1]。

　著作権法 30 条の 4 第 1 号（技術の開発または実用化のための試験の用に供す
るための利用[2]）, 第 2 号（情報解析のための複製等[3]）と第 3 号（第 1 号と第
2 号に該当する場合のほかに, 著作物の表現について人の知覚による認識を伴うこと
なく電子計算機による情報処理の過程で行われる利用[4]）で例示する場合のほ
か著作物に表現された思想または感情を自ら享受または他人に享受さ
せることを目的としない利用を広く, いずれの方法による利用かを問わ
ず許容する柔軟性の高い規定である。ただし, 著作権者の利益を不当に

害する場合が除かれている点は著作権法30条の2，30条の3の場合と同様である。

＊1　本条，後述の47条の4及び47条の5に関し，文化庁著作権課から「デジタルネットワーク化の進展に対応した柔軟な権利制限規定に関する基本的な考え方」が公表されている（http://www. bunka. go. jp/seisaku/chosakuken/hokaisei/h30_hokaisei/pdf/r1406693_17. pdf）。

＊2　著作物の録音，録画等をするための技術の開発や実用化のための試験の用に供するための利用を広く許容するものであり，2018（平30）年著作権法改正前には対象が「公表された著作物」と限定されていたが，同年改正により右限定がなくなった。

＊3　2018（平30）年著作権法改正前には電子計算機による情報の統計的な解析を目的とする場合の，記録媒体への記録または翻訳を許容していたが，同年改正により「電子計算機による」「統計的な」解析という限定がなくなり，かつ，いずれの方法によるかを問わず，利用することができると許容範囲が拡大された。

＊4　著作物の表現自体が人の知覚による認識すらなく行われる利用であるから，もちろん本文に規定する著作物に表現された思想または感情を自ら享受しまたは他人に享受させることを目的としない利用の一場面に該当することになる。2018（平30）年著作権法改正に際しての文化審議会著作権分科会報告書などによれば情報通信設備のバックエンドで行われる著作物の蓄積等が本号に該当すると説明されている。前述のように，私見によれば，このような利用行為は瞬間的，過渡的なものであったりあるいは依拠性がないから，本来有形的再製（複製）や無形的再製（公衆送信など）自体に該当しないということもできるように思われる。

著作権法30条の4柱書は，同条1号ないしは3号に該当しない場合であっても著作物に表現された思想または感情を自ら享受しまたは他人に享受させることを目的としない利用を広く許容するいわゆる「受け皿」規定となっている。著作物に表現された思想または感情を享受する利用であるか否かについては専ら解釈に委ねられている。著作物には小説や絵画あるいは音楽などといった伝統的な著作物のほかデータベースとかコンピュータ・プログラムなどといった技術的著作物もあり，著作物の種類によってそこに表現された思想または感情の意味合いも異なる。たとえば，小説や音楽といった伝統的な著作物であればそこに表現されたものは鑑賞の対象といえるから，視聴することが即ち表現された思想または感情を享受することになる。一方で，コンピュータ・プロ

グラムは電子計算機を機能させて一定の結果を得ることができるよう指令を組み合わせて表現されたもの（著作2条1項10号の2）であり，もちろんそこに表現されたものは視聴の対象ではなく，機能を実現するためのものである。そこでプログラムの実行によってその機能を享受することが表現された思想または感情の享受であるとして，プログラムのリバース・エンジニアリングも本条によって許容されるとする立場（たとえば上野達弘「平成30年著作権法改正について」年報知財法2018−2019・6頁，岡村220頁）もある*5。

> ＊5　プログラムのリバース・エンジニアリングには様々な形態があるが，著作権の支分権侵害が問題になりえるのはオブジェクト・プログラムを逆アッセンブル等してソース・プログラムに変換して分析する場合である（⇨第3章第1節②複製を禁止できる権利参照）。たとえば効率的に機械を作動させるべくプログラム言語で記述されたソース・プログラムがどのような機序で構成されているかを知るためにオブジェクト・プログラムを人が認識できるようにソース・プログラムに変換して複製等することは，プログラムに表現された思想または感情を享受しない利用とは言い切れないように思われる（この点を詳しく論じたものとして奥邨弘司「技術革新と著作権法制のメビウスの輪（∞）」コピライト702号2頁〔2019年〕がある）。また，本条には特許法69条1項のような新たな技術開発のための「試験研究目的」等の限定はないから，少なくともリバース・エンジニアリングをする者の意図によっては，著作権者の利益を不当に害する場合に該当して，許容されない場合もあると思われる。リバース・エンジニアリング一つを取り上げても本条柱書で許容される範囲については現段階では明確になっているとはいえず，今後の議論の蓄積が待たれるところである。

5　図書館における複製（著作31条）

　図書館は利用者からの求めに応じて，その調査研究に必要な文献の一部分を，一人につき一部だけ複写して提供することができる。本条に規定する「図書館」は，著作権法施行令1条の3第1項に列挙されており，大学図書館はもちろん含まれるが，小中学校の図書室や企業内の資料室などは含まれていない。

　著作権法31条は図書館の利用者が複製するのではなく，図書館の職員を複製の主体と構成しており，同条1号で複製を図書館の職員

に希望する者はもちろん不特定または多数存在することになる。本条は，30条が著作物を使用する個人の便宜のために複製や翻案を許容しているのとは法的な構成を全く異にしており，図書館に保存している著作物を職員が利用者の求めに応じて提供する際に，その複製物の提供を許容するものである。図書館の職員の立場では，一冊の本であっても不特定または多数の者の求めに応じてこれを多数回複製して提供することになるが，30条とは異なり，その都度の複製は全部でなくその一部分に限定されているし，せいぜい当該言語を読めない希望者に対して翻訳物を提供する（著作47条の6第1項2号）にとどめ，それ以上の翻案物を提供することは認められていない[*1]。

*1 図書館にコピー機を置いて利用者が各自で複製できるようにしている場合にも，あくまで図書館側が複製の主体であり，著作権法31条に規定された範囲内での複製しか許容されないとするのが文化庁を含めた多数の立場のようであるが，図書館側が利用者の複製内容をいちいちチェックすることは不可能であるし，利用者は書籍を借出して外部のコピー機で複製できることと比しても，現実的でない。図書館内での複製の場合も，図書館の利用者各人が著作権法30条による私的使用のための複製をしており，図書館は複写機を提供していると解するべきであろう（入門182頁）。ただし，著作権法31条が複製の範囲を極めて厳格に規定していることから，図書館に設置されたコピー機を用いて複製する場合，利用者には30条以上の自制が望まれる。

図書館の利用者の求めに応じて複製する場合には，文献全部の複写が許されるのは古い定期刊行物の個々の著作物の場合に限られていたが，2021（令3）年著作権法改正で国等が作成した周知目的資料やその全部の複製が著作権者の利益を不当に害しないと認められる特別事情があるとして政令で定めるものにあっても全部の複製が許容されるようになった（著作31条1項1号）。また，図書館側で資料の保存や，他の図書館からの求めに応じて絶版等の理由により一般に入手をするのが困難な資料（絶版等資料という）の複製を提供する場合にも全部を複製することができる（31条1項2号，3号）。

2021（令3）年改正著作権法31条2項以下[*2]。

*2 図書館における複製物の提供方法については，2009（平21）年，2012（平24）年著作権法改正で利用者の便宜を図るための改正が逐次行われてきたが，2021（令3）年に著作権法31条2項以下を一変する大改正が行われ

た。下記(1)の部分は施行済である一方で，(2)の部分は2022（令4）年12月時点で未施行であるが，改正後の現段階において改正に至る経緯を詳しく説明する意味はないので，以下では2021（令3）年改正著作権法31条2項以下に関してのみ簡単に説明を加えておく。

(1) 国立国会図書館による絶版等資料の提供

国立国会図書館は，原本を公衆の利用に供することによる滅失や汚損などを避けるために，絶版等資料をあらかじめ必要と認められる限度で電磁的に複製して，これをディスプレー等を介して公衆に閲覧させることができ（著作31条6項），また電磁的に複製したものを，公衆に提示するために一般の図書館宛に自動公衆送信でき，これを受信した図書館は，利用者からの求めに応じて，その複製物を提供したり（31条7項1号），非営利かつ無料を要件として図書館に設置してある受信機器を用いて閲覧させることもできる（2号）。

また，国立国会図書館は，これまでは絶版等資料で電磁的に複製したものを図書館宛に自動公衆送信することはできたが，直接利用者に送信することはできなかった。今回の改正では，絶版等図書のうちで著作権法31条10項に規定する「特定絶版等資料」については，電磁的に複製したものを，同条8項，9項に規定する要件を具備する登録者に対して，要件を具備する場合に，非営利かつ無料で自動公衆送信することができることとなった。それぞれの要件は詳細に規定されているので，条文を丹念に読むことを勧める。

(2) 各図書館による図書館資料の提供

従前は図書館資料については著作権法31条1項1号の複写サービスしか行えなかったが，今回の改正では著作権法31条3項に規定する「特定図書館等」は，予め各図書館に登録している者の求めに応じて調査研究の用に供するため図書館資料である著作物の一部分（国が作成した周知目的資料やその全部の複製が著作権者の利益を不当に害しないと認められる特別事情があるとして政令で定めるものにあっては全部）を公衆送信するために複製して，これを登録請求者に公衆送信することができることになっ

た（31条2項）*³。著作権法31条2項も要件を詳細に規定しているので，条文を丹念に読むことを勧める。

> *3　特定図書館等が著作物の公衆送信を行う場合には，著作権者に対して相当な額の補償金を支払わなければならない（著作31条5項）が，個々の公衆送信についての補償金は些少なものにすぎないので，文化庁長官が指定する指定管理団体によって集団的な処理をすることとされ，著作権法104条の10の2から10の8にその詳細が規定されている。

6　引用（著作32条）

公表された著作物は*¹，公正な慣行に合致し，かつ「報道，批評，研究その他」の引用の目的上正当な範囲内であるならば，引用して利用することができる（著作32条1項）。利用形態は，有形的再製である複製に限られず，口述，上演，放送等の無形的に再製する利用形態も包含されているから，演奏や口述に際して他の著作物を引用することもできる。ただし，著作権法27条に規定する態様で著作物を改変したうえでの引用は，翻訳に限られている（著作47条の6第1項2号：なお，要約引用を許容した下級審判例〔前掲東京地判平10・10・30〈「血液型と性格」の社会史事件〉〕があることは，本節⑤1翻訳，翻案等による利用参照）。また，引用する際には合理的な方法および程度で出所を明示しなくてはならない（48条）*²。

> *1　懲戒請求されたことへの反論として弁護士が自らのブログに懲戒請求書PDFをアップロードした行為が懲戒請求書の公衆送信権等侵害として訴えられた事案について，懲戒請求書は公表されておらず，著作権法32条は個別的制限規定であるから，その文言に反して適法要件を緩和することは相当でないとしながら，原告の請求は権利の濫用であるとして棄却した事例として，知財高判令3・12・22判時2516・91〈懲戒請求書アップロード事件〉がある。
>
> *2　なお，著作権法32条2項は1項の要件を具備しない場合であっても，31条1項1号に定義している国等の周知目的資料（国等が一般に周知させることを目的として作成し，その著作の名義の下に公表する広報資料等）であれば，転載禁止の表示がない限り，広く他の刊行物に転載することを許容している。この「国等の周知目的資料」との定義は2021年（令3）年著作権法改正で導入されたものである。

(1) 明瞭区分性と主従関係

　　引用が許容されるための要件として，最三小判昭 55・3・28 民集
34・3・244〈パロディーモンタージュ事件〉は，①明瞭区分性，
②主従関係の 2 要件を打ち立てた。「引用」という言葉の意味するとこ
ろからも*3，明瞭区分性と主従関係を引用の要件とする最三小判の趣旨
は理解しやすいこともあり，その後の下級審の判例もこの 2 要件，特に
「主従関係」を引用が適法となるための要件として重視してきた。しか
し，主従関係という要件中には，たとえば東京高判昭 60・10・17 無体
裁集 17・3・462〈藤田嗣治美術全集事件〉*4 では，引用の目的，両著
作物のそれぞれの性質，内容および分量ならびに被引用著作物の採録の
方法，態様など，引用を適法とするためのあらゆる考慮要素が包含され
て判断されており，引用された絵画が鑑賞性を有することも従としての
引用を否定する事実として考慮されていたことからも，引用の適法性の
要件のすべてが「主従関係」の文言の下で吟味されてしまい，要件自体
が不明確になってしまったとの批判（飯村敏明「裁判例における引用の基準に
ついて」著作権研究 26 号 91 頁〔2000 年〕，上野達弘「引用をめぐる要件論の再構
成」前掲・半田先生古稀記念 307 頁など）がある。そしてこれらの立場は，パ
ロディーモンタージュ事件最三小判は，あくまで旧著作権法における
「節録引用」（旧著作 30 条 1 項 2 号）の要件を判示したものであったとして，
現行法下においては著作権法 32 条 1 項の法文に沿った解釈をするべき
であると主張している。確かに，明瞭区分性と主従関係との要件は 32
条 1 項に明記されておらず，この要件が条文のどこから導き出されるも
のであるのかについては，学説上も定説をみない状況にある*5。

* 3　『大辞林〔第 3 版〕』（2006 年・三省堂）によると，引用とは「古人の言や
　　他人の文章，また他人の説や事例などを自分の文章の中に引いて説明に用い
　　ること」をいう。
* 4　出版社（小学館）が，日本美術全集の発刊を企画し，その一巻に藤田嗣治
　　の絵画を掲載しようとしたところ，同画伯の妻（著作権者）から掲載許諾を
　　得られなかった。そこで，同巻に美術評論家の説明文を掲載し，この説明文
　　を主として，藤田嗣治の絵画は説明文中に引用される資料にすぎないとして
　　発行した事案である。出版社側は，他の巻に掲載されている絵画に比して本

件絵画の印刷は質が悪く美的鑑賞の対象とならないとして著作権法 32 条の引用に該当すると主張し，さらに米国連邦著作権法流のフェア・ユース法理の適用を求めたりなどした。裁判所は，当該巻では一頁あるいは半頁程度の大きさで絵画が掲載され，絵画が鑑賞の対象となっているのであって，説明文が主で，絵画が従とはいい難いことなどを指摘して，正当な引用とはいえないと判示した。

＊5　上野・前掲半田先生古稀記念 307 頁は，明瞭区分性を「公正な慣行」の要件から主従関係を「正当な範囲内」の要件から導く見解，明瞭区分性も主従関係もともに「公正な慣行」の要件から導く見解，ともに「正当な範囲内」の要件から導く見解，「公正な慣行」や「正当な範囲内」との要件とは別のところから導く見解，著作権法 32 条 1 項の文言全体から導く見解に分類している。また，入門 193 頁は明瞭区分性と主従関係のいずれをも引用であることの前提要件として説明している。

しかし，明瞭区分性と主従関係の 2 要件は，旧法であるか現行法であるかにかかわらず，「引用」という言葉の意味から導かれる要件として受け入れることができるだろう。引用という以上は，引用される著作物が，これを引用したうえで創作されている著作物からみて，量的にも質的にも従の関係になければならない。また，他人の著作物の創作的な表現の本質的特徴を直接感得できる状態でこれを取り込んでいる以上は，当該部分と自らが創作した部分とが明瞭に区分できるようでなければ，単なる剽窃といわれても仕方ないことになる[*6]。ただし，パロディーモンタージュ事件最三小判やその後の多数の下級審判例のように，この明瞭区分性と主従関係という要件中に他の引用が適法と認められるための「公正な慣行」要件や「目的上正当な範囲内」要件を取り込んで規範的に判断するのではなく，あくまでこの 2 要件は引用該当性の前提要件として，外形的・客観的事実から判断されるべきである。そしてそのうえで，著作物の種類や業界における慣行あるいは時代の変遷などを勘案して，当該引用が，最終的には著作権法 32 条 1 項が規定する「公正な慣行」に合致するものであるか否かといった規範的要件によって，再度の吟味が加えられることになる[*7] [*8]。

＊6　自分の著作物の一章に，他人の著作の一編をそのまま引用しながら，これが引用であることを明示せず，著作の冒頭に「本書は何某の著作によるところが大きい」との記述をしたにすぎなかった場合は著作権法が許容する引用には該当しない（東京地判昭 61・4・28 無体裁集 18・1・112〈豊後の石風

呂事件〉〉

* 7 　明瞭区分性と主従関係の 2 要件を、「公正な慣行」の要件とは別の、引用
該当性の前提要件として固定してしまうと、公正な慣行等の規範的な要件の
吟味を経ることなく、引用該当性の判断でのみ、引用が否定されてしまうこ
とになる危険性がある。また、たとえば音楽の著作物における引用の場合の
明瞭区分性と、文章における引用の場合のそれとでは区分の明瞭性に相当な
差異があることは容易に想定できる。いずれにせよ、引用されている著作部
分が独立してその著作物としての表現形式上の本質的特徴が感得できる状態
にあることが、明瞭区分性の前提要件である。しかし、その場合でも、著作
物の種類ごとに認められる「公正な慣行」を参酌することによって、引用が
適法と認められるか否かが判断されることになる。その意味では、明瞭区分
性と主従関係の 2 要件は、いったん外形的・客観的事実から判断されたうえ
で、再度「公正な慣行」該当性といった規範的要件として再吟味されること
になる。なお、知財高判平 30・8・23 LEX/DB25449647〈沖縄うりずんの
雨事件〉は「引用」との語義から著しく外れる利用態様は著作権法 32 条に
規定する引用から除外されるとして、まず引用部分が他の部分と区分されて
いることを形式的に認定した後に、公正な慣行などの要件該当性に判断を進
めている。

* 8 　東京地判平 13・6・13 判時 1757・138〈絶対音感事件一審〉は、明瞭区分
性や主従関係の 2 要件を離れて著作権法 32 条 1 項の条文に従い「公正な慣
行」と「目的上正当な範囲内」の要件を総合的に考慮すべきとした判例とい
われている。しかし、同判例とて、① 本件書籍の目的、主題、構成、性質、
② 引用複製された原告翻訳部分の内容、性質、位置付け、③ 利用の態様、
原告翻訳部分の本件書籍に占める分量等を総合的に考慮するならば、公正な
慣行に合致しているとも、引用の目的上正当な範囲内のものとも認められな
いと判断したものにすぎない。考慮すべき要素について明確な指針を示すこ
となく、諸要素を総合的に考慮すべきとするだけでは、明瞭区分性と主従関
係を要件とした従来の判例と大差ないということができる。

(2) 公正な慣行

　「公正な慣行」という要件自体は内容が明確でない*9。慣行という
以上は、著作物の種類や業界ごとに異なるだろうし、時代とともに
変遷するものでもあろう。ただし、これを従来から尊重されてきたルー
ルとか、業界における常識などに置き換えるならば、権利の保護と利用
とのバランスを尊重すべきとする著作権法の趣旨と相容れないものであ
る可能性もあるが、そのようなルールや業界の常識は「公正な慣行」と

は認められない*10。また，業界によっては著作物を引用するといった慣行そのものが存在しない場合もあろう。そのような場合においては公正な慣行を探索することに意味はなく，当該引用が社会通念上相当と認められる方法等によると認められるときは「公正な慣行に合致する」と判断すれば足りる（東京地判令3・5・26 LEX/DB 25571646〈＃KuToo事件〉参照）。結局，「公正な慣行」要件は，後述する「目的上正当な範囲内」要件ともども，累次の判例や事例の蓄積による裁判所の具体的指針が示される必要があるが，判例法体系でないわが国では判例の蓄積のみに期待することはできないし，そもそも下級審の判例であるならば，これらのすべてを金科玉条にして統一的に理解すべきものともいい難い。一方で，前述の米国連邦著作権法のフェア・ユース規定（107条）は，「引用」のみを対象とするものではないが，判例法体系の下において集積した数多くの判例を法文化して成立したものであるから，同条に規定する考慮要素である，① 使用の目的および性格，② 著作物の性質，③ 著作物全体の関係での使用された部分の量や重要性，④ 著作物の潜在的市場や価値に対する使用の及ぼす影響などを，著作権法32条1項における「公正な慣行」の解釈のための一つの参考とすることが許されるだろう。その場合も，フェア・ユース規定の解釈と同様に，いずれの要件も充足しなければならないというものではないし，またすべての要件も充足の程度が問われることになるから，充足の成否を○か×かで杓子定規に判断することはもちろんできない。たとえば，前述したように音楽の著作物の場合と言語の著作物の場合といった著作物の種類によっても異なるだろうし，著作物の枢要な部分の引用は通常は許容されないが，俳句のような著作物の場合には著作物全体を引用することも許される。しかし，これとて程度の問題であって，ある俳人の生涯の句を多数引用して逐一評論することは，これによって俳人の句集の売れ行きに多大な影響が及ぶことになるから，許容されないことになるだろう。

　　＊9　三宅正雄『著作権法雑感』（1997年・発明協会）228頁は，「引用時，どんな慣行が社会通念上存在し，それが公正なものであることがどうしてわかるか。おそらく，引用しようとする執筆者は，誰もわからないで，当惑するのではなかろうか。引用の目的上正当な範囲という点についても，同様である。

としたならば，本条1項は，何もきめなかった結果になるのではあるまいか」と述べていた。

*10　東京地判令3・12・10 LEX/DB 25571878〈スクショ・ツイート事件〉は，ツイッター社の規約に反する形態でのツイート行為について，公正な慣行に反するものとして著作権法32条該当性を否定しているが，実際の利用実態や社会通念等について判断を加えることなく，規約違反即公正な慣行違反と判断したものであるとの批判（澤田将史「判批」コピライト 734 号 31 頁）があったところ，別訴事件の控訴審である知財高判令4・11・2 LEX/DB 25572396〈スクショ・ツイートⅡ事件控訴審〉は，いわゆるスクショによるツイート行為であっても，批判の目的上正当な範囲内の利用であり，情報を共有する際に一般的に行われている手法であることが認められるので，公正な慣行に違反するものではないとの判断を示した。

制定時には大変曖昧な文言であった「公正な慣行」要件は，現代においては何がフェアであるかを決するための要件として重要性を増しているということができる。

(3) 報道，批評，研究その他の引用の目的上正当な範囲内

引用の目的は「報道，批評，研究その他」と規定されているから，自己の表現の一助として引用することは，著作権法 32 条 1 項が規定する適法な引用の目的とはいえない*11。引用は，あくまで引用された著作物を対象として，報道，批評，研究などが行われることを必須としているというべきであろう*12。

*11　報道の材料として著作物を引っ張ってきたり，自分の学説の展開するために自説を裏付けし補強する他人の学説を引っ張ってくるのは典型的な適法な引用の目的であるが，随想の中に季節感を出すために他人の俳句を挿入したり，自分で文章を書く代わりに便宜上他人の文章をもって一部を代替させることは，適法な引用ではないとされている（加戸 302 頁以下）。

*12　東京地判平 16・5・31 判時 1936・140〈南国文学ノート事件〉は，小説の主人公の心情を描写するために他人の短詩を利用した行為は，短詩を批評したり研究するための引用ではないから，明瞭区分性に欠けるところはないとしても，適法な引用ではないとした事例である。

著作権法 32 条 1 項が規定する適法な引用の目的であっても，引用の範囲も正当と評価できるものでなければならない。他人の著作物を自らの創作活動のために無許諾で利用する場合であるから，その利用

できる範囲は自らの創作活動において必要とされる限度内にとどまるべきは当然である*13。たとえば自説を補強するための引用であっても、その引用の長さには常識的な限度があることは明らかであろう。

> *13 東京地判平 11・8・31 判時 1702・145〈脱ゴーマニズム宣言事件〉は、引用には客観的な必然性や必要性が必要であり、必要最小限の範囲内でしか許容されるべきではないという原告の主張を排斥して、著者が必要と考える範囲内で引用することができると判示した。ただし、これとて著者の主観的な尺度だけで判断されるものではあるまい。

前述のとおり、明瞭区分性や主従関係を用語の意味として包含している「引用」との文言からも、また、許容される引用の目的を「報道、批評、研究その他」と表現した著作権法 32 条 1 項の文意からも、引用は新たな創作活動に資するために許容されるというべきであるから、引用して利用する側は著作物でなければならない（東京地判平 10・2・20 判時 1643・176〈バーンズコレクション事件〉参照）*14。したがって、自分の著作部分がなく、他人の著作物を集めたにすぎないような場合には編集著作権が成立する余地はあるが、著作権法にいう引用には該当せず、編集著作物中で利用されている各素材の著作権の侵害となる。

> *14 ただし、引用して利用する側が著作物であることは要件ではないとする立場（中山 405 頁、岡村 232 頁、三村量一「マスメディアによる著作物の利用と著作権法」コピライト 594 号 13 頁〔2010 年〕など）もある。また、知財高判平 22・10・13 判時 2092・135〈鑑定証書貼付カラーコピー事件〉は、前述の「明瞭区分性」「主従関係」の二要件に一切触れることなく、著作権法 32 条 1 項が規定する要件を総合考慮すれば、著作物性の認められない美術鑑定証書に美術の著作物の複製物を貼付することは引用に該当すると判断している。その判断過程では「報道、批評、研究その他の引用の目的」にも直接触れることはなく、鑑定証書と複製物の関係や適正な鑑定業務の意義から正当目的が認められるとしているが、「引用」との前提要件から外れた判断というほかない。

(4) パロディー

著作権法にパロディーに関する規定はないが、一般的な用語としてのパロディーとは、「既成の著名な作品また他人の文体・韻律などの特色を一見してわかるように残したまま、全く違った内容を表現して、

風刺・滑稽を感じさせるように作り変えた文学作品」（『大辞林〔第3版〕』2006年・三省堂）である。この定義は法的にもなかなか味のあるものである。「既成の著名な作品」の，「特色を一見してわかるように残したまま」，「全く違った内容を表現」するものであり，「風刺・滑稽」を感じさせる作品であることの，いずれもがパロディーの要件として不可欠であろう。

🔵 引用について明瞭区分性と主従関係との2要件を確立したものとして著名な前掲パロディーモンタージュ事件最三小判は，そもそもパロディーをめぐる争いであったが，この2要件をパロディーに求めることは本来的に困難であることから，この最三小判をもってわが国ではパロディーを著作権法32条1項で規定する引用として許容することは事実上不可能になったとさえいわれている。ましてや，引用は著作（財産）権の制限規定であり，権利制限規定によって著作物を利用することができても，著作者人格権侵害は別問題となる（著作50条）し，翻案して引用することは法文上は許容されていない（47条の6第1項2号：ただし，本節⑤1翻訳，翻案等による利用参照）から，いわゆるパロディーを引用規定によって許容することは著作（財産）権の問題としても極めて難しいうえに，パロディーが対象著作物を風刺したり茶化したりするものであることからも，著作者人格権侵害を免れることはさらに難しい*15。

> *15　ただし，パロディーモンタージュ事件最三小判の事案は，素材として用いられた山岳写真自体が，パロディーにおける批判等の対象となっていたのではなく，この素材とは別の写真であっても利用することは可能であったとして，本来のパロディーの定義に包含されないし，前述の引用の目的からも外れるものであったことを指摘する見解も多い。

🔵 フェア・ユース規定の存する米国連邦著作権法では，プリティー・ウーマン事件連邦最高裁判決（Campbell v. Acuff-Rose Music, Inc., 510 U.S. 569（1994））をはじめ，パロディーを許容する累次の判例があり，トランスフォーマティブな著作物の利用（transformative use：変容的利用。既存の著作物を元にしつつも，これと異なる思想や感情を移入することで新たな文化的所産としての著作物を創作すること）か否かがフェア・ユースと認められるか否かの重要な判断要素となっている。また，Wind Done Gone事件（Suntrust Bank v. Houghton Mifflin Co., 252 F. 3d 1165（11th Cir. 2001））のよ

うな既存の著名な文学作品の基本的思考方法を根本的に批判するために，その表現の多くの部分を流用して，新たな批判文学を創作することは，著作権法の基本理念からも許容すべき場合があることはわが国においても同様であろう*16。

> *16　Wind Done Gone は，Gone With The Wind（風と共に去りぬ）の主人公であるスカーレット・オハラに黒人奴隷女性を母とする異母妹がいたとの設定で，この黒人の異母妹が「風と共に去りぬ」のストーリー展開を別の角度からみたものとして描かれた小説である。正直に告白するならば，この Wind Done Gone 事件判決に触れるまでは，パロディーといった分野を著作権法でまともに許容しなくてはならないという認識を持つことはできなかった。しかし，同判決に接して，多様性のある文化を生み出すことを基本理念とする著作権法の趣旨だけではなく，真に客観的に価値のある文化的創作を保護するためにも，著作権法の解釈に柔軟性を持たせるべきであると思うに至った。ただし，米国ではその後，当該著作物自体を批判等の対象とする Parody ではなく，当該著作物を利用して社会を批判したり風刺したりする Satire の場合も，フェア・ユースとして許容する判例，たとえば，Blanch v. Koons, 467 F. 3d 244（2d Cir. 2006）も登場するに至っている（奥邨弘司「米国著作権法における Parody」著作権研究 37 号 26 頁〔2011 年〕参照）。

本歌取り，狂歌などといった日本の伝統を振り返ってみても，著名な作品で表出されている表現を形式的に流用してはいるが，そこで表現されている思想や感情とは全く異なった思想や感情を表現するのがパロディーの本質であり，このような真の意味でのパロディー作品であるならば，形式的には既存の著名な著作物の表現形式を用いつつも，全く別の新たな著作物を創作したものと考えることもできないわけではない（中村稔「著作権制限規定をめぐる最近の議論について」高林編著『著作権侵害をめぐる喫緊の検討課題』〔2011 年・成文堂〕79 頁）*17。あるいは，パロディーモンタージュ事件最三小判の判示した，明瞭区分性と主従関係といった 2 要件を墨守するのではなく，著作権法 32 条 1 項が規定する「公正な慣行」と「引用の目的上正当な範囲内」といった規範的要件から引用の許容性を判断すべきであるとする立場からは，極めて限られた場面であったとしても，真の意味でのパロディーを同条に規定する引用として許容する余地を認めてもよいように思われる*18。その場合には，同一性

保持権の侵害についても，20条2項4号に規定するように，著作物の性質ならびにその利用の目的および態様に照らしてやむをえない改変として許容する途を探ることになるだろう（なお，著作者人格権については第6章著作者人格権参照）。

*17　また，2018（平30）年改正著作権法30条の4では著作物に表現された思想または感情の享受を目的としない利用は許容されることになったが，形式的には既存の著名な著作物の表現形式は利用するものの，そこに表現されている思想または感情とは全く異なる思想または感情を表現するために，既存の著作物の外形的な表現形式を利用する行為は，既存の著作物に表現された思想または感情の享受を目的としない利用であると解する余地もあるように思われる。

*18　東京地決平13・12・19 LEX/DB 28070019〈チーズはどこへ消えた？事件〉では，「債務者書籍は本件著作物を前提にして，その説くところを批判し，風刺するものであって，債務者らの主張するとおりパロディーであると認められる」としたが，「債務者書籍は，本件著作物とテーマを共通にし，あるいはそのアンチテーゼとしてのテーマを有するという点を超えて債権者甲の本件著作物についての具体的な記述をそのままあるいはささいな変更を加えて引き写した記述を少なからず含むものであって，表現として許される限界を超えるものである」とした。事案によっては，パロディーが許容される余地を残したものとして注目される。

7　教育・試験のための利用 （著作33条〜36条）

文部科学省の検定を経た教科書または同省が著作名義を有する教科書には，著作権者の許諾なくして公表された著作物を掲載することができる（著作33条1項）が，この場合には，著作者に使用の事実を通知すると同時に著作権者に補償金を支払わなければならない（同条2項）。教科書等には著作物を翻案等して掲載することもできるが（47条の6第1項1号），いずれにせよ合理的と認められる方法および程度で出所を明示しなければならない（48条）。

また，視覚障害，発達障害等の障害のある生徒の学習用に教科書を拡大等して複製することも同様に許容される（著作33条の3）し，2018（平30）年著作権法改正では教科書を教科用図書代替教材（デジタル教科書）に掲載して利用する道も開かれた（33条の2）。

非営利の学校等で授業を行う教師やその授業を受ける者は授業の過
　　程における使用に供するために，公表された著作物を複製し，公衆
送信し，公に伝達することができる（著作35条1項）し，その場合には
広く翻案して利用することもできる（47条の6第1項1号）から，たとえ
ば授業で使用するためにメールに添付する方法で著作物PDFを送信す
るような行為もできる。利用できるのは，あくまで必要と認められる限
度であり，著作権者の権利を不当に害さない範囲でなければならない。
したがって，いくら授業に使用するとはいえ，単行本全部や市販のワー
クブックなどを複製して生徒に配ったりすることはできない。なお，教
育機関でない私的な研究会などで講師が著作物を教材として使用する行
為は著作権法35条には該当しない。

　　2018（平30）年改正前の著作権法35条では著作権者に補償金を支払
う必要はなかったが，改正35条2項は1項により公衆送信する場合に
は教育機関設置者が相当な補償金を著作権者に支払わなければならない
とした*。

　　*　著作権法34条は著作物を教育放送の教材として使用する場合は，著作権者
　　の影響が大きいことから，著作権者に相当な補償金を支払わなければならない
　　としている（同条2項）が，2018（平30）年改正著作権法35条2項は，同条
　　1項で公衆送信する場合にも同様に著作権者に相当な補償金を支払わなければ
　　ならないとした。ただし，同年改正前の著作権法35条2項で許容されていた
　　遠隔地同時配信授業のための利用等については補償金制度の適用はない（35
　　条3項）。また，補償金請求権は文化庁長官が指定する団体がある場合には，
　　その団体のみが行使することができ，現在は一般社団法人授業目的公衆送信補
　　償金等管理協会（SARTRAS）が指定されている。授業目的公衆送信補償金に
　　関しては著作権法104条の11から17で細かく規定している。

　　入学試験問題として著作物を利用する場合には，事前に著作権者の
　　許諾を得ることは不可能であるから，許諾なくして複製あるいは公
衆送信（公衆送信する場合は著作権者の利益を不当に害する場合は除かれている）
することが許される（著作36条1項）。ただし，予備校などのように営利
目的の試験等で著作物を複製する場合には，事前の許諾は必要ないが事
後に補償金を支払わなければならない（同条2項）。なお，試験問題とし
て著作物を利用する場合は，著作物を翻訳して利用することはできるが，

翻案することはできない（47条の6第1項2号）。また，試験終了後に試験問題を出版するような場合には，著作権制限規定は適用されないことはもちろんであるし，たとえばオープンキャンパスなどで入試の際の余った試験問題を来訪者に無料で配る行為なども，著作権制限規定ははたらかず，譲渡権侵害になるので注意が必要である。

8 障害者のための利用 （著作37条〜37条の2）

点字化は新たな創作活動ではないとして複製と扱われ，かつ点字化のために複製したり電子計算機を用いて点字化するに際して媒体に記録したり公衆送信することも広く許容されている（著作37条1項，2項なお，同条3項は音声化も許容している）。また，点字化に際して新たな創作性を付与して翻案することは著作権者の許諾なくしてはできないが，翻訳して点字化することはできる（47条の6第1項2号）。

聴覚障害者の著作物へのアクセスを容易にするために，放送される著作物に字幕等を付して自動公衆送信することや，自動公衆送信するに当たって字幕や手話等により複製すること（著作37条の2第1号），聴覚障害者向けの貸出しの用に供するために字幕や手話等により複製すること（同条2号）もできる。また，その際には翻訳や翻案をすることもできる（47条の6第1項5号）。

9 営利を目的としない上演等 （著作38条）

著作権法38条1項は，営利を目的とせず，聴衆から料金を取らず，かつ実演者にも報酬を支払わないで公表された著作物を上演，演奏，上映，口述することを許容しているが（なお，上映や公衆送信する場合は包含されていないことに注意）*1，この場合は翻案等は一切許容されていない（著作47条の6参照）。典型的なのは，学校の学芸会における上演である*2。

> ＊1　この場合の聴衆の数には制限はなく，もちろん不特定または多数の者に聴かせるための演奏も，鑑賞させるための上演も許容されている。
> ＊2　早稲田祭で劇を上演する場合，劇自体については代金を徴収していないとしても，昔の早稲田祭のように構内に入ることに料金を取っているならば，ディズニーランド内における上演と同様に，無料の上演とはいえず，著作権法38条1項には該当しない。

たとえば学園祭などで演奏や上演を行う場合に，長時間の演劇を短縮したり，あるいは演じるに際してアレンジ等を加えたり，楽章を省略して演奏することなどが許容されるか否かが問題になる場合がある。しかし，無形的再製に際して表現の改変等を伴う場合であってもその過程に創作性が認められない場合には，上演や演奏に包含されることは前述のとおりであるから，脚本を単純に短縮化したり圧縮して上演する行為や，楽章を省略して演奏する行為は本条1項によって許容されると解される（⇨本節③2著作権制限規定の適用を排斥する契約等の効力）。また，実演家が演じるに際して行われる演技上の工夫にとどまる範囲内であれば，これは新たな創作と評価されるものではなく，演劇の著作物の伝達行為として上演に包含されると解することができるだろう。

放送される著作物の公衆送信については，難視聴の解消等のために非営利かつ無料の場合に，そのまま同時に有線放送し又は地域限定特定入力型自動公衆送信（放送を受信して同時に当該放送が対象としている地域で受信されることを目的としてインターネットで自動公衆送信すること：定義は著作権法34条1項）をすることが認められている（著作38条2項）。

放送されまたは有線放送，あるいは特定入力型自動公衆送信（放送を受信して同時にインターネットで自動公衆送信すること：定義は著作2条1項9号の6）されまたは放送同時配信等（放送又は有線放送を受信して，同時ではなくとも，一定の要件の下にインターネットで自動公衆送信すること：定義は2条1項9号の7）がされる著作物の公への伝達（受信装置を用いた公衆への提示）については，これをそのまま同時に非営利，無料で伝達する場合と，テレビといった通常の家庭用受信装置で伝達するのであれば，たとえば飲食店で放映する場合のように，非営利，無料といった限定なく伝達することが認められている（著作38条3項）。

著作権者は，有償・無償を問わず著作物を貸与により公衆に提供する権利を専有する（著作26条の3）が，営利を目的としない無償での公衆への貸与に対しては，著作権が制限される（38条4項）。貸与権に類似する映画の著作物の頒布権の場合は，図書館などが無償で利用者に貸与する場合にのみ著作権が制限されるが，この場合であっても図書館等において著作権者に相当な補償金を支払わなければならない（38条5項）。

ここでも，映画の著作物についてのみ厚い利益保護が図られている。

10 　報道・国家活動のための利用 （著作 39 条〜43 条）

▶ 　新聞や雑誌に掲載された政治，経済または社会上の時事問題に関する論説は，他の新聞や雑誌を転載等して利用でき（著作 39 条），この場合には翻訳して利用することもできる（47 条の 6 第 1 項 2 号）。ただし，これの利用を禁止する旨の表示がある場合は除外されている（39 条 1 項ただし書）。

▶ 　公開された場での政治演説や裁判手続での陳述も利用することができ（著作 40 条），この場合の利用の態様は著作権法 47 条の 6 を待つまでもなく，翻訳，翻案，印刷出版，録音，放送等いずれの方法でも可能であることは後述のとおり。

▶ 　写真，映画や放送などの方法で時事の事件を報道するに際して，事件を構成する著作物や，事件の過程で見られたり聞かれたりする著作物は，報道の目的上正当な範囲内で，報道に伴って利用することができる（著作 41 条）。この場合は，引用（32 条 1 項）の場合と異なり未公表の著作物でも利用することができ，また翻訳して利用することもできる（47 条の 6 第 1 項 2 号）。

　事件を構成する著作物として利用が許されるのは，たとえば，美術館から絵画が盗まれたとの報道をする際に，盗まれた絵画を影像で示す場合などである[1][2]。事件の過程で見られた著作物として利用が許されるのは，たとえば，展覧会に著名人が訪れたことを報道する際に，展覧会場に展示されている絵画が影像で示される場合などである[3]。いずれの場合でも報道の目的上正当な範囲内での利用が認められるにすぎないから，利用対象となる著作物が鑑賞できるような時間や態様で利用することはできない。また著作権法 41 条は，自由な報道ひいては国民の知る権利への寄与を目的とするものであるから，報道の主体は新聞社やテレビ局などの報道機関が想定されていると思われるが，文言上はこのような限定はない[4]。

　＊ 1　東京地判平 10・2・20 判時 1643・176〈バーンズコレクション事件〉は，展覧会開催に至った経緯を説明する新聞記事中に出品絵画 1 点を掲載した事

案につき本条の適用を認めた。また，大阪地判平 5・3・23 判時 1464・139
〈山口組五代目事件〉は，暴力団事務所に対する捜索が行われたことなどを
報道する番組中に暴力団が製作した組長継承式の模様を写したビデオを流し
た行為につき，時事の事件を構成する著作物の利用であるとした。組長継承
式は捜索の 2 か月半ほど前に行われていることから，著作権法 41 条が規定
する「時事の事件」について，捜索が行われたことだけでなく暴力団に勢力
拡大の動きがあることをも含めて一つの事件として捉えることにより，同法
の適用範囲をかなり広く解釈した例といえる。

＊2　事件を報道する写真は本条にいう「事件を構成する著作物」にも「事件の
過程で見られる著作物」にも該当しない（加戸 319 頁，池村聡「報道におけ
る著作物利用」コピライト 681 号 10 頁〔2018 年〕。ただし，反対説：三村
量一「マスメディアによる著作物の利用と著作権法」コピライト 594 号 6 頁
〔2010 年〕もある）。

＊3　TV で映画俳優死亡のニュースを放映する際，この俳優の出演した代表的
な映画のシーンを 5 秒ほど利用した場合，米国ではフェア・ユースとして許
されるとした判例（Video-Cinema Films Inc. v. CNN Inc., 60 U.S.P.Q.
2d（BNA）1415（S.D.N.Y. 2001））がある。わが国では，当該映画のシー
ンが「事件を構成する著作物」や「事件の過程で見られる著作物」に該当す
ると解するのは難しいが（ただし，中山 441 頁は解釈によりこれを認める），
利用の態様によっては，著作権法 32 条の引用に該当する場合もあろう。

＊4　金井高志「インターネット上での消費者による著作物利用行為と権利制限
規定」コピライト 657 号 15 頁（2016 年）は，インターネットにより個人が
情報発信する場合も本条が適用または類推適用されるとするが，かりにそこ
まで主体が拡大されるのであれば，本条にいう「時事の報道」要件は厳格に
解釈すべきであるように思われる。

裁判手続や立法作業や行政目的の内部資料として必要な場合には，
必要と認められる限度で著作物を複製することができる（著作 42
条）。この場合は翻訳して利用することもできる（47 条の 6 第 1 項 2 号）＊5。
　なお，未施行ではあるが，2022（令和）4 年改正において，後述の現
行著作権法 42 条の 2 と 3 を，42 条の 3 と 4 として，新たな 42 条の 2
として裁判手続における公衆送信等を許容する規定が新設された。

＊5　東京地判平 20・2・26 LEX/DB 28140624〈社保庁 LAN 事件〉は，著作権
法 42 条は行政目的のための内部資料として必要と認められる限度で複製を
許容したものにすぎず，これに合致しない複製物を自動公衆送信（送信可能
化）することは違法であるとしている。

1999（平 11）年著作権法改正で情報公開法等による開示のための利用（著作 42 条の 2），2009（平 21）年著作権法改正で国会図書館法によるインターネット資料の収集のための複製（改正時 42 条の 3，その後 2012〔平 24〕年にインターネット資料に電子書籍や電子雑誌などのオンライン資料を加え 42 条の 4 と再改正され，さらに 2018〔平 30〕年改正で 43 条とされた），2012（平 24）年著作権法改正で公文書管理法等による保存等のための利用（42 条の 3）の規定が加わった。これらの点は各条文を参照のこと。

11　放送事業者等による一時的固定（著作 44 条）

放送事業者が著作権者から許諾を受けて著作物を放送する場合には，一時的に著作物を録音，録画して複製することができる。放送に不可欠な一時的固定を許容する趣旨の規定である*。

> ＊　東京地判平 12・5・16 判時 1751・128〈スターデジオ事件〉では，放送局が CD を複製保存し，複数回デジタル放送で配信して，多数のユーザーが MD 等にダビングしている状況下では，放送局の複製保存は本条にいう一時的複製といえないとの主張がレコード製作者（著作隣接権者）側からされたが，裁判所はこの主張を採用しなかった。

12　美術の利用との関係での制限（著作 45 条〜47 条の 2）

美術や写真の著作権者は展示権（著作 25 条）を専有するが，当該著作物の原作品の所有者が，これを公に展示することができないとしたのでは，原作品の商品としての流通を阻害することから，著作権者の許諾を得ることなく，展覧会などで公に展示することができるとした（45 条 1 項）。結果的には，著作権者といえども原作品を譲渡した後には，その展示をするか否かは著作権者ではなく，所有者のみがこれを決することができることになる。

また，このように原作品の展覧会を開く場合には，著作権者の許諾なくして観覧者のために著作物の解説または紹介のための小冊子に著作物を掲載することができる（著作 47 条）*1 が，2018（平 30）年著作権法改正でさらに解説・紹介資料をデジタル方式で作成し，タブレット端末等で閲覧可能とすること（同条 1 項，2 項），や美術館等が展示作品の所在情報

をウェブサイトなどで公衆に提供すること（同条3項）も可能となった。

> *1　東京地判平元・10・6無体裁集21・3・747〈レオナール・フジタ展事件〉は、鑑賞用の書籍として市場で取引される価値があるものは本条の小冊子には該当しないと判示している。

　美術や写真の著作物の原作品の所有者といえども、これを一般公衆に開放されている屋外や建造物の外壁その他一般公衆の見やすい屋外の場所に恒常的に設置する場合には、著作権者の許諾が必要である（著作45条2項）が、いったん屋外に設置された以上は、これを写真に撮ったり、テレビで放映することなどは自由となる（46条）*2 *3。

> *2　ただし、彫刻を彫刻として複製（増製）したり、建築の著作物を建築により複製したりすることなどは除かれる（著作46条1号、2号）。また、絵画などであってもこれをたとえば複製して別の屋外の場所に恒常的に設置するためには著作権者の許諾が必要になる（46条3号）し、屋外に設置されている美術の著作物をたとえば写真集として販売することなども著作権者の許諾がなければできない（同条4号）。

> *3　東京地判平13・7・25判時1758・137〈はたらく自動車事件〉は、市営の路線バス車体全面に描かれた絵画作品は美術の著作物であって、著作権法46条所定の原作品が恒常的に屋外に設置されているのであり、幼児向けの自動車の解説本「まちをはしるはたらくじどうしゃ」にこのバスの写真を掲載することは許されると判示している。45条は原作品自体が動産である場合に、これを地上等に固定する場合のことを想定した規定であろうから、絵画がバス車体に描かれている場合をこれと同一の場合とすることには、一歩踏みこんだ解釈論が必要であったといえよう。また、この場合、原作品の所有者は市であり、著作権者はバス車体に描かれた絵画が恒常的に移動して公衆に常に見られること（展示されること）を承諾していたことが前提となっている。

　絵画をオークションなどにかける場合に、原作品の所有者がオークション参加者に作品を紹介する必要上、カタログに複製したり、ウェブで公衆送信することができる（著作47条の2）。2009（平21）年改正で導入された規定である。当初の改正提案の際にはインターネットオークションに限定されて説明されており、絵画等をサムネイル（縮小表示）などとしてウェブ上で紹介することの必要性が強調されていたため、これに賛同する者も多かった。しかし、実際の改正条文はインターネットオークションに限定されておらず、鑑賞対象となるようなカタログでの

複製も許容される可能性もあるため*4，適用範囲が広くなっている点に
注意しておく必要がある*5。

> *4　著作権法47条は美術展開催に際して作成されるカタログであって作成に
> 当たっての時期的制約がはたらくが，47条の2の場合は著作物の所有者が
> これを譲渡しようとする際とは所有している時という以上の時期的制約はな
> いし，また施行規則4条の2第1項1号によれば図画として複製する場合の
> 大きさを50 cm²以下としているから，鑑賞に堪えうる大きさといえる。

> *5　著作権法33条が教育目的の教科書に登載するために複製する場合でも著
> 作権者に対する補償金の支払義務を課しているのに比して，47条の2は譲
> 渡目的といった商業目的による複製であるにもかかわらず著作権者に対する
> 補償金の支払義務を課していない点でもバランスを失しているといえよう
> （小川明子「文化のための追及権」〔2011年・集英社〕147頁）。

13　プログラムの著作物の複製物の所有者による複製（著作47条の3）

ソフトウェアの所有者は，自らがパソコンで利用するために必要と
認められる限度でソフトウェアを複製することができ（著作47条の
3)，その場合は翻案して利用することもできる（47条の6第1項6号）。し
かしながら，会社がソフトウェアを一つ買って何台ものパソコン用に複
製して使用することができないのはもちろんである*。

> *　東京地判平13・5・16判時1749・19〈LEC事件〉は，司法試験予備校の
> LECが正規に購入したソフトウェアを多数コピーして他のパソコンで使用
> していた事案に関し，いったん違法コピーをした以上，これをすべて廃棄し
> て，後にパソコンごとに正規品を購入したとしても，損害賠償を免れるもの
> ではないと判示した。司法試験予備校でさえ著作権法の基礎知識が不足して
> いることが露呈した事案である。

他人から借りたソフトウェアを，自分のパソコンで使用するために
コピーすることはできない。違法に複製されたプログラムであるこ
とを知ってその所有権を取得した者は本条によりこれをさらに複製する
ことはできない（1項ただし書）。また，1項により許容された範囲内で複
製したソフトウェアであっても，当初購入したソフトウェア原本を他へ
譲渡してしまったら，複製したソフトウェアも使用できないことになる
のであって，これを保存しておくことも禁止される（1項，2項）。

14　電子計算機における著作物の利用に付随する利用等 (著作47条の4)

　　著作物の本来的利用には該当せず，権利者の利益を通常害さないと評価できる行為類型であるとして，前述の著作権法 30 条の 4（著作物に表現された思想または感情の享受を目的としない利用）とともに既存の条文が許容する利用態様を拡充・統合するなどして 2018（平 30）年著作権法改正で新設された規定である。

　　著作権法 47 条の 4 第 1 項は電子計算機における利用を円滑または効率的に行うための付随的利用を対象とし，同条 2 項は電子計算機における利用の状態維持または回復のための利用を対象としている。各項ともに 1 号から 3 号で該当する場合を例示しているほか，柱書で各号に掲げる場合の他にこれらと同様の場合の利用をも含むとのいわゆる「受け皿」規定を設け，これらの場合に該当するならば，いずれの方法による利用かを問わず許容する柔軟性の高い規定である。ただし，著作権者の利益を不当に害する場合が除かれている点は著作権法 30 条の 4 の場合と同様である。

　　著作権法 47 条の 4 第 1 項は，1 号に改正前 47 条の 8（電子計算機における著作物の利用に伴う複製：インターネットでのストリーミングなど）を，2 号に改正前 47 条の 5 第 1 項 1 号および 2 項（ブラウザキャッシュ*1 など）を，3 号に改正前 47 条の 9（情報通信技術を利用した情報提供の準備に必要な情報処理のための利用*2）を整理して配置したうえで，第 1 項柱書に前述の「受け皿」規定を設けている。

> *1　ストリーミングやブラウザキャッシュなどでの著作物の利用は，私見によるならば，瞬間的，過渡的なものであったりあるいは依拠性がないから，有形的再製（複製）や無形的再製（公衆送信など）自体に該当しないということもできる（⇒4 著作物に表現された思想または感情の享受を目的としない利用*4 参照）。
> *2　たとえば多数の者から投稿された情報を動画共有サイト等として提供しようとする際に，その準備として効率的に多数のファイルを変換等してサーバー等の媒体に記録するなどの行為のことをいう。

　　著作権法 47 条の 4 第 2 項は，1 号，2 号に改正前 47 条の 4（保守，修理等のための一時的複製）を，3 号に改正前 47 条の 5 第 1 項 2 号（滅

失や棄損した場合の復旧のための一時的複製）を整理して配置したうえで，第
2項柱書に前述の「受け皿」規定を設けている。

15　電子計算機による情報処理およびその結果の提供に付随する軽微利用等（47条の5）

　著作物の本来的利用には該当せず，権利者に及び得る不利益が軽微な行為類型であるとして既存の条文（改正前著作47条の6：送信可能化された情報の送信元識別符号の検索等のための複製等）を大幅に拡充して2018（平30）年著作権法改正で新設された規定である＊。「軽微利用」であることを要件としつつも，いずれの方法による利用かを問わず許容する柔軟性の高い規定である。ただし，対象が著作権侵害品であることを知って利用する場合など，著作権者の利益を不当に害することになる場合は除かれている。

　　＊　今回の改正により利用可能対象が公衆提供提示著作物全般に広がり，また，
　　　求める情報の特定または所在に関する情報全般を検索しその結果を提供する
　　　ことにまで拡大された（著作47条の5第1項1号）ことにより書籍検索や
　　　番組検索サービスなども可能となったほか，電子計算機による情報解析を行
　　　いその結果を提供すること（同項2号），たとえば論文剽窃検証サービスな
　　　ども可能になった。さらに同項3号は，1号，2号のほかに電子計算機によ
　　　る情報処理により，新たな知見または情報を創出し，その結果を提供する行
　　　為であって，国民生活の利便性の向上に寄与するものも，後に政令で定める
　　　範囲で可能としている。

5　制限規定を補完する制度など

1　翻訳，翻案等による利用（47条の6）

　著作権法47条の6第1項は，30条以下の各規定が許容している著作物の利用形態のほかに翻訳や翻案等の改変利用ができる場合について以下の①〜⑥のように規定している。本項で翻訳や翻案等の改変利用ができるとされている場合に，その結果創作された二次的著作物につ

いては各規定で許容される利用をすることも認められる（著作47条の6第2項）*1。著作権法47条の6第1項が明示している規定以外の場合には各規定が定める利用形態のみが許容されるが，たとえば30条の4が規定する著作物に表現された思想または感情の享受を目的としない場合の利用は「いずれの方法によるかを問わず，利用することができる」とされているので，各支分権が規定する複製とか公衆送信等をしての利用のほか27条が規定する翻訳や翻案等をしての利用も広く許容されることになる。

① 著作権法30条1項（私的使用のための複製），33条1項（教科用図書等への掲載），34条1項（学校教育番組の放送等），35条1項（学校その他の教育機関における複製等），47条の5第2項（電子計算機による情報処理およびその結果の提供に付随する軽微利用等）の場合は，翻訳，編曲，変形または翻案しての利用も許容される。

② 著作権法31条1項1号（図書館資料の一部の複製物の提供）および2項（国立国会図書館の絶版等資料の複製物の作成と提供），32条（引用），36条1項（試験問題としての複製等），37条1項および2項（点字化），39条1項（時事問題に関する論説の転載等），40条2項（国等の機関等で行われた公開演説等の掲載等），41条（時事の事件の報道のための利用），42条（裁判手続等における複製）の場合は翻訳しての利用も許容される。

③ 著作権法33条の2第1項（教科用図書代替教材への掲載等），33条の3第1項（教科用拡大図書等の作成のための複製等），47条（美術の著作物等の展示に伴う複製等）の場合は変形又は翻案しての利用も許容される。

④ 著作権法37条3項（視覚障害者等のための視覚著作物の音声化）の場合は翻訳，変形又は翻案が許容される。

⑤ 著作権法37条の2（聴覚障害者等のための複製等）の場合は翻訳又は翻案が許容される。

⑥ 著作権法47条の3第1項（プログラムの著作物の複製物の所有者による複製等）の場合は翻案も許容される。

*1 著作権法47条の6第1項が明示している規定以外の場合は，各規定が定める利用形態のみが許容されるが，たとえば私的使用のための複製（著作

30 条 1 項）の場合は翻訳，編曲，変形または翻案して利用することができる（47 条の 6 第 1 項 1 号）から，その結果創作された二次的著作物である翻訳を私的使用のために複製することができることを意味する。改正前には著作権法 47 条の 6 第 2 項のような規定はなく，いわば当然の解釈論であったことを，確認する趣旨の改正規定といえる。

著作権法 32 条による引用の場合は，47 条の 6 第 1 項 2 号で翻訳のみが許容されるグループに分類されており，変形や翻案等も許容される同項 1 号にはグループ分けされていない。しかし，東京地判平 10・10・30 判時 1674・132〈「血液型と性格」の社会史事件〉は，他人の言語の著作物をその趣旨に忠実に要約（翻案の一態様）して引用することも著作権法 32 条 1 項により許容されるとしている。その理由として同判決は，① 原著作物の趣旨に忠実な要約による引用の方が，切れ切れに引用するよりも原著作物の趣旨を正確に反映することができるし，また，このような形態の引用は社会的にも広く行われていること，② 他人の言語の著作物をその趣旨に忠実に要約して同種の表現形式である言語の著作物に引用することは，著作権法 43 条（現行 47 条の 6 第 1 項）1 号が想定している変形や翻案による引用形態とは異なること（音楽を編曲して引用したり，脚色や映画化等の異種の表現類型に変形したうえで引用することなどは考えられないから，これらの翻案による引用ができないとしていること）などを指摘している。ただし，上記東京地判は要約引用を広く許容するものではなく，これが著作権法 32 条に規定する引用が許容されるための要件を充足していることは当然の前提として，さらに要約の忠実性などの限定要件の存在下における判断であることに留意すべきである。なお，要約（ダイジェスト）は著作物の翻案といえるが，内容をごく簡単に紹介する程度の抄録（アブストラクト）は著作物の利用には当たらず，自由に行うことができると解される。

著作権法 38 条に規定する営利を目的としない上演等に関しては，翻案しての利用は許容されていない。しかし，たとえば長編の演劇を学園祭で上演等する場合における短縮化などは実質的同一性を失うものではなく，新たな創作といえるものでもないから，（無形的）複製の範囲内と評価することができることは前述した。また，このような短縮化

は著作者人格権のうちの同一性保持権の侵害となると解する余地もあるが，やむをえない改変（著作 20 条 2 項 4 号）に該当する場合もあろう。なお，著作者人格権については後述する（第 6 章）。

🔘 著作権法 40 条 2 項は国会での議員の質疑や討論などについては，報道の目的上正当と認められる場合には，新聞紙や雑誌に掲載したり放送したりなどすることができるとして，利用の目的および方法に限定を加えており，かつ著作権法 47 条の 6 第 1 項 2 号により翻訳のみが許され，変形や翻案などによる改変利用は認められていない*2。

> *2 そのほか，著作権法 47 条の 6 第 1 項 4 号は，視覚障害者等のために福祉事業を行う者が視覚著作物を音声化等する場合（37 条 3 項）について翻訳のほか変形と翻案も許容し，同 5 号は，聴覚障害者等のための複製等（37 条の 2）について翻訳と翻案を許容しているなど，許容される行為が細かく分類されていることに注意しておく必要がある。

🔘 著作権法 46 条に規定する屋外の場所に恒常的に設置されている美術の著作物や建築の著作物は，1 号から 4 号の場合を除き，いずれの方法によるかを問わずに利用できると規定されているから，著作物を変形や翻案しての利用もできることになる。なお，著作権法 46 条 4 号は美術の著作物についてのみ適用になるから，建築の著作物の場合には，特定の建築家の著作物の写真集を作成して販売することは規定上は自由である。しかし，同号を建築の著作物の場合にも類推適用すべきであるとする説（東季彦監修『著作権法〔全訂 2 版〕』〔1996 年・学陽書房〕205 頁）や，むしろ同号の美術の著作物は建築の著作物を包含する概念であるとする説（田村 211 頁）もある。

2　出所明示義務（48 条）

🔘 著作権が制限される場合であっても，著作物を利用する者は利用の態様に応じて著作物の出所を明示しなければならず（著作 48 条），この義務に違反すると刑事罰の対象になる（122 条）。ただし，私的複製（30 条）の場合には，複製物がさらに他者の目に触れる機会が想定されていないことなどから，出所明示義務が課されていないが，他にも同義務が課されていない利用形態がある（30 条の 2，30 条の 3，30 条の 4，31 条，

37 条 2 項，38 条 2 項〜5 項，39 条 2 項，40 条 3 項，42 条の 2，42 条の 3，43 条，44 条，45 条，47 条の 3，47 条の 4，47 条の 5 第 2 項）ので要注意。

著作権法 48 条の出所明示義務は，著作者人格権の中の氏名表示権（著作 19 条）に基づいて生ずる義務ではなく，また，この義務は著作権制限規定による著作物利用を適法とするための条件でもないから，義務違反は著作権侵害になるものではないと一般に解されている（木村豊・百選〔初版〕171 頁〔1987 年〕，加戸 432 頁，茶園成樹「著作権の制限における出所明示義務」前掲・半田先生古稀記念 345 頁など）。そうすると，出所明示義務違反を理由にして 112 条に基づく差止等請求はできないことになるが，著作権者は著作物の利用者に対して直接 48 条に基づき必要な措置を請求することができるとする説もある（加戸 434 頁，茶園・前掲 346 頁など）。しかし，著作権侵害行為に対してすら差止請求の根拠規定（112 条）を置いている著作権法，その他同様の趣旨の規定を有する知的財産法の体系との整合性を考慮するならば，48 条のような義務規定のみを根拠に相手方に訴訟上必要な措置を請求できるとすることは困難であろう。なお，東京高判平 14・4・11 LEX/DB 28070727〈絶対音感事件控訴審〉は，著作物を引用する際に出所を明示することは 32 条の適法引用の要件である「公正な慣行」の一つであるとして，出所明示を怠った引用を著作権侵害であると判示している。前記通説の立場との位置付けからも注目される（本判旨に反対：茶園・前掲 350 頁）。

3　複製物の譲渡と目的外使用（47 条の 7，49 条）

著作権制限規定によって複製等が許される場合には，目的に沿う方向であれば複製物を公衆に譲渡等できるが，それ以外の目的のための公衆譲渡は禁止されており（著作 47 条の 7），また許容される利用目的以外の目的のために複製物を公衆に譲渡等する行為は，複製権や翻案権の侵害行為とみなされる（49 条）。さらに，このような行為によって譲渡された複製物や翻案物は，いわば無許諾製品・海賊製品であるから，これを情を知って頒布したり，頒布の目的をもって所持したりする行為も著作権侵害行為とみなされることになる（113 条 1 項 2 号）。

第5章

権利の利用

《この章の課題》

　序章ならびに第3章で学んだように，著作権は排他的独占権であり，他者に対してその利用を禁止することもできる反面，利用許諾をなすことも，また，権利を譲渡することもできる。実際に著作権が活用される現場を想像してみてほしい。著作者，たとえば小説家は出版社に対して出版行為（複製）の利用を許諾するなどしてその対価（=印税）を得ている。このように権利の許諾や譲渡による経済的な利用は盛んに行われており，これは文化の発展という著作権法の目的につながる。

　本章ではまず，権利譲渡等の効果を第三者に主張できる制度（登録制度）について（⇒第1節），その後，権利の譲渡について詳説する（⇒第2節）。出版権には登録制度があるが利用許諾についても2020（令2）年著作権法改正で特許法と同様のいわゆる当然対抗制度が新たに導入された。これは第3節で扱う。

　なお，著作権者が不明の場合など，他者が許諾を受けられない状況，強制裁定制度が設けられている（⇒第6節）。

　上記の著作権の経済的利用を促進する，という観点から，著作権法にも担保や信託に関する規定が設けられている（⇒第4節・第5節）。

第1節　著作権等の登録

⓵ 総　説

　無方式主義を採用している著作権は，権利発生のために登録をする
必要もないし，権利侵害者に対して禁止権を行使するためにも登録
を要件としていない。しかし，権利を他者に利用させるために譲渡した
り許諾したりするには，その効果を第三者に主張できるようにするため
の制度が必要である。著作権法は2以下で述べるように実名の登録（著
作75条），発行年月日の登録（76条），創作年月日の登録（76条の2）のほ
かに，著作権の登録（77条）を用意しており，著作権の移転（相続その他
の一般承継を除く）または処分の制限と質権の設定・移転・変更・消滅等
は登録しなければ第三者に対抗できないと規定している。

　特許法は，権利移転や質権に関する登録，あるいは専用実施権の設定
登録を効力発生要件としているほか，さらに不動産登記法と類似する特
許登録令によって権利移転仮登録制度等も用意して，権利の譲渡・利用
のほか担保化にも対応できる制度を有しているのに対して，著作権の登
録制度に関する規定は脆弱であり，権利の移転登録や後述の出版権の設
定登録等の実務を担当している文化庁著作権課は，特許登録を担当して
いる特許庁と比してみても人的に圧倒的に小規模であり，実際にたとえ
ば移転登録が行われる例も数少ない。

　著作権の利用に関する規律である出版権は，著作物を出版すること
に関して排他的独占的権利を付与するものであり，登録制度が用意
されているが，登録は対抗要件にすぎず，登録を効力要件としている特
許の専用実施権と異なっている。また，出版権を除く権利の利用許諾に
ついては，著作物の非独占的な利用許諾契約に関する規定が著作権法

63条にあるのみで，この利用許諾に対抗要件を付与する登録制度もなかった。本来は文化的創作物であって，利用されるより維持され鑑賞されることに重きを置いていた著作権法であったためであろうが，近時，特に情報がデジタル化することによって著作物といえども利用が容易になりその促進が図られるようになってきたこともあり，2011（平23）年特許法改正で特許法の通常実施権についてその成立後に特許権や専用実施権の譲受人らに対して当然にその効力を主張できるとの制度（当然対抗制度：特許99条）が採用されたことに倣って，2020（令2）年著作権法改正で特許法と同様の利用権の当然対抗制度（著作63条の2）が新たに導入された（⇒第3節②利用の許諾）。

② 実名の登録 (75条)

⬤ 無名または変名で公表された著作物の著作者が，その実名を登録する制度であり*1，この登録を受けると，保護期間がそれまで公表後70年であったもの（著作52条1項）が，著作者の死後70年に延長される（同条2項2号，51条2項）ことになる。著作権法14条による著作者の推定を受けるためには実名または周知な筆名等を著作物に表示しなくてはならないが，本条による登録をしておけば，著作物は無名または変名等を表示しておいても著作者と推定されることになる。

> *1　無方式主義を採用している著作権においては，著作権の取得に登録は必要ないし，不動産登記の場合の保存登記のようなものも用意されていない。本条の登録ができる著作者も無名または変名で公表された場合に限られている。

⬤ 実名登録を受けた者は著作者と推定される（著作75条3項）が，実名の登録に際して実体審査が行われるわけではないから，著作権法14条による推定と75条3項による推定は，どちらが優先するという関係にはない（中山247頁。ただし田村402頁，コンメンタール1［三山裕三］717頁は14条の推定が優先するとする）。また，無名または変名で公表された著作物であっても，真の著作者は著作者人格権に基づいて，実名登録をしている者が真の著作者ではないとして，その実名登録の抹消登録を求め

ることができるし，その著作物の著作権者も同様に，不実の実名登録の
抹消登録を求めることができる（東京高判平9・8・28判時1625・96〈フジサ
ンケイグループ事件〉）*2。

> *2　同判決は，著作権者にとって，円満な著作権行使を法律上事実上制約され
> るということを理由として，著作権者の抹消登録請求を認めた。

③ 第一発行年月日等の登録 (76条)

🔘 著作権者または無名や変名で公表された著作物の発行者が，当該著
作物が最初に発行されまたは公表された年月日を登録する制度であ
り，登録されると，登録日が第一発行日・第一公表日と推定される。

④ 創作年月日の登録 (76条の2)

🔘 プログラムは発行・公表されることがない場合があるので，固有の
登録制度として1985（昭60）年改正で新設された。登録されると，
登録日が創作日と推定される。プログラムの著作物に関する登録に限り，
その手続は一般財団法人ソフトウェア情報センター（SOFTIC）が事務を
担当している。その他の登録はすべて文化庁著作権課が担当している
（著作78条，78条の2）。

⑤ 著作権の移転等の登録 (77条)

🔘 著作権の移転や信託による変更，処分の制限，著作権を目的とする
質権の設定，移転，変更，消滅，処分の制限は登録しなければ第三
者に対抗できない*1 *2。この場合の第三者とは，不動産物権変動にお
ける登記の場合と同様に，登録の欠缺を主張するについて正当な利益を
有する者をいい，著作権侵害者はこの場合の第三者に該当しないのはも

ちろんである（民法でいうならば，登記なくしても対抗できる第三者）。したがって，著作権侵害を理由として差止めや損害賠償訴訟を提起するに当たっても権利の登録等を得ていることは要件となっていない。

＊1　相続等による一般承継の場合は除かれていたが，2018（平30）年著作権法改正により除外規定が削除された。

＊2　不動産登記の場合，不動産ごとに登記簿を編綴して権利変動の経歴が管理できるようになっており，同一の不動産について二重に登記簿が編綴されることはない。しかし，著作権の権利移転の場合，著作物の題号や著作者の氏名等を記載したうえで著作物ごとに登録が行われることになっている（著作権法施行規則5条1号，別記様式第一。なお，文化庁長官官房著作権課「登録の手引」（平成27年1月）28頁参照）が，同じ著作物が異なる題号等で権利移転の登録申請があった場合には二重に登録されてしまうこともありえると思われる。したがって，登録の公示機能は不十分であるといわざるをえない。

　　不動産の場合，たとえば，前主が既に土地を売却済みであることを知りながら，これを重ねて譲り受けた者に対しても，第一譲受人は登記なくして所有権の取得を対抗できないとされ，背信的悪意者の場合に限り登記なくして対抗できるとされている。著作権の場合も，知財高判平20・3・27 LEX/DB 28140772〈Von Dutch 事件〉は，同様に少なくとも背信的悪意者に対しては，登録なくして著作権の取得を対抗できるとしている。不動産取引の場合には，移転登記を経由しなければ十全な権利を取得できないといった認識は社会的にも定着しており，実際にも移転登記手続がされる例が圧倒的に多いのが現状であるから，移転登記を経由していない第一譲受人が，二重譲渡を受けて移転登記を経た第二譲受人である単純悪意者に対抗できないとすることに合理性を見出すことはできないではない。しかし，著作権の場合は譲渡の際に移転登録される例が極めて少なく，登録が権利の存在を公示する役割を担っているとはいい難い現状にあることを考えるならば，不動産取引と同列に論ずる前提を欠いており，単純悪意者であっても登録なくして対抗できると解するべきであろう（田村510頁，駒田泰土「判批」速報判例解説3号253頁〔2010年〕）。

第 2 節　権利の譲渡

1 総 説

　著作権および著作隣接権は私権（財産権）であるから，その全部または一部を自由に移転することができる（著作 61 条，103 条）。ただし，著作権の譲渡や処分の制限は登録しなければ第三者に対抗できない（77 条）。この点，登録を権利の譲渡の効力発生要件としている特許権（特許 98 条）やその他の工業所有権（産業財産権）と異なっている。また，著作者人格権は一身専属権であるから譲渡できないのはもちろんである。

　著作権の移転は，有体物の所有権移転の場合と同様に不要式の諾成契約（売買や贈与）や，遺言等の単独行為あるいは相続等の一般承継によって可能である。著作権譲渡の登録は対抗要件にすぎないだけでなく，譲渡は不要式の諾成契約によって可能であって書面の作成も必要とされていない*1。前述のように創作した権利を登録する制度は存在しないが，著作物に著作者名が記載されることなどにより（著作 14 条），創作時の著作者（著作権者）が誰であるかを知ることはできないではない。しかし，その後の権利変動を公示する登録制度がほとんど活用されていない現状に鑑みるならば，権利の移転と公示との調整を図る必要がある。その一つの手段が，前述の単純悪意者に対しても登録なくして対抗できると構成することである。

　　*1　米国では，著作権の譲渡契約は書面で行わなければならない。また，著作権の登録は保護要件ではないが，著作権侵害訴訟の訴訟要件とされている（米国連邦著作権法 411 条(a)）ほか，登録後に生じた著作権侵害に対しては法定損害賠償請求権と弁護士費用賠償請求権が与えられる（同法 412 条）など，著作権を登録することへのインセンティブが用意されていることもあり，ビジネス上大いに利用されている（山本・基礎知識 55 頁）。また，同書 90

頁が指摘するように権利移転に際しては，著作権を先に譲り受けた者Ａは，後に譲り受けた者Ｂが悪意または無償である場合は，Ａの譲受についての登録の有無を問わず，常にＢに優先することができるし，Ａが譲受後１か月以内に著作権局に著作権譲渡証書の登録を行えば，Ａの譲受後に（登録前であっても）登場した善意・有償のＢにも優先することができるとされており，著作権譲渡証書の登録制度を利用することへのインセンティブも高くなっている。

懸賞小説の募集などの際に，著作権は出版社に帰属すると記載されている場合があるし，同様に，商業誌ではない学会誌などへの論文登載に際しても，執筆要領などに著作権は学会に帰属するといった類の記載がある例も多い。懸賞小説の場合などは投稿によって著作権は譲渡されると解されるが，学会誌などの場合，著作権（複製権）譲渡であるとすれば，他誌への転載や増刷等も学会が独自の判断で行うことができるようになるところ，必ずしもそのようなことは想定されていないように思われる。いずれにせよ執筆要領などの文言に拘泥することなく，諸々の事情を参照のうえで契約の趣旨を解釈して，むしろ後述の出版許諾契約と解するべき場合もあるだろう。また，出版に際して著作者から原稿を買い取るといった約束がされる場合がある。この場合も，著作権（複製権）の譲渡なのか許諾なのかは，諸々の事情を参照したうえで契約の趣旨を解釈すべきである（複製権の譲渡と認定された例として，東京地判昭50・2・24判タ324・317〈秘録大東亜戦史事件〉がある）*2。

* 2　動物図鑑用の絵を画家に制作依頼した出版社が，出版のために，著作者の日本画家から絵の原画の引渡しを受けた事案について，一審の東京地判昭62・1・30判時1220・127頁〈原色動物大図鑑事件一審〉は，著作権譲渡ではなく出版権設定もしくは出版許諾契約であるとしたが，その控訴審東京高判平元・6・20判時1321・151は著作権および所有権の譲渡であると，逆転判決をしている。

② 一部譲渡

著作権は複製権等の支分権の束であると説明されることは前述のとおりであり，権利の譲渡も支分権ごとに可能であると解されており

（著作61条1項），これを著作権の一部譲渡という。特許の場合は，特許権のうちの実施態様ごとに，たとえば「製造権」，「輸出権」を各別に譲渡する旨の登録はできないから，登録が効力要件である以上はこのような譲渡自体が不可能ということになる。著作権の場合は権利の発生は何らの方式が不要であり，その譲渡の登録は対抗要件にすぎないし，譲渡の登録がされる例が少ないことは何度も述べた。それにもかかわらず，著作権の場合には当事者間でどのような内容の支分権を譲渡するかを任意に決められるということである*1。翻案権（⇒本節③一部譲渡の際の特掲事項）以外の支分権の場合には，たとえば上演権を劇団に，演奏権を楽団に各別に譲渡することも想定できないではない*2。このような場合，支分権ごとに利用許諾すれば足りるはずであるが，支分権を譲り受けた場合と異なり，許諾の場合には権利侵害者に対して差止めを請求することができず，差止請求権を伴う利用権としては出版権しか用意されていないことが難点となる。逆に特許権の場合は，差止請求権を伴う専用実施権が用意されていることもあり，権利を実施態様ごとに細分化して譲渡する必要性がないということができよう*3。

* 1　たとえば，東京高判平15・8・7 LEX/DB 28082685〈怪傑ライオン丸事件控訴審〉は，契約書には日本国内における放送権を譲渡すると明記されていた事案であるが，これには当然に「有線放送権」，「衛星放送権」が包含されていると解することはできないと判示している。

* 2　米国でも著作権可分性の原則が採用されており，支分権ごとはもちろん，これをさらに細分化して譲渡することもできるとされている（米国連邦著作権法201条(d)(1)：山本・基礎知識86頁）。しかし，著作権の譲渡は書面によらなければならないことや，権利の譲受を第二の譲受人などの第三者に主張するためには権利譲渡証書の登録制度があり，これが活用されていることなどの点で，わが国とは状況が全く違っていることを忘れてはならない（⇒本節①*1も参照）。

* 3　なお，特許の場合も通常実施権の許諾を受けた者は第三者に対しては登録なくして対抗できるが，原則侵害者に対して差止請求権を行使できないので，この点，著作権法においても利用許諾者は第三者に登録なくして対抗することができる制度が前述のとおり採用されたので，特許の場合と変わりはないことになった。

支分権ごとのみならず，対象，場所*4，期間*5などによってさらに細分化して譲渡することもできるといわれている。ただし，支分権をさらに細分化して，たとえば複製態様ごとに各別に譲渡することができる（加戸 436 頁）とまでいわれると違和感がある*6。このような権利処理は権利譲渡ではなく，本来ならば排他的（独占的）利用許諾として行われるべきものであろう。

＊4　国ごとに著作権を別人に譲渡することはもちろん可能であるが，一国内でたとえば北海道における複製権と東北における複製権を別人に譲渡することはもちろん，サントリーホールにおける演奏権と芸術劇場における演奏権を各別に譲渡できるという見解まである。このように支分権をさらにいくらでも細分化して譲渡できるとする説は，結局は後掲*6で述べるとおり，著作者に留保されている著作者人格権との整合を保つうえでも，疑問がある。なお，渋谷 473 頁は支分権をさらに細分化した譲渡は，登録が可能な範囲内に限定されるとしている。

＊5　東京地判平 9・9・5 判時 1621・130〈ダリ事件〉は，期間を限定した著作権譲渡を認めたものである。不動産の場合に再売買予約付あるいは解約特約付の売買と構成して，いったん完全な所有権が移転しても，後日これが返還されることを前提とすることが可能とされているように，著作権の場合も譲渡後の一定期間経過によってこれを戻す契約として構成することは可能であるが，期間を区切った譲渡と構成するのはあまりに技巧的である。

＊6　共有著作物の場合に，持分の譲渡は相共有者の合意がなければできないばかりでなく，著作物を複製等して利用する行為も相共有者の同意がなければできないとされていることは前述した（⇒第2章第2節共同著作）。経済財に徹した特許の場合には，持分に基づく実施は持分に基づいて各別に行えるとされているのにもかかわらず，著作物の場合にこれが不可とされているのは，著作物の利用態様が千差万別であることなどにより，相共有者の予測の範囲を超える利用がされる可能性があるためと説明されることがあるが，著作者人格権の侵害行為が誘発される可能性があるからといった理由付けも可能である。そうであるならば，持分の譲渡にとどまらず，著作権自体の譲渡の場合にも，これが支分権以上に細分化されて多数の者に分属することに対しては，何らかの規制をはたらかせるべきであろう。この点において，著作権と著作者人格権を一元的に捉える一元論を採用し，著作権の譲渡自体を認めずに，利用態様ごとの許諾を認めるドイツ著作権法的発想は大いに参考になる。

③ 一部譲渡の際の特掲事項

🔘 翻案権（著作27条）と二次的著作物に対する原著作権者の権利（28条）は，著作権の譲渡対象として特掲されていない限り，権利者に留保される（61条2項）＊。同項は，契約書上に特掲されていない限り，翻案権は留保されていると推定されるとするものであるから，契約内容等から翻案権も含めて譲渡されたことが認められるのであれば推定が覆る場合があるのはもちろんである（知財高判平18・8・31判時2022・144〈システムK2事件控訴審〉，大阪高決平23・3・31判時2167・81〈ひこにゃん事件〉参照）。

> ＊ 著作権法61条2項の趣旨は，そもそも二次的著作物を生み出すための翻案権が，著作物を改変することなく利用する他の支分権と異質なものであり，著作物を改変するという重大な行為を認める権利であることもあり，経済的弱者の地位にある著作権者を保護する必要があると考えられたことによる（加戸496頁）。また，翻案権も含んで譲渡するのであれば，譲渡不可能であり譲渡人に留保される著作者人格権のうちの同一性保持権との関係を考慮しておく必要がある。この点は著作者人格権の項で述べる（⇒第6章著作者人格権）。

🔘 翻案権の場合は特に著作権法61条2項の推定規定が働き，契約上特掲されていない場合には，譲り受けたと主張する者がその事実を主張立証する必要があるが，いかなる内容の権利を譲渡したかは，結局は譲渡契約の解釈論である。たとえば，契約締結時に未だ存在していなかった著作物の利用形態であった「衛星放送権」について，契約書には日本国内における放送権を譲渡すると明記されていたとしても，譲渡対象に包含されていなかったと認定された事案として，前掲東京高判平15・8・7〈怪傑ライオン丸事件控訴審〉がある。一方で，東京地判平19・1・19判時2003・111〈THE BOOM事件〉や東京地判平19・4・27 LEX/DB 28131207〈HEAT WAVE事件〉では，著作隣接権を含む原盤に係る一切の権利を譲渡する旨の契約には，契約当時には未だ存在していなかった利用形態である「送信可能化権」も含まれていたと認定された。

第3節　利用許諾と出版権設定

□1　総　説

序章第3節□1 2で述べたように，著作権も特許権同様に，消極的効力としての禁止権と，積極的効力としてこれを自らが利用し，また他者に利用させることができる権利がある。特許権の場合にはこの利用権を実施権と呼び，物権的効力を有する専用実施権と債権的効力のみの通常実施権に分類される。著作権の場合にはこれに相応しい用語がないが，物権的効力を有する出版権と債権的効力のみの許諾に係る権利に分類され，2020（令2）年著作権 63 条 3 項ではこの許諾に係る権利を「利用権」と称することとした。

著作権の場合も，禁止権不行使約束という意味で，契約や遺言により著作物の利用を許諾し，あるいはたとえば著作権者が単独行為として広く第三者に対して一定の条件を付してその利用を許諾することなどができる。また，著作権者の意図とはかかわりなく，法律上，他者の著作物の利用を許さなければならない場合もある。このように，著作権者以外の者が著作物を利用する権利を有する場合には，著作権者の著作権の行使が反射的に制限されることになる。

本節では，著作権の利用形態としての利用許諾と出版権設定の概要を説明する。

② 利用の許諾（63条）

　出版権は物権類似の排他的独占権であって，これと債権である利用権との関係は，物権である地上権と土地の賃借権との関係に喩えて説明することができる[*1][*2]。一方，利用許諾により取得できるのは，あくまで相手方（著作権者）に主張できる請求権にすぎない。有体の不動産の賃借権の場合は，土地所有者は，何人もの賃借人との間で重畳的に不動産賃貸借契約を締結することはできるが，不動産は一つしかないので現実にこれを引き渡して利用させることができる者は一人に限られている。したがって，現実に不動産を引き渡して使用させた賃借人以外の者に対しては，賃貸人は債務不履行責任を負担することになる。しかし，無体の著作権の場合は，観念的な契約締結にとどまらず，実際の著作物の利用も何人もの契約相手方に重畳的に行わせることが可能である点で，不動産の賃貸借契約の場合とは大いに異なっている。

> ＊1　有体物の賃借権の場合は，賃借人は賃貸人に対して賃借物を利用させるように請求する権利があり，その内容として賃借物の引渡しを請求することができる。しかし，著作権の利用許諾においては，被許諾者が権利者に著作物を利用させるように請求する内容として，引渡しを請求する必要はなく，単に被許諾者の著作物の利用を承認してもらうことで足りる。その意味で，被許諾者が権利者に対して取得する請求権は不作為請求権であるということができる。
>
> ＊2　ただし，賃貸借契約は有償契約（契約当事者双方が相互に代償としての給付義務を負担する契約を有償契約という。賃貸借契約では，賃貸人は対象物を使用させる義務を負い，賃借人は賃料を支払うべき義務を負っている）であり，無償での貸借契約は使用貸借契約という賃貸借契約とは異なる契約形式になるが，著作権の利用許諾の場合は対価の支払いは要件ではなく，無償の利用許諾ももちろん有効である。

　著作権者は複数の者に対して利用許諾することが可能であるが，他の者には重ねて許諾をしないとの約束をする場合がある。このような利用許諾を独占的利用許諾と呼び，このような約定のない利用許諾を非独占的（単純）利用許諾と呼ぶ（ただし，単に「利用許諾」と表示する場合は，非独占的利用許諾のことを指すのが一般的である）。しかし，独占的であれ非独

占的であれ，利用許諾に基づく権利は相手方（著作権者）だけに対する請求権であることが原則であり，著作権者が約定に違反して他にも利用許諾した場合には，同人に対して債務不履行の責任を追及できるだけであることを忘れてはならない。

1 利用許諾の内容

著作権を支分権ごとよりもさらに細分化して譲渡することができるか否かについては既述したが，利用許諾は支分権ごとにとどまることなく，支分権をさらに細分化して利用態様ごとに行うことができ，たとえば，上演権を劇団に，演奏権を楽団に各別に利用許諾することはもちろん，発行部数や演奏回数を限定することや，利用場所や期間などを限定して利用許諾することもできる。

著作権者から上演・演奏を許諾されて著作物を実際に上演・演奏する者は実演家であり，放送を許諾された者は放送事業者，有線放送を許諾された者は有線放送事業者，録音による複製を許諾された者はレコード製作者として，いずれも著作権者から著作物の利用許諾を受けた者というにとどまらずに，後述する要件を充足することによっては著作隣接権者になる。

著作権法 63 条 1 項は著作権者は他者に著作物の利用を許諾できること，また同条 2 項は許諾を受けた者は，許された利用方法および条件の範囲内で著作物を利用することができると，当たり前すぎる規定を置いている。一方で 63 条 4 項は，放送または有線放送の許諾は，契約に別段の定めがない限り，当該著作物の録音または録画の許諾を含まないものとするとの規定を置いている。放送が生放送を原則としていた時代には，放送事業者が放送をするために一時的に録音・録画ができるとする（著作 44 条 1 項，2 項）以上に，著作権者が放送することを許諾するに際しては，当該放送内容を録音・録画して再放送に利用することまでをも許容したとすべきではないと考えられたのであろう。制定当時はともかくとして，放送に際して録音・録画しておくことが常態化している現代においては，お節介すぎる規定ということができるが，放送の許諾を得る際には注意しておく必要がある*3。

＊3　なお，2021（令3）年著作権法改正で，放送又は有線放送及び放送同時配信（著作2条1項9号の7：放送と同時又は近接したタイミングで行うインターネット配信）の許諾をすることができる者が，特定放送事業者（放送事業又は有線放送事業を行う者のうち要件を充たしたうえで放送同時配信事業を行う者など）に放送や有線放送での著作物の利用の許諾を行った場合には，放送同時配信の許諾も行ったものと推定するとの規定（著作63条5項）が新設された。この改正は後述する著作隣接権者である実演家は実演の送信可能化（インターネット配信）について排他権を有している（⇒第7章第3節③送信可能化権）ため，放送や有線放送を同時配信する場合には逐一許諾を得なくてはならなかった点の改善を図ったものである。

2　権利者と利用権者の関係

🔘　著作権の譲渡は，利用権者の同意の有無にかかわらず可能であるが，2020（令2）年著作権法改正で特許法と同様の利用権の当然対抗制度（著作63条の2）が新設されたため，利用権者は著作権の譲受人に対して当然にその利用権をもって対抗できることになった＊4。

　また，著作権譲渡後であるにもかかわらず移転登録がされない例は多いが，その間に前主が他者に著作権の利用を許諾した場合，許諾を受けた者がたとえ単純悪意であっても悪意者であるならば，許諾契約前に権利を譲り受けた者は登録なくして対抗される利用権のない著作権を取得できると解するべきである（反対：松田俊治「著作権法改正による利用許諾に係る対抗制度の導入とその関連問題について」コピライト700号17頁）。しかし，著作権の移転が登録によって外形的に明示されていない以上，権利の利用許諾を受けようとする者は通常は著作物に著作者として明示されている者（前主）（著作14条）に著作権が未だ帰属しているものと考えるのが常態であろうから，その者から善意で許諾を受けた者は，権利の譲受人に利用権をもって対抗できて然るべきである。

＊4　当然対抗制度は権利の譲受人に対して利用権者の地位にあることの主張を認めるものではなく，新著作権者から著作物の利用を禁止されないとの地位にあることが主張できるにすぎないといわれている。それでは旧著作権者間で約定された使用料とか期間等は新著作権者に一切主張できないのかといった問題が，特許法の当然対抗制度の場合と同様に議論されている（高林特許261頁参照）。著作権法に当然対抗制度を導入する際の審議会報告書も「契約が承継されるか否かについては個々の事案に応じて判断されることが望ま

しい」と指摘するに留まっている。

　著作物を利用する権利は，著作権者に対する債権的な権利ではあるが，不動産の賃貸借の場合と同様に，権利者と被許諾者の信頼関係を基盤にした利用関係ということができるから，利用権の譲渡は著作権者の承諾を得た場合にのみ可能とされている（著作63条3項）*5。また，規定はされていないものの，被許諾者は著作権者の承諾を得た場合は利用権を再許諾できるものと解される。

> ＊5　特許の場合の通常実施権も，実施の事業とともにする場合以外は特許権者の承諾がないと移転はできないが，相続等一般承継は特許権者の了解なくして可能とされている（特許94条1項）。著作権の場合に被許諾者が死亡した場合に利用権が相続できるかについての規定はない。民法上の使用貸借は借主の死亡により終了する（民597条3項）。賃貸借の場合には，著作権法63条3項と同様に，賃借権は貸主の承諾なくして譲渡できないとの規定（民612条1項）はあるが，借主の死亡による賃借権の一般承継ができるか否かは明文がなく，借家の場合には判例法（大判大13・3・13新聞2247・21など。我妻栄『民法講義V₂債権各論』〔1957年・岩波書店〕482頁参照）によってこれが認められてきたという経緯がある。人的信頼関係を基準としており，かつ特許の場合のような規定を欠く著作権の利用権においては，被許諾者の死亡により契約は終了するのを原則とすべきであろう。相続を認める必要性がある場合には，その旨許諾契約締結の際に定めておくべきである。

　被許諾者は許諾された範囲内でのみ，その著作物を利用でき（著作63条2項），これを超えて著作物を利用することは，許諾契約であれば債務不履行であって，契約の解除事由となるのはもちろんであるが，許諾の範囲外で行われた行為が直ちに著作権侵害になるものではない。利用許諾に際して，被許諾者に課される義務は多様でありうる。たとえば，支分権として演奏権を許諾するに際して，この演奏内容は某レコード会社からレコードとして発売するという約束があった場合に，被許諾者が後日これを他のレコード会社から発売したならば契約違反であるが，このような約定は各支分権の本質から導かれる義務ではなく，いわば支分権の許諾に際して付随的に課された義務にすぎないことは明らかである。

　商標の場合に，製造地を限定し，あるいは下請業者を限定して使用権を許諾したのに，これに反して製造され商標を付されて販売された商品は，商標権を侵害するものであって，真正商品とはいえないとさ

れる（最一小判平 15・2・27 民集 57・2・125〈フレッドペリー事件〉）。これは，これらの義務が，商標における重要な本質的機能である品質保証機能を保持するために契約上課された義務であって，単なる付随義務ではないことを理由としている。著作権の場合にも，たとえば発売する本や販売する人形に一定の品質を維持したいと考えるのは許諾を与える権利者（ライセンサー）にとって，当然のことではあるが，このような品質保証機能は複製権の本質的機能とはいえない。これを維持するために複製権を許諾するに際して製造地限定や下請製造禁止がされたとしても，このような義務は付随的な義務にすぎないし，また，約定に沿ったライセンスフィーが払われていなくとも，被許諾者（ライセンシー）による利用行為自体が著作権侵害になるものではないと解するべきであろう。一方で，複製権の許諾に際しての発行部数の限定や，演奏権や上演権の許諾に際して演奏・上演回数や演奏・上演場所の限定に対する違反行為は，単なる債務不履行にとどまらず，複製権，演奏権や上演権を侵害するものというべきである[6]。

  ＊6　利用許諾違反で販売された商品が著作権侵害商品となる場合に，その譲渡は譲渡権侵害になる。なお，中山 530 頁は部数制限違反が複製権侵害になるとすることに疑問を呈している。

3　利用許諾の対外的効力

(1) 非独占的利用権の場合の差止請求権と損害賠償請求権

利用許諾は著作権者に対して著作権の利用を認めるように請求する権利，すなわち不作為請求権であることからも，非独占的利用権の場合に，被許諾者が，債権の相手方でもない著作権侵害者に対して固有の差止請求権や損害賠償請求権を有するものでないことは明らかである。このような場合，著作権者が侵害者に対して差止めおよび損害賠償請求をすることになる。なお，念のため述べておくが，非独占的利用権においては，著作権者が同一内容の利用権を重ねて何人に許諾することも原則として自由であり，これによって被許諾者が著作権の自らの利用ができなくなるものではないから，被許諾者は，著作権者に対して他の者へ

再許諾しないように要求することすらできない。

🔘 また，非独占的利用許諾においては，かりに第三者が著作権の許諾なしに著作権を利用したとしても，これによって被許諾者の利用ができなくなるものではなく，また，著作権者に対して第三者の利用をやめさせるように請求できる地位にもないから，著作権者の侵害者に対する差止請求権や損害賠償請求権を権利者に代位して行使できる立場（債権者代位権：民 423 条）にもない。

(2) 独占的利用権者固有の差止請求権

🔘 物権法定主義（民 175 条）を採用しているわが国の法制下では，差止請求の認められる物権類似の排他的独占権とするために民法の特別法である著作権法を制定し，著作権法 112 条 1 項で，著作者，著作権者，出版権者，実演家または著作隣接権者に限って差止請求権を認めているのであるから，独占的とはいえ著作権者から利用許諾を得ているにすぎない者に固有の差止請求権が認められないのはもちろんである。

(3) 独占的利用権者固有の損害賠償請求権

🔘 独占的利用権といえども，その独占性は，何ら公示されていないし，独占との趣旨も当該利用権者にしか利用権を許諾しないという著作権者との間の約定にすぎないのであるから，著作権を第三者が無断で利用する行為に対し，独占的利用権の侵害として当然に損害賠償請求ができるとする合理的理由を見出すことは困難である。また，第三者の債権侵害が不法行為となるのは，債権帰属の侵害として債権自体を消滅させてしまう行為や，故意によって給付の実現を妨害する行為，あるいは権利者の債務不履行への加担行為などに限られており（加藤一郎『不法行為〔増補版〕』〔1974 年・有斐閣〕118 頁），東京地判平 3・5・22 知的裁集 23・2・293〈英語教科書録音テープ事件〉もこのような故意による債権侵害であると認定して損害賠償請求が認められた事案ということができる。

🔘 一方で，特許法や実用新案法の解釈論においては，著作権法における独占的利用権と同様の性質を有する独占的通常実施権者に関して，通説は固有の損害賠償請求を許容しており，さらに，たとえば東京地判

平 10・5・29 判時 1663・129〈O 脚歩行矯正具事件〉は，損害額の推定
規定（特許 102 条）との関係でも独占的通常実施権を専用実施権と同等に
扱っていることもあって，この問題はなしくずし的に肯定説で決着しつ
つある。登録を効力要件とする専用実施権の利用率が低く，登録を経な
い独占的通常実施権が専用実施権に代わるものとして活用されている現
状に基づいた政策的観点からの見解ということができる。この点，著作
権法においては，出版に限定した出版権のほかには物権的効力を有する
利用権は存在していないから，独占的利用権に固有の損害賠償請求権を
認める必要性は特許の場合よりも一層高いという政策論はありうるとこ
ろである。

　　著作権の場合の独占的利用権の許諾は，支分権ごとにとどまらずに，
　　利用場所や期間，発行部数や演奏回数などを限定して付与すること
ができることは前述のとおりであり，この場合でも著作権者は他の者に
は重ねて許諾しないという約定を付することも可能である。もっとも，
このような細分化された利用権しか有していない独占的利用権者が，そ
の範囲内にある支分権を第三者に侵害されたとして，それだけで第三者
に対して固有の損害賠償請求権を行使できるとするのは妥当とはいえな
い。少なくとも，単に独占的利用許諾を得ているというだけではなく，
これを実際に独占的に行使しているといった客観的な事実状態を必要と
すべきであろう[7]。

　　*7　商標の事件ではあるが，東京地判平 15・6・27 判時 1840・92〈花粉のど
　　飴事件〉は，独占的使用権者が契約上の地位に基づいて登録商標の使用権を
　　専有しているとの事実状態が存在することをもって，独占的使用権者固有の
　　損害賠償請求を認める根拠としており，商標権者が他の競業者にも使用許諾
　　をしているような場合には，侵害者に対する関係でも独占的使用権者固有の
　　損害賠償請求を否定している。

(4) 独占的利用権の場合の差止請求権の代位行使

　　独占的利用権者固有の権利としてではなく，著作権者の第三者に対
　　する差止請求権を独占的利用権者に代位行使させるとの債権者代位
構成（民 423 条）もある[8]。

　　*8　東京地判平 14・1・31 判時 1818・165〈トントゥぬいぐるみ事件〉は，具

体的事案では差止請求を棄却したものの，独占的利用許諾を受けている者が自らの利益を守るために，著作権者に代位して侵害者に対し，著作権に基づく差止請求権を行使することを認める余地がないとはいえないと判示している。

債権者代位権と構成する以上は，独占的利用権者が著作権者に対して請求する基礎となる請求権を有していることが要件となるが，第三者が著作権侵害行為をした場合に，独占的利用権者が著作権者に対してその第三者に差止めを請求するように当然に求められるものではない。著作権者は重畳的には利用許諾をしないと当該利用権者（被許諾者）に対して約束しているにすぎないのが通常だからである。したがって，著作権者が独占的利用許諾をする際に利用権者に対して，かりに第三者が侵害行為を行った場合は，著作権者において差止請求をするとの義務を負担した場合にのみ，独占的利用権者は著作権者にこのような義務を履行するよう請求できるのであって，このような約定のある場合以外は，独占的利用権者は著作権者の第三者に対する差止請求権を代位行使することはできないというべきである*9。

*9 特許の場合でも，独占的通常実施権設定契約締結に際して，権利者が実施権者のために権利侵害者に対して差止めおよび損害賠償を請求するとの義務を負担する例は少ないといわれている。しかし，このような義務を負担していることが，被許諾者において権利者を代位して侵害者に対して差止めが請求できる根拠となる以上は，許諾契約締結に際して，かかる約定を付することが必須であるし，このような約定を著作権者がしてくれないのであれば，差止請求権の代位行使はできないことを被許諾者は覚悟すべきである。なお，東京地判平28・9・28 LEX/DB 25448183〈スマートフォン用ケース事件〉は，独占的利用許諾契約において権利侵害があった場合は被許諾者において対処するとの約定は，権利者が侵害行為の差止請求等をする義務を被許諾者に負わせたものではないから，被許諾者が権利者に対して債権者代位できる債権を有しているとはいえないと判示している。

独占的利用権者の権利侵害者に対する損害賠償請求と差止請求双方に係わる問題であるが，前述（⇒第2節②一部譲渡）のように，利用許諾に代えて，支分権ごとに，あるいは，さらにこれを対象，場所，期間などに細分化した譲渡が行われている。権利を譲り受けた場合には，譲受人は侵害者に対して損害賠償はもちろん差止めも請求できるのが原則である。しかし，独占的利用権者の侵害者に対する損害賠償や差止請

求を著作権者の損害賠償請求権や差止請求権を利用権者が代位行使できる場合に限定するとの上記のような解釈論を採用したとしても，実質上は独占的利用権者ともいうべき，登録等の公示を伴わない支分権（さらにこれを細分化した権利）の譲受人には権利侵害者に対する無条件の損害賠償請求や差止請求を認めてよいのかは検討に値する問題である。少なくとも差止請求をする以上は，権利譲受けの登録を必要としたり，あるいは単なる支分権の譲受人であるだけでなく，その支分権を実際に独占的に行使しているといった客観的な事実状態を要求するなどといった工夫が必要なように思われる。

なお，本項で述べてきたのは，無許諾の第三者が著作権を利用した場合に独占的利用権者は何をできるかという話である。独占的利用権の許諾を受けていても，著作権者が約定に反して他者に重ねて利用権を許諾した場合には，その他者の利用は著作権者の独占的利用権者（被許諾者）に対する契約上の義務の違反であるが，著作権法上は適法であって，独占的利用権者がとやかくいえる筋合いではない。この点を誤解しないようにする必要がある。

③ 出版権設定

特許法の専用実施権と同様に，被許諾者に独占的排他的権利を付与するものとして，出版権設定（著作79条以下）がある。ただし，専用実施権の設定は登録が効力要件（特許98条1項2号）であるが，出版権設定登録は効力要件ではなく対抗要件である（著作88条1項1号）。

出版権は，従前は著作物の利用許諾のうち，文書または図画の出版に限り設定できるとされていたから，文書または図画の複製以外の支分権の利用許諾の場合には活用できなかったが，2014（平26）年著作権法改正で，電子計算機を用いてその映像面に文書または図画として表示されるようにする方式により記憶媒体に記録された当該著作物の複製物（著作79条1項，以下「電子書籍」という）を公衆送信することを内容とする利用許諾にも活用範囲が拡張された。なお，出版権侵害には刑事罰も科さ

れる（119 条 1 項）。

　出版権設定は，出版権者に物権的な強大な権利を与えるばかりか*1，後述のように著作権者（複製権者・公衆送信権者，以下「複製権等保有者」という）・著作者との関係で大きな負担を負わせるものであることもあり，複製権等保有者と出版社間に物権設定類似の契約を締結するとの意思の合致が明確でない限り，軽々に出版権設定を認めるべきではない*2 *3。

　　*1　出版は著作物の内容を伝達する手段であるが，同じく著作物を伝達するレコード製作者や放送事業者は，著作隣接権者としてレコードに固定されている音や放送された音や影像そのものの複製等を禁止できるにすぎず，著作物の複製等を広く禁止できるものではない。逆に出版権者は出版した本そのもの（版面と呼ばれることがある）の複製や公衆送信を禁止できるのではなく，著作物の複製や公衆送信を禁止できる点で著作隣接権とは異なっている。

　　*2　なお，2005（平 17）年に至って，出版に際して契約を書面化することを奨励する趣旨で，出版契約の雛形が一般社団法人日本書籍出版協会から公表され，2014（平 26）年の著作権法改正に伴って，2015（平 27）年に紙媒体・電子出版一括設定用の雛形が公表されている（コンメンタール 2［小松陽一郎］969 頁）。

　　*3　早川書房と徳間書店の間の紛争として東京高判昭和 61・2・26 無体裁集 18・1・40〈太陽風交点事件〉がある。これは，ある SF 作家が当初は早川書房のハヤカワ文庫から当該本を出版していたが，徳間書店も SF 小説の出版を手がけて，作家と書面を通じて契約を結んで徳間文庫から同じ本を出版したため，早川書房側が訴えを提起したものである。早川書房は，自分が作家を育ててきたことや，出版界の慣行から，後述の物権的性質を有する出版権設定があったと主張したが，裁判所は，口頭で契約が締結されているにすぎないことなどからも，単なる利用許諾にすぎないとして，徳間文庫の出版に問題はないとした。独占的利用許諾契約を締結している場合には，著作権者が他から著作物を出版したら，これが債務不履行となり責任を本人が負うのは当然であるが，出版している第三者は著作権者から許諾を得ているから，その行為は著作権侵害ではなく，出版社がこれにとやかくいえるものではない。

1　出版権の内容

　出版権者は，設定行為で定めた範囲内において*4，頒布の目的をもって，原作のまま当該著作物を文書または図画として（著作 80 条 1 項 1 号）あるいは CD-ROM 等に収納する電子書籍として複製したり（同項 1 号かっこ書），原作のまま当該著作物の電子書籍を公衆送信する（同項

2号）*5権利を専有し，自己の許諾なく出版する者に対して損害賠償請求（民709条，著作114条）や差止請求をすることができる（著作112条）。

　複製権等保有者といえども出版権の存続期間中は著作物を文書または図画として複製したりその電子書籍を公衆送信したりすることはできない*6が，著作者が死亡したとき，または契約に別段の定めがない場合で，最初の出版後3年を経過したときは，複製権等保有者は，著作物をその著作者のもののみを編集した全集その他の編集物に収録して複製し，または公衆送信することができる（80条2項）。著作者の死亡に伴うその遺族（複製権等保有者）による記念出版や，一定期間経過後における著作者の作品の集大成出版を，一般国民側からの要請を考慮して複製権等保有者に認めたものである（加戸593頁）。

> ＊4　特許の場合の専用実施権の範囲は，期間的，地域的，内容的に限定することができるとされている（高林・特許210頁）。出版権の場合は，文庫本と単行本のように内容的に分割して設定することはできないとする説（コンメンタール2［小松陽一郎］976頁など）も多い。前述（⇒第2節②一部譲渡）の支分権を支分権ごと以上に細分化して譲渡することを可とする場合と同様の問題ということができる（中山544頁参照）。

> ＊5　書籍の出版に際しては通常は出版社の編集作業が行われているが，電子書籍の公衆送信の場合，何ら編集作業等を加えることなく複製権等保有者・著作者の電子ファイルをそのまま公衆送信する者も出版権の設定を受けることができることになる。

> ＊6　ただし，当該著作物を無許諾で出版する第三者に対しては，出版権者とは別に複製権等保有者の立場で侵害の差止請求をすることができると解される。特許の事案であるが，専用実施権が設定されている場合の特許権者の差止請求を認めたものとして，最二小判平17・6・17民集59・5・1074〈安定複合体構造探索方法事件〉がある

　出版権者は第三者に複製権を許諾することはできないとされていたが，2014（平26）年著作権法改正で，複製権等保有者の承諾を得た場合には第三者に複製権や公衆送信権を許諾することができるとされた（著作80条3項）。また，出版権者は複製権等保有者の承諾を得た場合は出版権を譲渡し，または質権の目的とすることができる（87条。なお，この場合も登録は対抗要件となる〔88条1項〕）。

出版権の存続期間は，設定行為で定めるところによるが，定めがない場合には最初の出版行為等があった日から3年を経過した日において消滅する（著作83条）。なお，出版権の存続期間を無期限としたり，著作権の存続期間中とする約定も無効（したがって期間は3年に限定される）と解する理由はない（中山548頁，ただし反対：加戸605頁）。

2　複製権等保有者・著作者と出版権者との関係

出版権者は，設定行為に別段の定めがない限り，原稿等の引渡しを受けてから6か月以内に出版行為を行う義務を負う（著作81条1号イ）し，慣行に従って継続して出版行為を行う義務も負い（同号ロ），出版権者がこの義務に違反した場合には，複製権等保有者は出版権を消滅させることができる（84条1項，2項）。

出版権者が，著作物を改めて複製する場合には，その都度あらかじめ著作者（複製権者ではないことに注意）に通知する必要がある（著作82条2項）。また，出版権者が改めて複製を行う場合（82条1項1号）や電子書籍を公衆送信する場合（同項2号）には，著作者（複製権等保有者でないことに注意）は正当な範囲内において，著作物に修正・増減を加えることができる（同項柱書）。著作物の内容が，出版権設定期間内に著作者の意に沿わなくなった場合を慮った規定である。

複製権等保有者でもある著作者は，その著作物で表明している自己の思想や見解が，その後に変化するなどして自己の確信に適合しなくなったときは，その著作物の出版を廃絶するために，出版権者に通知してその出版権を消滅させることができる（著作84条3項本文）。この場合，出版権者に対して，当該廃絶により出版権者に通常生ずべき損害をあらかじめ賠償しなければならない（同項ただし書）。

第4節　担保権の設定

🔵　著作権や出版権は財産権であるから質権の目的となりうる（著作66条，87条）。出版権に質権を設定するためには複製権等保有者の承諾が，また共有著作物に質権を設定する場合には他の共有者の同意が必要である（65条1項。ただし，他の共有者は正当な理由がない限り同意を拒むことはできない：同条3項）。なお，著作隣接権も質権の目的になる（103条）。質権の設定は登録が対抗要件である（77条2号，88条1項2号）。

🔵　質権者は質権の設定を受けても，原則として当該著作権を利用することができず，著作権者がこれを行使する（著作66条1項）。この規定にいう著作権の行使とは，利用を許諾することのほか，複製等して利用することも含むが，出版権を設定する場合に限って質権者の同意が必要とされている（79条2項）。民法に規定する質権は質権者が質物を留置して，質権設定者の使用を許さない（民347条）から，著作権法における質権は，民法にいう質権というよりは，むしろ担保権設定後も権利者の使用継続を許す抵当権（同法369条以下）に類似する。

🔵　質権設定後に，設定者（著作権者）が著作権を譲渡したり，利用許諾したりして収益を得た場合には，質権者は，これらの著作権者の得た請求権を事前に差し押さえることによって，この請求権に対して物上代位*1して質権を行使することができる（著作66条2項）。

　　*1　物上代位とは，質権などの担保物権の目的物が売却されたりして，その物の所有者が売買代金の請求権などを取得した場合に，担保権者がその請求権のうえに効力を及ぼすことをいう。

🔵　質権以外の著作権の担保化の方策としては，譲渡担保*2と信託が想定できる。このうちの譲渡担保は，著作権者が担保目的で著作権を担保権者に譲渡して登録することによって行われることになろう。信託については，次節「権利の信託・管理」で触れる。

＊2　譲渡担保とは，たとえば土地の場合であれば，債務不履行がなかった場合
には土地の移転登記を戻すことを約して，貸金の担保として貸主にいったん
土地所有権の移転登記をしておき，原則的に借主が引き続き土地を利用する
という形をとる。借金が返せなくなった場合は，土地の価格と債権額の清算
をしたうえで，土地を明け渡すことになる。

第5節　権利の信託・管理

🔘　知的財産を利用した資金調達の困難さを軽減する一つの方策として，
2004（平16）年の信託業法改正により知的財産権の信託が全面的に
解禁された。従前の信託業法によると，信託会社が引受けできる財産か
らは知的財産権が除外されており，後述する著作権等管理事業法による
著作権等の信託などの場合を除き，知的財産権の信託を業として行うこ
とができなかった。知的財産権が信託として譲渡されると，受託者は知
的財産権を管理し，管理過程で生み出される利益を受益権として流通さ
せることによって，本来，単体で流通が困難な知的財産権の流動化を図
ることができ，知的財産権を利用した資金調達がしやすくなる。

🔘　資金調達の手段としてではなく，著作権の分野では，特に大量に存
在し大量かつ多数回にわたって利用される音楽の著作物を集中的に
管理する手段として，著作権の信託的譲渡が伝統的に行われて，進展し
てきていた。以下では著作権の管理としての委託（信託・委任）について
簡単に解説しておく。

🔘　著作権等の集中管理業務に関する法律として，1939（昭14）年に
「著作権ニ関スル仲介業務ニ関スル法律」（仲介業務法）が制定された。
仲介業務法は，集中管理する対象を小説，脚本，楽曲を伴う場合におけ
る歌詞および楽曲に限定し，仲介業務を実施するためには文化庁長官の
許可が必要とされ，法令上，許可を受けることのできる者の数は決めら
れていなかったが，制定当初から一分野につき一団体が原則とされてい

た。さらに，許可の際には，業務の範囲，業務執行の方法についても定めて許可を受けることとされ，その変更もまた文化庁長官の許可が必要であり，使用料の設定・変更についても，著作権使用料規程を定め，文化庁長官の認可を受けることとされているなど，国の強い規制が働いていた。仲介業務法の下で集中管理団体として許可されていたのは，社団法人日本音楽著作権協会（JASRAC）をはじめ，社団法人日本文芸著作権保護同盟，協同組合日本脚本家連盟，協同組合日本シナリオ作家協会の4団体のみであった。その後，2000（平12）年に仲介業務法に代わって著作権等管理事業法が制定され，管理業務の対象を全分野の著作権および著作隣接権に拡大し，実施事業を許可制から届出制へ，使用料規程も認可制から届出制へ移行するなど，規制を緩和して，新規参入を容易にした（著作権法令研究会編『逐条解説著作権等管理事業法』〔2001年・有斐閣〕参照）。

　集中管理は，日本音楽著作権協会のような集中管理団体が，多数の権利者から著作権（著作隣接権）の信託的譲渡を受けて，著作権者に代わって著作物の利用を申し出る者に対して，使用料を徴収してその利用を認めて，徴収した使用料を著作権者に分配する一方で，違法に著作物を利用する者に対しては権利者として権利行使を行うものである。個々の著作権者では，いちいち著作物の利用の許可申請を受けたり許可したりすることは煩雑であるが，これを集中管理団体が取りまとめて行うことにより，利用の申出やその許可も団体的に機械的に行うことができて便宜であるだけでなく，権利侵害に対しても集中管理団体が信託的に権利を譲り受けた者として，主体的に対応することができることから，権利救済という面でも便宜である。

第6節　裁定による利用権の設定

著作権者が利用を許諾するか否かは本来自由なはずであるが，一定の要件を満たした場合には，許諾の意思が不明確な著作権者や，明らかに許諾を拒否している著作権者からであっても，文化庁長官の裁定によって，通常の使用料に相当する補償金を著作権者のために供託したり支払ったりすることで，利用権の許諾を得ることができる。いわゆる強制許諾制度である。

特許法の裁定実施権制度は，特許権者から特許発明の実施許諾を受けることができないが，当該特許発明が長期間不実施である場合（特許83条），当該特許発明を実施することが公益上必要な場合（93条）や，自らの発明が利用関係にあるために当該特許発明を実施する必要がある場合（92条）に認められている。一方，著作権の裁定制度は，著作権者が不明な場合などといった限定された場合にしか活用できないため，これまで有効に活用されてきたとはいい難い状況にあった。しかし，近時著作権者の権利意識が高まり，新たな創造をするに際しての既存の著作物の利用の可否が問題になる例も増大していることや，2009（平21）年著作権法改正で裁定制度が一部改正されたこともあって，近時，裁定実施権が裁定される例が著しく増加している*1。そのうえで著作権の存続期間が著作者の死後70年まで長期化されたため，裁定制度はさらに脚光を浴びる可能性がある（⇒序章第1節著作権法の目的*3）。

　*1　文化庁の公表している統計によれば，著作権法67条による裁定がされた実績は現行法制定時から2006（平18）年までで約30件であるが，その後2017（平29）年3月1日までの間に約329件の裁定がされており，その後も文化庁Web（https://www.bunka.go.jp/seisaku/chosakuken/seidokaisetsu/chosakukensha_fumei/saitei_data_base.html）によればたとえば2020（令2）年度には通番で1500件ほどの裁定が行われている。

1　著作権者不明等の場合における著作物の利用（67条）

　　公表され，または相当期間公衆に提供・提示されている著作物なの
に，相当な努力をしても著作権者と連絡を取ることができない場合
には，これを利用しようとする者は，文化庁長官に利用許諾をすべく裁
定を申し出ることができる。この場合は文化庁長官が定める通常の使用
料相当の補償金を著作権者のために供託する必要がある。

　　著作権法67条の裁定を申請した者は，裁定を容れまたは容れない
とする処分がされるまでの間も，文化庁長官が定めた額の担保金を
供託することで，申請に係る方法と同一の方法で著作物を利用すること
ができる（著作67条の2）。なお，2018（平30）年著作権法改正で67条，
67条の2はともに，国や地方公共団体等が裁定制度を利用する場合に
は事前供託を不要とし，権利者が現れた段階で支払えば足りるとされた。

2　著作物の放送（68条）

　　公表された著作物を放送しようとする放送事業者は，著作権者に放
送の許諾について協議を求めたのに協議が成立しなかったり，協議
に応じてもらえなかった場合には，文化庁長官に放送の許諾をすべく裁
定を申し出ることができる。この場合は文化庁長官が定める額の補償金
を著作権者に支払う必要がある。

3　商業用レコードの録音等（69条）

　　商業用レコードが最初に国内で発売され，その最初の発売から3年
を経過した場合において，そのレコードに録音されている音楽の著
作物を録音して他の商業用レコードを製作しようとする者は，著作権者
に録音または譲渡による公衆への提供の許諾について協議を求めたのに
協議が成立しなかったり，協議に応じてもらえなかった場合には，文化
庁長官に許諾をすべく裁定を申し出ることができる[*2]。この場合は文化
庁長官が定める額の補償金を著作権者に支払う必要がある。

　　＊2　著作権法67条の著作権者不明の場合の裁定制度は旧著作権法（明32年
　　　　法）27条に，68条の著作物の放送のための裁定制度は旧22条の5第2項に

同様の規定があったが，69条と同様の趣旨の規定は旧法には存在しない。同条は，特定のレコード業界において特定のレコード会社が録音権を独占して，音楽の流通の促進や，音楽文化の向上を妨げることの阻止を目的とした規定である（加戸540頁）。著作権法に独占禁止法的な規定が置かれている希少な例ということができよう。

第6章

著作者人格権

《この章の課題》

　著作者は著作（財産）権と著作者人格権という2つの権利を取得する（著作17条）ことは前に述べた。第5章ではこのうち，著作権の「財産的価値」という側面に焦点をあて，権利の譲渡など経済的な活用について学んだ。

　本章で学ぶのは，著作者の有するもう1つの権利，著作者人格権であり，著作者の作品に対する「人格的価値」すなわち，「思い入れ」を保護するものである。したがって，著作者に一身専属的に帰属するため，著作権と異なり譲渡することはできないし，相続の対象にもならない。もっとも，わが国の著作権法において，両者は別個の権利であるため，著作権を譲渡しても人格権は著作者に留保される。

　本章ではまず，人格権の性質を述べ，法人の人格権や著作者死亡後の人格権保護など，人格権特有の問題について検討する（⇒第1節）。第2節以降では，具体的に人格権として規定されている権利，すなわち公表権（18条），氏名表示権（19条），同一性保持権（20条）と人格権侵害行為とみなす規定（113条11項）について解説する。

第 1 節　総　説

🔘　著作により，原始的に著作者が取得する一身専属的かつ譲渡不可能
な権利が著作者人格権である（著作59条）。著作者は著作すること
で著作者人格権のほかに著作（財産）権を取得するのが原則である。た
だし，映画の著作物にあっては，著作権者（映画製作者）と著作者（＝著
作者人格権者：監督等）が分離する場合があることは前述した（⇨第2章第4
節映画の著作者・著作権者）。著作者人格権は，著作（財産）権とは別個の権
利であり，著作権が譲渡された場合には著作権と人格権の権利者が分離
して，著作者人格権は著作者に留保される。また，著作者の死亡により
著作権が相続された場合にも，著作者人格権は著作者の死亡により消滅
する。

　このように著作（財産）権と著作者人格権は二元的に構成されている
ため，著作権が制限される場合であっても，これに伴って著作者人格権
も制限されることにはならず（著作50条），別途著作者人格権侵害回避
の措置が必要になる（⇨第4節3(2)やむをえない改変など参照）。

🔘　著作権法の規定する著作者人格権は，公表権（著作18条），氏名表
示権（19条），同一性保持権（20条）と，名誉声望を害する利用を著
作者人格権侵害行為とみなす規定（113条11項）に分類され，著作物の
創作者として作品に対して有する名誉権等の人格的利益を保護対象とす
るものである。したがって，その侵害行為によって生ずる損害は財産以
外の損害（民710条）となる。

　一方，特許法は，財産権としての特許権についてのみ規定しており，
発明をしたことによる名誉権等の人格的利益は保護対象としておらず，
わずかに，特許証等に発明者として記載をしてもらう権利として「発明
者名誉権」が認められる場合がある（大阪地判平14・5・23判時1825・116
〈希土類の回収方法事件〉）にすぎない。創作者の感性の発露としての著作

物に対しては，その財産的価値ばかりではなく，作品に対する人格的価値，すなわち，いわゆる「思い入れ」を保護すべき必然性が存する。

このような作品に対する「思い入れ」が著作者人格権であるならば，職務著作の場合であっても現実の創作担当者に帰属するのが素直な考え方ではあろう。しかし，著作者人格権は譲渡不能な権利であることから，これが創作担当者に帰属するとしたのでは，事後的な契約処理でこれを法人等が承継することもできず，通常は経済的な利用を図るために従業者が職務上作成した著作物であるにもかかわらず，その経済的な利用が著しく妨げられることになりかねない。そこで，著作によって著作者人格権が発生することを前提とするのであれば，職務著作については法人等を著作者とする法制度にも一応の合理性がないとはいえない。そうであるならば，職務著作の場合に法人等に帰属する著作者人格権は，伝統的な著作物において作品に対する「思い入れ」を保護するといった性格のものというよりは，著作物の財産的利用を妨げない範囲内において法人が保持しておくべき権利といった側面があることは否定できない。したがって，法人が著作物の改変によって精神的苦痛を被ったとして積極的に差止めや損害賠償を求めることには謙抑的であるべきとの説（中山 588 頁）も説得力を有している*1（⇒なお第 2 章第 3 節職務著作も参照）。

　　*1　また，たとえばコンピュータ・プログラム等の技術的な著作物においては，著作物であるとしても創作によって著作者人格権が発生すると構成せずに，その経済的利用をより簡便に図るべきであるとする制度も，立法論としてはありうるところである。

伝統的には英米法系では，著作権を copyright，すなわち複製権と把握している点からも明らかなように，著作物の財産的側面を重視してきた。一方，ベルヌ条約は，加盟国に対して，著作者には財産権とは別に，著作者人格権として氏名表示権と同一性保持権を認めることを要求している（6 条の 2）。米国は 1989 年にベルヌ条約に加盟したが，その際にも著作者人格権を著作権法で規定することはせずに，同様の保護が別の法律（連邦商標法や州法）で与えられているのでそれらで足りるとの立場を取っている。現行米国連邦著作権法でも，著作者人格権は数量限定で制作される視覚芸術の著作物（work of visual art）などにのみ限定

して認められているにすぎない。

著作者が死亡した場合には，著作者人格権は相続人には承継されないが，死亡したからといって直ちに著作者の人格的利益を侵害する行為が許されることになったのでは，著作者は安心して創作ができないだろうし，また，著作物の文化的価値が損なわれてしまうことにもなりかねない。そこで，著作権法60条は著作者の死亡後といえども，著作物を公衆に提供しまたは提示する者は，生前であれば人格権侵害となるような行為をしてはならないと規定する[*2]。そして，このような侵害行為をする者またはするおそれのある者がいれば，著作者の遺族（「相続人」ではないことに注意しておくこと）が，配偶者，子，父母，孫，祖父母または兄弟姉妹の順（著作116条1項，2項）で，差止めや名誉回復措置のための訴訟を提起できる（116条1項）[*3] [*4]。そのうち，最も長生きするのは通常は孫であろうから，やはり著作者の死後70年ほどで著作者人格権侵害をめぐる紛争は事実上終息することになろう[*5] [*6]。ただし，刑事罰（120条）には終期はなく，親告罪でもない（123条）ので，理論的には著作者が死亡して何百年経っていようとも，生前であれば人格権の侵害となるような行為は刑事罰の対象となることになる（ただし，懲役刑はなく罰金刑のみとなっている）。いずれの場合でも，時代の変化などによって，その行為が著作者の意を害しないと認められるときには，これに該当しないとされている（60条ただし書）[*7]。

    *2 職務著作の場合は，前述のとおり，法人等が著作者となり著作者人格権を
       取得する。法人にあっては「死亡」はないので，著作権法60条は「著作者
       が存しなくなった後」として，法人の場合には解散等によって法人格が消滅
       した場合のことを規定している。
    *3 著作権法116条は，遺族は差止請求のほかに，故意または過失による侵害
       者に対しては前条（115条）の請求ができると規定している。115条は損害
       賠償に代えて，または損害賠償とともに，名誉回復等の措置すなわち謝罪広
       告等を請求できるとする規定である。しかし，著作者人格権は著作者の死亡
       によって消滅するから，116条に規定する遺族といえども115条に基づいて
       損害賠償を請求することはできず，あくまで名誉回復等の措置が請求できる
       にすぎないことになる。
    *4 著作権法116条に基づく請求としてではなく，故人の著作者人格権侵害と
       なるべき行為によって遺族自身の固有の人格権が傷ついて精神的苦痛を被っ

たことを理由として遺族自身の慰謝料を民法710条に基づいて請求し，これ
を認容した判決（東京地判昭61・4・28無体裁集18・1・112〈豊後の石風
呂事件〉，東京地判平12・8・30判時1727・147〈エスキース事件〉）がある。
この場合の請求主体は著作（財産）権の相続人ではなく，故人の著作者人格
権侵害となるべき行為によって固有の精神的苦痛を受ける主体であって，こ
れは116条1項に規定する遺族と同様の者となる場合も多いだろう。

*5　著作権法116条3項は，著作者は，60条に違反する行為をする者に対し
て差止め等を請求できる者を，遺言によって遺族以外の者に指定できるとし
ている。この指定された者は友人等の自然人である場合も自然人でない団体
等である場合もあるが，団体等である場合は請求できる期間に制限がなくな
ってしまうことがあるから，著作者の死亡の日の属する年の翌年から起算し
て70年を経過した後（その経過する時に遺族がいる場合には，その遺族が
いなくなった後）には，116条1項の請求はできなくなると規定している。

*6　著作者が生前に著作者人格権侵害を理由とする差止訴訟を提起して訴訟係
属中に死亡した場合，当該訴訟は著作者人格権の消滅によって当然に終了し，
この訴訟を著作権法116条に規定する遺族が承継することはできないと解さ
れる（コンメンタール3［飯村敏明］624頁。ただし，反対：高部・詳説67
頁）。しかし，著作者が差止めに加えて損害賠償やこれに代わる115条によ
る名誉回復措置の請求訴訟を提起して係属していた場合は，同訴訟において
著作者は生前に財産的請求権を行使していたものであるから，その請求権は
著作者の相続人が承継し，当該訴訟も相続人が承継することができることに
なる。また，著作者の死亡後も著作者が存しているならば人格権侵害となる
べき行為が継続されている場合であれば，116条に規定する遺族がその差止
めや名誉回復措置を，別途提起することができることになる。

*7　その行為の性質および程度，社会的事情の変動その他によりその行為が当
該著作者の意を害しないと認められる場合が例外とされている（著作60条
ただし書）。この場合の「意を害しない」とは，著作者の生前の同一性保持
権侵害の要件である「意に反する」よりも一層客観的な要件である。たとえ
ば，著作者が生前において明確に表明していた「意」に反する改変ではある
ものの，著作者死後の諸事情を勘案した結果，改変時点においては著作者の
意を害さないと認められる場合も想定される。

共同著作物における著作者人格権（著作64条）：共同著作の場合，
著作者人格権は共同著作者に渾然一体となって帰属する。その後著
作（財産）権が譲渡されたり，あるいは単独所有となったとしても，著
作者人格権の帰属形態は何ら変化しない。その場合，人格権は全員の合
意によらなければ行使できない（著作64条1項）が，各著作者は信義に

反して合意の成立を妨げることができない（同条2項）とされている*8。また、このような著作者人格権の行使の煩雑さを避けるために、共同著作者は、そのうちから著作者人格権を代表して行使する者を定めることができる（同条3項）し、この場合、代表権に加えられた制限は善意の第三者に対抗できない（同条4項）。

> *8　ただし、侵害者に対する差止請求は他の共有者の同意なくして単独で行うことができる（著作117条1項）。著作権の場合とは異なり、損害賠償請求も単独で行えるとの規定はないが、自己の損害の回復に必要な限度であれば単独請求も認めるべきであろう（入門301頁）。

著作権法に規定する著作者人格権侵害には該当しないが、著作物の利用行為が一般民法にいうところの人格権侵害となる場合が想定できるかは問題になりうる。たとえば、職務著作が成立して法人等に著作者人格権は帰属し、創作担当者は著作者人格権を取得することはできないが、創作者として著作物に対して何らかの一般民法上の人格権を主張できる場合があるだろうか。著作権法が創作担当者ではなく法人等に著作者人格権を帰属させ、著作物の利用について法人等の便宜を重視していることからも、著作権を離れた一般民法によって、創作担当者に著作物に関して何らかの人格的利益に基づいた主張を許すのでは、著作物の利用が十分に図れないことになるだろうから、創作担当者の権利は包括的に法人等に帰属したものと考えるべきであろう。

著作権法に規定する著作者人格権ではないが、著作者が有する人格権が俎上に載ったものとして、最一小判平17・7・14民集59・6・1569〈船橋市西図書館事件〉がある。同判決は、公共図書館の職員がある蔵書の記述内容に対する反感からこれを廃棄したことが、閲覧に供されていた蔵書の著作者が有する「著作者が著作物によってその思想、意見等を公衆に伝達する利益」といった法的保護に値する人格的利益を侵害するとした。

　未公表の著作物を世に出すか否かを決定する権利である。いったん
公表されることによって[*1]公表権は消滅するが，著作者の同意を得
ないで公表されていた場合にも未公表の著作物と評価される（著作 18 条
1 項かっこ書）。原著作物が未公表の場合は，その二次的著作物には原著
作物の著作者の公表権（同項前段）と二次的著作物の著作者の公表権の
双方がはたらくことになる（同項後段）。

　なお，旧著作権法（明 32 年法）18 条は，氏名表示権と同一性保持権を
著作者人格権としており，公表権に関する規定は同法にはなかった。

> *1　「公表」の定義は著作権法 4 条にあるが，「発行」や上演等の方法で公衆に
> 提示することをいう。また，発行とは公衆の要求を満たすことができる相当
> 程度の部数の複製物が頒布されること（著作 3 条）であるから，著作物の複
> 製をわずかな者が入手しただけでは公表されたことにはならない。一方，公
> 表権侵害行為とは，未公表の著作物を公衆に提供または提示することをいう
> から，「発行」されていない著作物の複製を発行とまではいかない範囲で他
> 者に提供しただけでも，未公表著作物の公表権侵害行為になる。

　公表の時期や方法も著作者のみが決定できる。しかし，著作者が未
公表著作物の著作権を譲渡した場合や，美術の著作物がまだ公表さ
れていない段階でその原作品を譲渡した場合，あるいは著作権法 29 条
により映画の著作物の著作権が映画製作者に帰属した場合には，著作者
が公表の同意をしたものと推定される（著作 18 条 2 項 3 号）。推定である
から，著作者による特約の存在などを理由とする反証によって，この推
定が覆ることはありえないではない。

　序章第 2 節でも紹介した三島由紀夫が出した手紙の受取人がその手
紙を複製して出版した行為が公表権侵害となるとした裁判例（東京
高判平 12・5・23 判時 1725・165〈剣と寒紅事件〉）[*2]などがあるが，未公表著
作物に対してしか認められないのが公表権であるし，著作権者でもある

著作者であれば，あえて公表権を持ち出さずとも，複製権などの支分権に基づいて差止め等を請求すればよいから，公表権侵害が訴訟に登場する場面は多くはない。

> *2 　手紙を受領した者は手紙の所有権を取得しただけで，手紙の著作権の譲渡を受けたわけではないから，手紙の著作者の公表権はこれによって失われていない。手紙の受領者がこれを友人に見せた場合，公衆に著作物の複製物を提供したわけでも，公衆に著作物の内容を提示したわけでもないから，信書の秘密を侵すことになろうとも，著作者人格権としての公表権の侵害にはならない。なお，E-mail の場合は，公衆送信されれば公表されたことになるから，著作者がメーリングリストを使って多数の者に送信した場合には，そのメールは公表されたことになり，もはや公表権ははたらかない。なお，有名な作家等の故人の未公表原稿が発見されたなどといったニュースが報道される場合があるが，このような場合にも，これを公表することは著作者死亡後であっても，著作者人格権の侵害となるべき行為（著作 60 条）となりうるので，注意を要する。

1999（平成 11）年改正で，情報公開法・情報公開条例と公表権の調整に関する条文（著作 18 条 3 項，4 項）が追加され，さらに 2012（平 24）年には公文書管理法に関連した同条の改正がされた。

第 3 節　氏名表示権

著作物の原作品を，または著作物を公衆に提供・提示する際*1に，どのような名前（実名，変名，偽名，筆名など）を表示するか，あるいは著作者名を表示しないかを決することができる権利である *2。なお，著作物が改変されて二次的著作物が作成された場合には，二次的著作物に対して原著作者の氏名表示権が及ぶ（著作 19 条 1 項後段）*3。1999（平 11）年に情報公開法・情報公開条例と氏名表示権の調整に関する条文（著作 19 条 4 項）が追加され，2012（平 24）年には公文書管理法に関連した微調整（同項 3 号）がされた。

> *1 　提供・提示する際とは，支分権の対象となる複製とか公衆送信する際に限

定されない。たとえば著作権を侵害するコンテンツに導くようなリンクを張る行為やそれに類するリツイート行為は新たな公衆送信権侵害行為とはいえないと解されていることは前述した（⇒第3章第1節③3公衆送信）が，ウェブページを閲覧するユーザーの端末の画面上に著作物が表示されることをもって，著作権法19条に規定する著作物の提供・提示がされたといえると解される（最三小判令2・7・21民集74・4・1407〈リツイート事件上告審〉）。なお，同事件はツイッター社の仕様によりトリミングされた結果リツイートした際に元の写真の著作者名が表示されなくなってしまった場合において，氏名表示権侵害を認めたものである。

*2　著作（財産）権が制限される場合でも，著作物の利用に際しては出所を明らかにする必要があり（著作48条1項），その場合には当該著作物につき表示されている著作者名を示さなければならない（同条2項）とされているが，同条に規定する義務は前述（第4章第3節33）のとおり氏名表示権に基づくものではないことに注意しておくべきである。

*3　知財高判平22・8・4判時2096・133〈北朝鮮の極秘文書事件〉は，原告著作権を侵害しており原告名が表示されていない二次的著作物を，公に貸与している大学図書館は，氏名表示権の侵害行為をしているとはいえないと判示している。

著作者名の表示は，①「著作物の利用の目的及び態様に照らし著作者が創作者であることを主張する利益を害するおそれがないと認められるときは」，②「公正な慣行に反しない限り」，省略することができる（著作19条3項）。氏名表示の省略が著作者の利益を害するおそれがない場合であっても，その省略を許さない「公正な」慣行がある場合には省略は認められないとするものであって，①は前提要件であり，②は加重要件というべきものである*4。なお，①の要件は著作者の主観に基づいてではなく，「おそれ」があるかないかといった観点から，あくまで著作物の利用の目的および態様に照らして利用者と権利者の利益を調整しつつ客観的に判断される。たとえば音楽をバック・グラウンドにメドレーで流すような場合，演奏中にその都度著作者名の表示をしないことは①の要件に合致するだろうが，演奏終了後に何らかの方法で著作者名を示す慣行がある場合に，これを省略したならば②の要件を充足しないことになる。

また，すでに著作者が表示しているところに従って著作者表示をする場合であるならば，その著作者の別段の意思表示がない限り，従前どお

りの表示をすることで足りる（著作 19 条 2 項）。

  ＊4　もっとも，従来は，②の「公正な慣行」の存在が認定できないこともあっ
てか，①の要件の有無で氏名表示省略の可否が判断される判例が多かった。
そのような中にあって大阪地判平 17・1・17 判時 1913・154〈セキスイツー
ユーホーム事件〉は，著作（権）者の了解なしに写真が複製・掲載され，そ
の際に著作者名も表示されなかった事案であるが，著作権と著作者人格権は
別個の権利であることを理由に，氏名表示の省略は著作権法 19 条 3 項の前
述の①②の要件いずれをも充足しているとの初判断を示した。その後も東京
地判平 27・2・25 LEX/DB 25447106〈歴史小説事件〉は，氏名表示がされ
ているとの認定に引き続き，かりに氏名表示がないとしても，複製権や翻案
権侵害の程度が些少であること等（①の要件）や，通常に行われる表示方法
がされていること（②の要件）から氏名表示省略可と判示している。しかし，
氏名表示を省略した者が著作物の適法な利用者でなかったこれらの事案にお
いては，少なくとも①の要件は定型的に充足しないというべきであろう（渋
谷 533 頁）。

氏名表示権が訴訟に登場する多くは，＊1 記載のリツイート事件上
告審のような例外的な場合を除いては，相手方が著作物を盗用して
真の著作者名を付さずに公刊等している場合に，真の著作者（著作権者）
が複製権や翻案権侵害に併せて氏名表示権侵害を主張する事例（＊2 の知
財高判平 22・8・4〈北朝鮮の極秘文書事件〉，＊4 の大阪地判平 17・1・17〈セキスイ
ツーユーホーム事件〉や東京地判平 11・9・28 判時 1695・115〈新橋玉木屋事件〉な
ど）である＊5。

  ＊5　ただし，たとえば知財高判平 18・2・27 LEX/DB 28110507〈ジョン万次
郎彫刻事件〉は，彫刻の著作物に著作者以外の者が著作者と表示されている
事件について，真の著作者が誰か，真の著作者が別の者を著作者と表示する
ことに合意していたかが争われた事案である。判決は，氏名表示権が侵害さ
れていることを認め（⇒第 8 章第 3 節 3 著作者または実演家であることを確
保する適当な措置参照），著作者がかりにそのような合意をしていたとして
も，公衆を欺くものであって，刑事罰の対象ともなる（著作 121 条）から無
効であると判示している。

第4節　同一性保持権

　著作者が著作物やその題号を改変するか否かを決する権利である。題号について著作権は成立しないことは前述した（⇒第1章第2節②＊7）が，著作者人格権中の同一性保持権は及ぶから＊1，たとえば外国映画の原題名を全く異なる邦題名に変える場合には，著作者の同意が必要である。美術の著作物の原作品の破壊が同一性保持権の侵害になるか否かについては，序章第2節で前述した＊2。

　　＊1　大阪地判平13・8・30 LEX/DB 28061830〈毎日がすぷらった事件〉は，ゲームのシナリオのタイトル「毎日がすぷらった」を「まいにちがすぷらった！」に改変した行為は同一性保持権の侵害であると判示している。

　　＊2　東京地決平15・6・11 判時1840・106〈イサム・ノグチ事件〉の事案では，建築の著作物であるノグチルームはいったん解体されて，ビル屋上に移築された。かりに著作物の破壊は著作者人格権の侵害にならないとの立場を貫徹するならば，解体したままで放置しておけば建築の著作物についての人格権侵害はなかったが，これを他の箇所で再築したために，同一性保持権侵害の問題が再燃したことになる。

　著作権法20条は，著作者の「意に反して」改変することを広く著作者人格権の侵害としており，著作者の名誉または声望を害する態様での改変に限定していない点に特色がある。「意に反する」との用語は著作者の主観にかかわるが，著作者の同意を得ていないとしても，社会通念上著作者の意に反さない改変形態も考えられるから，訴訟に至った段階では著作者が意に反していたと主張したとしても，これが必ず認められるというものではない＊3 ＊4。一方，著作者の死後における改変は，前述のように「意を害さない」か否かといったより客観的な尺度＊5が導入されている。

　　＊3　東京高判平3・12・19 知的裁集23・3・823〈法政大学懸賞論文事件〉は，原稿の「・」を「，」に校正した行為などが，著作者の意に反する改変である以上は，同一性保持権侵害になり，法律上許容される「やむを得ない改

変」（著作 20 条 2 項 4 号）とはいえないと判断している。句読点等の使用法の改訂は必ずしも著作者の名誉声望を毀損しないであろうし，改変の目的および態様や慣行に照らして改変が著作者の意に反さない改変であるといえる場合もあるだろう。ただし，改変に先立ち，著作者がこのような改変は自らの意に反する旨を表明していたような場合であれば，これがいくら瑣末な改変であっても，意に反さない改変であるとすることは困難である。ただし，一方では，教科書準拠教材を作成するにあたり著作物に傍線や波線を付加したり字体を太字に変更するようなことは，文字によって表された思想または感情の創作的表現の同一性を損なわせるものではないから，そもそも改変に当たらないとした事案（東京地判平 18・3・31 判タ 1274・255〈教科書準拠国語テスト事件〉）もあり，下級審判決間の相違は際立っている。

＊4　東京地判平 9・8・29 判時 1616・148〈俳句添削事件一審〉は，俳句雑誌に投稿した俳句が選者によって添削改変された後に投稿者の名前で雑誌に登載された事案について，俳句界における添削指導の慣行や，投稿に当たっての著作者の認識等を考慮したうえで，著作者の黙示の同意が推認されると判示した。生存している著作者自身が「意に反する」改変であると主張して出訴したのに対して，意に反しているとは認められないと判示するのは困難であるため「黙示の同意」との事実認定で事案の解決を図ったものといえる。改変に先立って当事者間で契約締結等の折衝行為がある場合は，黙示の同意の存在を認定することによって，著作物の改変の目的および態様や慣行に照らして改変が著作者の意に反するか否かを総合的に認定するのに代替することができる（同様に黙示の同意を認定した例として知財高判平 18・10・19 LEX/DB 28112209〈計装士技術維持講習事件控訴審〉がある）。ただし，俳句添削事件控訴審（東京高判平 10・8・4 判時 1667・131）は，黙示の同意の存在は否定したものの，投稿添削したうえで登載することができるとする事実たる慣習の存在を認定して一審の結論を維持しており，黙示の同意を認定することによる解決にも限界があることを示すものといえる。

＊5　前掲東京地決平 15・6・11〈イサム・ノグチ事件〉は，「著作権法 60 条但書は，著作物の改変に該当する行為であっても，その行為の性質及び程度，社会的事情の変動その他によりその行為が著作者の意を害しないと認められる場合には，許容されることを規定している。そして，著作者の意を害しないという点は，上記の各点に照らして客観的に認められることを要する……」と判示している。

　著作物の「改変」とは，著作物そのものに手を入れることを意味するのかどうかも問題になる。たとえば，最三小判平 13・2・13 民集 55・1・87〈ときめきメモリアル事件〉は，専らゲームソフトの改変のみを目的とするメモリーカードを輸入，販売し，他人の使用を意図して

流通に置く行為は他人の使用によるゲームソフトの同一性保持権の侵害を惹起するものであると判示した。この事件の場合の改変とは，結局は物語の展開を著作者の意図以上に早めることを意味する。小説を途中から読んだり，映画を途中から見ることが著作物の改変とはいえないように，ゲームの最終段階を先回りして見ることができるようにしても，改変とはいえないとする立場もありうるし，この事件の一審判決（大阪地判平 9・11・27 判タ 965・253）は同一性保持権侵害を否定していたが，上告審判決は，ストーリーが本来予定された範囲を超えて展開されることをもって，ストーリーの改変に当たるとした*6。

> ＊6　知財高判平 20・6・23 判時 2027・129〈日めくり写真事件〉は，365 枚の写真を 1 日 1 枚 1 年分の日めくりとして編集されたカレンダー用デジタル写真集の写真を，週に一回 1 枚ずつ配信した行為は著作権法 20 条 1 項が規定する「変更，切除その他の改変」に該当しないとしている。一方で，市村直也「最近の音楽ビジネス事情と著作権」コピライト 577 号 2 頁（2009 年）は，たとえば森進一が「おふくろさん」を歌唱する際に冒頭部分に自分の語りを挿入することが，全体としての音楽の著作物の同一性保持権を損なうとする立場や，楽曲自体は改変されていなくとも，ある楽曲を他の楽曲とつなげて，一つの楽曲のようにして利用する場合に同一性保持権を侵害するとした事案として，東京地判平 14・11・21 判例集未登載〈アサツーディ・ケイ事件〉を紹介している。

1 翻案権と同一性保持権の関係

　著作者の意に反する改変を行われない権利が同一性保持権であり，翻案権は財産権たる著作権の支分権の一つであるから，著作者（著作権者）が翻案を他者に許諾したり，翻案権が著作者以外の者に帰属することもありうる。したがって，翻案権者による翻案であったり，許諾された翻案であったとしても，その態様によっては，著作者の意に反し，著作者人格権侵害となる場合も生じうる。しかし，著作者の「意に反する」か否かが，著作者の気持ち（主観・嗜好）の問題であるとしたならば，これを客観的に知ることは不可能であるから，著作者（著作権者）がいったん翻案を許諾した後に，翻案の態様が「意に反する」改変であるとの著作者の立場での主張が許されたのでは，翻案権を譲り受けたり，翻

案の許諾を受けた者であっても安んじて翻案することができなくなってしまう。

　　　　そこで，翻案の許諾や翻案権を譲り受けるに際して著作者人格権（同一性保持権）の不行使特約をするとの方策がとられることがある。しかし，出版権が設定された場合に関するものではあるが，著作権法82条1項が著作者の修正増減権を，84条3項が複製権等保有者である著作者の廃絶請求権を規定しているように，著作者の後の心変わりも，人格的権利である以上，無視することはできないから，将来紛争が起こった場合に著作者人格権の不行使特約を振りかざすことも躊躇される*7。結局は，「意に反する」改変の中には，適法な翻案に当然に伴う態様での外部的表現形式の変更，すなわち定型的に著作者の名誉または声望を害する行為とはいえない改変行為は含まれない，もしくはこのような態様における改変について，著作者は黙示的に同意していた（前掲*4参照）と解して，著作者人格権の恣意的行使を封じるのが妥当であろう。

> ＊7　著作者人格権は人格権であるから，これを事前に放棄することは不可能である。また，具体的な改変行為に対する著作者人格権の不行使の約定は，当該改変を同意することと等しいから適法に行うことができるが，将来行われるであろうあらゆる改変行為について，包括的に人格権不行使の特約をしたり，同意したりすることを有効とするのは困難である。

2　私的領域内での改変行為

　　　　私的使用のための複製は許される（著作30条）が，私的使用のためとはいえ著作者人格権を侵害することは許されない（50条）。したがって，個人が家庭内に飾るために美術作品を複製することは許されるが，これを改変する行為は，これが著作者の意に反する場合には，かりに家庭外の者は誰も見ることがない状態であったとしても，同一性保持権侵害に該当することになる。ただし，この場合の「意に反する」か否かも，前述のとおり，著作物の改変の目的および態様や慣行に照らして認定すべきであるし，あるいは黙示の同意の有無（前掲*4参照）を検討すべきである。たとえば，私的な改変行為といえども美術の著作物の原作品を改変することは通常は「意に反する」ことになろうが*8，大量に

販売されている複製物の一つの購入者個人が，家庭内で改変を行った場合には，通常は著作者の「意に反する」ことにはならない，もしくはこのような態様における改変について著作者は黙示的に同意していたと解するべきであろう*9。

> *8　氏名表示権の場合は，原作品に，または著作物の公衆への提供や提示の際に著作者名をどのように表示するかを決することができる権利（著作19条）と構成されているから，美術の著作物の原作品については，公衆に提示せずに家庭内に陳列するにすぎない場合であっても，著作者名を改変することは氏名表示権侵害になる。なお，著作者の死後においては，「著作物を公衆に提供し，又は提示する」場合についてだけ，著作者人格権の侵害となるべき行為をしてはならないとされており（60条），私的領域内での行為は対象となっていないことに注意しておくべきである。
> *9　前掲最三小判平13・2・13〈ときめきメモリアル事件〉は，専らゲームソフトの改変のみを目的とするメモリーカードを輸入，販売し，他人の使用を意図して流通に置く行為は，他人の使用によるゲームソフトの同一性保持権の侵害を惹起するものであると判示した。この場合に同一性保持権侵害行為をしている主体を家庭内で著作物の改変行為を行う個人と捉えたのか，輸入，販売等している業者と捉えたのかは必ずしも明確ではないが，かりに個人の行為と捉えたのであったとしても，個人の家庭内における著作物の改変とはいえ，総計すると大量の改変が行われていることになるから，そのような改変行為の総体は著作者の「意に反する」ものであることになろう。

3　適用除外

「意に反する」改変であるか否かは著作者の気持ち（主観・嗜好）に基づいて判断すべきではなく，著作物の改変の目的および態様や慣行に照らして認定すべきであるし，あるいは契約関係等にある当事者間の場合には黙示的に同意された範囲内にある改変であるか否かも検討されるべきであることは前述した。しかし，それでも意に反する改変でありかつ黙示的な同意も認定できないとしても，直ちに同一性保持権侵害としたのでは，著作物の有効適切な利用を全うできない場合が想定される。そこで，著作権法20条2項は同一性保持権の適用除外について規定している。典型的な公共目的による適用除外は，教科書の作成や学校教育番組を放送するに際して，学校教育の目的から，用字や用語その他の改変（たとえば，旧漢字を新漢字に改変したり，差別用語を直すなど）である

（著作 20 条 2 項 1 号）。その他 20 条 2 項 3 号は，プログラムの著作物を，電子計算機で利用できるようにしたり，より効率的に利用できるようにしたりするために必要な改変も同一性保持権の適用除外としている。

同項 2 号，4 号については以下で詳しく述べる。

(1) 建築物の増築，改築，修繕または模様替え （20 条 2 項 2 号）

建築物は主として人間が住まいあるいは使うという実用的な見地から造られるので，経済的・実用的な見地から効用の増大を図る結果としての改変は許される。ただし，半田 95 頁は，所有者による増改築は所有権の内容をなす処分権行使の一場合として，原則として著作者人格権を侵害しないとして，広く所有者の増改築を許容している。一方，日向野弘毅『建築家の著作権』(1997 年・成文堂) 50 頁は，修繕は別として，増改築や模様替えによる改変については，建築家の利益と所有者の利益との比較衡量によってその許否を決するべきであるとして，考慮すべきファクターとして，改変の態様，範囲および目的ならびに当該建築物の創作性・美術性の程度，特徴および用途を掲げている[10]。

> [10] 前掲東京地決平 15・6・11〈イサム・ノグチ事件〉も個人の嗜好による恣意的な改変や，必要な範囲を超えての改変は同一性保持権を侵害するとしている。

この点は，著作権法 20 条 2 項の読み方の問題に直結している。すなわち，1 号から 4 号を各別に独立した規定と読むか，同項 4 号のやむをえないと認められる改変の例示が同項 1 号から 3 号であると読むかである。確かに，同項 1 号には「やむを得ないと認められるもの」，同項 3 号には「必要な改変」との制限文言が付されている一方で，同項 2 号にはこのような制限文言がないから，建築物の増改築はやむをえない場合でなくとも許されると解釈する余地がある。しかし，同項 4 号はあくまで「前 3 号に掲げるもののほか，」としてやむをえない改変を許容しているのであるから，1 号から 3 号は 4 号のやむをえない改変の例示と理解すべきである[11]。建築物にあっても，増築や改築等は原則的にやむをえない改変と評価できるだけであって，必要性等の観点からやむをえないとはいえない改変であっても，同項 2 号により当然に可能で

あると解するべきではない*12。

*11　東京地判平 16・5・31 判時 1936・140〈南国文学ノート事件〉は，著作権
法 20 条 2 項 4 号にいうやむをえない改変に該当するためには，同項 1 号か
ら 3 号に掲げられた例外的場合と同程度の必要性が存在することを要すると
している。

  *12　この問題は，建築の著作物をどの範囲で認めるかにも関連している。建築
芸術にしか建築の著作物性を認めない説であるならば，その増改築等はでき
るだけ規制する方に傾くが，注文住宅等にも広く建築の著作物性を認める説
であるならば，居住者の便宜のためその増改築等はできるだけ許容する方に
親和性があるだろう。私見は，前述のように注文住宅等にも広く建築の著作
物性を認めるが（⇒第 1 章第 3 節⑤建築），しかし増改築等についても，20
条 2 項 4 号の「やむを得ない」改変という要件は重なるものと解する。同項
4 号は著作者とその利用者との利害を調整するための評価根拠を示すもので
あるから，建築芸術の場合にはより増改築に制限的に，注文住宅の場合には
より許容的に同号を解釈することによって，いずれにおいても妥当な解決が
図れることになるだろう。なお，大阪地決平 25・9・6 判時 2222・93〈新梅
田シティ庭園事件〉は，庭園は建築の著作物とはいえないとしたもののその
模様替えについては 20 条 2 項 2 号を類推適用している（⇒第 1 章第 3 節⑤
建築*1 参照）。しかし，同号により一切の改変が無留保に許容されるもの
ではなく，著作者との関係で信義に反すると認められる特段の事情がある場
合は許されないと判示している。

(2) やむをえない改変（20 条 2 項 4 号）

　著作権法 20 条 2 項 1 号から 3 号に規定するもののほか，著作物の
性質ならびに利用の目的および態様に照らしやむをえないと認めら
れる改変も同一性保持権の適用が除外される。定型的な場合以外に同一
性保持権の適用の除外を認める一般規定であり，従前は制限的に厳格に
解釈すべきものといわれていた。この点は，30 条以下の著作権制限規
定が制限的に厳格に解釈すべきといわれてきたのと軌を一にしている。
しかし，著作権制限規定が著作権の保護と利用のバランスを図るために
合理的かつ弾力的に解釈されるべきであることは前述のとおりであるの
と同様に*13，著作権が制限される場合の著作物の利用に際して行われ
る著作物の改変に対しても，20 条 2 項 4 号のやむをえない改変の該当
性を合理的かつ弾力的に解釈して*14，同一性保持権の適用除外とすべ

き場合を認めてよい。

　*13　田村 434 頁は，翻案に必要な限度での改変は著作権法 20 条 2 項 4 号のや
　　　むをえないと認められる改変に該当するとしている。なお，東京地判平 7・
　　　7・31 知的裁集 27・3・520〈スウィートホーム事件〉は，映画をビデオ化す
　　　る際にトリミングする行為はやむをえない改変に当たるとした事例である。
　*14　契約によって著作権者から変形や翻案等をする権利を取得する場合と異な
　　　り，著作権制限規定によって変形や翻案等をすることが許容される場合にあ
　　　っては，別に著作者人格権侵害回避措置をとることには困難が伴う。この点，
　　　東京地判平 10・10・30 判時 1674・132〈「血液型と性格」の社会史事件〉は，
　　　著作権制限規定によって許容される範囲における改変は，著作権法 20 条 2
　　　項 4 号所定の「やむを得ないと認められる改変」に該当して同一性保持権侵
　　　害とはならないと判示している。

　　やむをえない改変として許容されるか否かを決する前提としては，
当該改変が著作者の名誉または声望を害するものではないことが必
要であろう。後述（⇒第 5 節）するように，著作権法 113 条 11 項は名誉
声望を害する方法による著作物の利用は著作者人格権を侵害するものと
みなしており，この場合には適用を除外する規定はないし，著作者の名
誉声望を毀損するような改変をやむをえないものと許容することは，法
の趣旨からも許されるべきではない。なお，この場合の「名誉声望」に
は，人が自分自身の人格的価値について有する主観的評価，すなわち名
誉感情は含まれないことも後述のとおりである。

第 5 節　名誉声望を害する方法での利用の禁止

　　公表権，氏名表示権，同一性保持権といった著作者人格権の侵害行
為か否かとの観点とは別に，著作者の名誉または声望を害する方法
で著作物を利用する行為は著作者人格権侵害行為とみなされる（著作 113
条 11 項）*1。みなし侵害規定であるが，著作権法 113 条 11 項該当行為
に対しては差止めや損害賠償規定（112 条，115 条）が，また刑事罰の規

定（119条1号）も同一性保持権等と同様に適用になる*2。

*1　ベルヌ条約6条の2は，著作者の名誉または声望を害する著作物の変更その他の侵害行為を人格権侵害としている。この中には改変を伴わない著作物の侵害行為も包含されているから，わが国での著作権法113条6項の場合を著作者人格権侵害と把握することができる。そうすると，わが国ではベルヌ条約6条の2による保護に加えて，著作者の名誉または声望を害しないとしても，著作者の「意に反する」改変も同一性保持権と構成したものといえるから，わが国の法制は「ベルヌプラス」と表現されることがある。

*2　特許法の場合，みなし侵害規定（特許101条：間接侵害）に反する刑事罰は，特許権侵害よりも法定刑が軽い規定（同法196条の2）となっており，著作（財産権）の場合も著作権法113条1項の規定により侵害とみなされる行為を行った者は著作権侵害（119条1項）よりも法定刑が軽い規定（同2項3号）となっている。

　名誉声望とは「著作者がその品性，徳行，名声，信用等の人格的価値について社会から受ける客観的な評価，すなわち社会的声望名誉を指すものであつて，人が自己自身の人格的価値について有する主観的評価，すなわち名誉感情は含まれない」（最二小判昭61・5・30民集40・4・725〈パロディーモンタージュ事件第二次上告審〉）。

　たとえば著作物に一切改変を加えていないので，同一性保持権は侵害していないし，作者名も明示しているので氏名表示権も侵害していないとしても，芸術性や宗教性の高い絵画を野卑なヌード劇場の看板に使用するような行為は著作者人格権侵害行為とみなされることになる*3*4。逆に，公表権，氏名表示権や同一性保持権侵害行為に該当したうえで，さらにその行為によって著作者の名誉声望が毀損される場合であれば，みなし侵害規定も重畳的に適用可能ではあるが，「名誉声望毀損」といった加重要件を著作者が立証する必要があることからも，著作者人格権侵害の成否だけが問題になる場面では，みなし侵害規定の適用を重ねて求める実益はない*5。

*3　知財高判平25・12・11 LEX/DB 25446104〈天皇似顔絵事件〉は，プロの漫画家である原告が描いた天皇の似顔絵が，特定の政治的傾向をもつと疑われる画像投稿サイトに原告がその趣旨に賛同して投稿したとの体裁で勝手に掲載された事案について，原告やその作品に対する一面的な評価を受けるおそれを生じさせるとして，みなし侵害に該当するとした。

*4　一方，公表権は侵害しないが著作者の名誉声望を害する著作物の利用形態

としては，たとえば著名な作家が公表を嫌っている稚拙な未公表著作物を公表権侵害としての発行には至らない複数部数だけ配布する行為などが想定できる。

*5　もっとも，東京地判平5・8・30知的裁集25・2・310〈目覚め事件〉などのように同一性保持権侵害と著作権法113条11項のみなし侵害の双方を認めている例も多い。これは，原告が115条による名誉声望回復措置請求をしていたことから，いずれにせよ名誉声望が毀損されたことを主張立証する必要があったことに起因している。さらに名誉声望が毀損されたか否かは慰謝料額の多寡にも影響するだろう。

第7章

著作隣接権

《この章の課題》

　たとえば作曲家が創作した楽曲が，レコード会社によってCDとなり発売されるように，著作物（=楽曲）は，ただ創作されただけでは，世の中に出て，多くの人に利用してもらう，ということは困難である。著作物を公衆に伝達する役割を担う者が必要であり，これが著作隣接権者（=レコード会社）である。そこで，著作権法は伝達行為を重視し，著作権者と同様に，著作隣接権者に対しても独占的な財産権を与えている。具体的には，実演家・レコード製作者・放送事業者・有線放送事業者の四者（著作89条1項〜4項）が著作権法上，保護の対象となっている。

　上記四者は同じ隣接権者といっても，この準創作性の程度は大きく異なり権利内容もそれぞれであることに注意する必要がある。

　本章ではまず，著作隣接権の性質や特徴について第1節で，著作権との関係を第2節で説明したのち，各著作隣接権者の権利内容を第3節以降で解説する（なお，第4節では，実演家人格権を扱う。人格権であるため，財産権である著作隣接権とは別物であるが，理解を助けるため，実演家の権利として本章でまとめて説明する）。

第 1 節　総　説

著作権が生ずる著作活動ではなく，いったん成立した著作物を公衆に伝達する役割を果たす行為に対して与えられる独占的排他的な財産権が著作隣接権であり*1，実演家の権利，レコード製作者の権利，放送事業者・有線放送事業者の権利がある。著作隣接権の権利の発生には，著作権と同様に，何らの方式の履行も必要ない（著作 89 条 5 項：**無方式主義**）。保護期間は，実演については実演を行った時，レコードについてはその音を最初に固定した時，放送や有線放送については放送・有線放送をした時から始まり，その日の属する翌年から起算して，実演とレコードは 70 年（ただし，レコードは発行から 70 年），放送と有線放送は 50 年を経過した時に消滅する（101 条 2 項⇒第 4 章第 2 節①著作権の保護期間）。

> *1　ただし，たとえば野球中継や鳥の声の CD のように内容が著作物でない場合であっても放送やレコードとしての著作隣接権が成立するから，「著作物を伝達する行為」といえない場合も包含されていることに注意しておく必要がある。

著作隣接権は，新たな著作物の創作とまではいえないものの準創作活動ともいうべき行為に対して著作権類似の財産的保護を与えるといった側面もある。しかし，後述のように実演家については実演家人格権（著作 90 条の 2，90 条の 3）が 2002（平 14）年改正で導入されたことから明らかなように，準創作活動というべき行為とはいえるが，実演家とレコード製作者や放送事業者・有線放送事業者とではその内容には大きな差がある。脚本に基づく演技や楽譜に基づく演奏や歌唱にしてみても，著作物を公衆に伝達する行為であることは間違いないが，その過程で加えられる実演家の工夫によって各別の作品になるといっても過言でないし，実演は必ずしも著作物を経済財として活用するために行われるものではなく，個人の感情や人格の発露として演技や歌唱が行われる場合も

ある。一方で，レコード製作や放送は，著作物を経済財として公衆に提供して活用するために行われるものであって，実演に比べると創作性は希薄である。

著作物を経済財として公衆に提供する行為としては，たとえば映画化や出版化もある。このうち著作物の映画化は，原著作物の翻案であって二次的創作活動として映画の著作物の創作行為とされ，著作物の出版化は単なる複製や公衆送信行為であってレコード製作のような著作隣接権の発生する行為でもないとされている*2。これらの区分は多分に歴史的なあるいは各業界の影響力・政治力の多寡による立法化の可否などといった便宜的な側面があることも否定できない*3。この点を捉えて，著作隣接権の設定を，準創作行為か否かとの観点ではなく，政策的判断のみから行われるものであるとする説（田村 519 頁）もある。

*2　2014（平 26）年著作権法改正で，電子書籍の公衆送信に対しても出版権設定ができるとされたことは前述したが，その際には出版される書籍（「版面」と呼ばれることがある）に対する著作隣接権を出版者に与えることも検討された。出版権は著作権者からの許諾により成立するが，著作隣接権はかりに著作権者からの許諾なく出版された場合でも，後述のように著作権者とは別に出版者が排他的権利である著作隣接権を取得することを可能とする制度であることから，出版物に対する権利関係が複雑化することも一つの理由となり，この案は採用されなかったとの経緯がある（中山 541 頁）。

*3　旧著作権法（明 32 年法）は，演奏や歌唱は著作活動として保護しておらず，大判大 3・7・4 刑録 20・1360〈桃中軒雲右衛門事件〉は浪曲（三味線の伴奏により物語を演じる，いわゆる浪花節）を低俗音楽であり創作性が認められないとして，著作権による保護を否定した。その後大正 9 年改正で，演奏や歌唱も著作権として保護することにしたが，これらを著作活動と捉えたとしても，十分な保護が与えられなかったこともあるため，新法では明確に著作権と区別して，著作隣接権として規定した。

このように，著作隣接権は創作性があるから権利として認められているのではない。そこからは以下のような結論が導かれる。すなわち，著作権の場合は著作物中の創作性のある部分を再製することが複製であったり翻案に該当して権利侵害になるが，著作物中の創作性のない部分の再製利用等は権利侵害とはならない。これに対して著作隣接権の場合，たとえばレコード製作者の権利は固定された音に対して生ずるも

のであって，具体的な音が再製されているならばそれのみで複製権侵害となるということである*4 *5。

> *4　著作隣接権にも支分権としてレコード製作者や放送事業者には複製権（著作96条，98条，100条の2）が，実演家には録音・録画権（91条）が規定されている。しかし，たとえばレコード製作は著作のような創作行為ではなく，音源をレコードに固定するといった創作性の認められない行為であるとされているから，レコードに固定された音源は全体として著作隣接権が生ずるものであって，隣接権の成立する部分とそれ以外を分けることはできない。何しろ固定されている音源をレコード製作者に無断で有形的に再製（複製）したならば，権利制限規定（102条）の適用のない限り，複製権侵害を免れないことになる。この点，著作（財産）権は創作性があるが故に成立するものである（2条1項1号）から，一つの作品として公表されている場合であっても，表現それ自体でない部分や創作性のない部分に著作権が成立することはなく，音楽の著作権の複製となる場合とは，一つの音楽の中で，創作性のある部分が有形的に再製されていることということになる。同じ音を「複製」する場面とはいえ，両者の違いを理解しておく必要がある。

> *5　米国連邦著作権法は，実演家およびレコード製作者については，著作隣接権ではなく著作権として保護するが，レコードの二次使用に対しては権利を認めない点などで，本来の著作権と異なり，日本の著作隣接権に類似している。また，放送事業者や有線放送事業者の権利については規定を置いていない。

　著作「隣接」権と命名されていることからも明らかなように，同じ財産権として構成されているとはいえ，著作（財産）権よりも保護が限定されている*6。著作物の伝達を役割とする権利である以上，著作隣接権を厚く保護することによってかえって著作物の流通や利用が阻害されることを避けるためである。しかし，（相対的）排他的独占権と構成されており，その支分権の侵害に対しては差止請求等を行うことも可能である（著作112条）点では著作（財産）権と同様である。したがって，著作隣接権の客体である実演，レコード，放送または有線放送の利用と権利保護との調整を図る必要があることから，著作権の制限規定と同様の趣旨の著作隣接権制限規定が設けられている（102条）*7。また，そのほかにも，権利の譲渡，消滅，利用許諾，権利の共有，質権の設定，裁定制度および権利譲渡等のための登録制度などにおいて著作権の規定が準用されている（103条，104条）。

*6　入門 221 頁が要領よくまとめているので，引用しておく。「① 支分権の内
　　容がより限定されている〔中略〕，② 保護が必要な場合にも，排他権の行使
　　を認めず，金銭的な補償にとどめている場合がある（95 条，95 条の 3，97
　　条，97 条の 3 参照），③ 排他権の行使の機会を成果物を最初に利用する段階
　　に限定し，その二次利用に対して権利行使を認めない**ワン・チャンス主義**が
　　大幅に取り入れられている（91 条 2 項，92 条 2 項 2 号，92 条の 2 第 2 項，
　　95 条の 2 第 2 項，95 条の 2 第 3 項，97 条の 2 第 2 項参照）」。具体的には各
　　権利ごとに後述する。

*7　著作権法 102 条では，30 条以下の著作権制限規定の多くが準用されてい
　　る。ただし，33 条（教科書図書等への掲載），33 条の 2（教科用拡大図書等
　　の作成のための複製等），34 条（学校教育番組の放送等），37 条 1 項（点字
　　による複製）など準用されていない条文もある。なお，前述のとおり著作隣
　　接権の場合には創作性がある部分か否かといった区分をすることなく，当該
　　客体のいかなる一部であってもこれが再製等して利用されている場合は権
　　利侵害となる。たとえば，引用の場合であっても，著作権の場合のように引
　　用されている部分に創作性がないとして権利侵害とならないといった処理を
　　することができず，権利制限規定が適用されない限りは権利侵害になる可能
　　性がある。この点を指摘するものとして，安藤和宏「アメリカにおけるミュ
　　ージック・サンプリング訴訟に関する一考察（2・完）」知的財産法政策学研
　　究 23 号 247 頁以下（2009 年）参照。

第 2 節　著作権と著作隣接権の関係

▶ 著作隣接権の成否は著作権に影響を及ぼさない（著作 90 条）*1。

*1　たとえば，実演，レコード，放送および有線放送の利用について著作隣接
　　権者の許諾が必要とされることにより，著作権者の許諾が不要となることは
　　ないし，著作権者の許諾を得ることにより著作隣接権者の許諾が不要となる
　　こともない。CD に収録されている音楽の場合であっても，楽曲については
　　著作権者の権利が存在し，これとは全く別の権利として，収録されている演
　　奏には実演家の著作隣接権が，音源にはレコード製作者の著作隣接権が各別
　　に存在していることになる。

⏺ 実演家が著作権者の許諾を得ずに演じた場合にも、著作隣接権は成立する。実演以外の著作隣接権の場合も同様である。許諾なく実演すれば上演権の侵害として著作権侵害となるが、実演した結果のものを他者が勝手に利用できるとするのは不合理である。よって、このような実演についても著作隣接権が成立し、第三者に対しては著作隣接権を主張できる*2と解して何ら不都合はないことは、著作物と二次的著作物の関係と同様である。一方で著作権者の許諾のもとで演ずる場合には、実演家に著作隣接権がもちろん成立するし、その録音物（原盤）の利用については著作権者と著作隣接権者（実演家，レコード製作者）間で事前の許諾が行われるのが通例である*3。

＊2　著作権者の許諾がない以上，著作隣接権者である実演家から許諾を受けた者であってもこれを録音，録画などをすることはできないし，著作隣接権者自身これを録音・録画等するには著作権者の許諾が必要である。しかし、第三者が勝手に録音・録画等した場合には著作権者ばかりでなく著作隣接権者もその差止めや損害賠償を請求できる。半田292頁は無許諾実演によっては著作隣接権を取得できないとしたうえで，その根拠として，著作隣接権の成立を認めると著作権者に著作物の使用料を支払わずに，隣接権の行使によって得た収益を実演家が独り占めできることを掲げている。しかし、著作権侵害となることを避けるために著作権者に使用料を支払わなくてならないと構成することと、著作隣接権の成立を認めることは両立するであろう。

＊3　知財高判平21・3・25 LEX/DB 25440536〈BRAHMAN事件〉は、実演家が著作権者の依頼により演奏した楽曲を録音したCDを著作権者が販売することに対する実演家の差止請求を，著作権と著作隣接権は別個独立の権利であるとして，認容した。ただし、著作権者側が著作隣接権者から許諾を得ていることを主張しなかった等特殊な事情があった事案のようである。

第3節　実演家

⏺ 著作物を演劇的に演じ、舞い、演奏し、歌い、口演し、朗詠したりして演ずることや、これらに類する行為で著作物を演じるものでは

ないが芸能的性質を有するものが実演であり*1 (著作2条1項3号), 俳優,
舞踊家, 演奏家, 歌手などの演ずる者とこれを指揮し, または演出する
者が実演家である (同項4号)。なお, 公に演じることは要件ではない。

> *1　著作物を演じるのではないが芸能的なものとして手品や曲芸はもちろんの
> こと, 著作権の保護を受けない法令 (著作13条1号) を役者が朗詠した場
> 合などにも著作隣接権が成立しうる (岡村332頁)。なお, 知財高判平26・
> 8・28判時2238・91〈ファッションショー事件〉は, ファッションショーのモ
> デルのポーズ・動作の振り付けにつき, 著作物を演ずるものではないとした
> うえで, その態様もありふれたものにすぎないとして, 芸能的な性質を有す
> るものともいえないと判示している。スポーツにおける競技者の動作などは
> 芸能的なものとはいえないが, たとえばお神楽のように, その舞いがありふ
> れたものであっても, 創作性を要件としない実演においては, 芸能性を有す
> るとして著作隣接権は成立しうるから, 右判示は舌足らずの感がある。

実演は著作物を公衆に伝達するための準創作的行為であると説明さ
れるが, あくまで「準創作的行為」であって, 思想または感情の創
作的表現行為とは異なる*2。しかし, たとえばジャズのように, 主たる
部分は楽譜等で決まっていても, その余の部分は歌手や奏者が即興的に
創作する場合であれば, 各回の演奏は単なる実演を超えた, 楽譜として
は表現されていない音楽の著作物ということができる。これと同様に解
するならば, 基本的な筋は脚本に書かれているが, 場面場面で俳優のア
ドリブによって創作的に内容が改変されていく演劇の場合でも, 各回の
演技は単なる実演を超えた, 文章としては表現されていない脚本の著作
物して保護されてよい (コンメンタール1 [棚野正士 = 小島宮古] 78頁参照)。
結局, 実演と著作の分水嶺は, 思想または感情が創作的に表現されてい
るか否かに求めることになり, 思想感情が創作的に表現されているとは
いえない実演の場合には, 実演そのものを録音・録画したり放送等する
ことが著作隣接権侵害になり, 録音・録画物等を改変することが実演家
人格権の侵害になる (実演家人格権については後述する) のであって, 実演
を他の演者が, あるいは同じ演者であったとしても, 他の機会に再演す
ることは著作隣接権侵害にはならない。

> *2　著作103条には著作隣接権を共有する場合の準用規定はあるが, 共同実演
> の規定はなく, また後述の実演家人格権の場合も共同著作物の著作者人格権
> の行使に関する規定 (著作64条) も準用していない。また実演には職務著

作の規定（著作 15 条）に相当する規定もないから，実演家は個々の自然人に限られることになろう（ただし，反対説（加戸 685 頁等）もある）。

なお，わが国の著作権法で保護される実演は，著作権法 7 条の規定する，国内で行われた実演（1 号），保護を受けるレコードに固定された実演（2 号），保護を受ける放送や有線放送で送信された実演（3 号，4 号）のほか，関係する条約によってわが国が保護義務を負う実演（詳しくは条文を参照のこと）である。

実演家の権利の内容

① 録音および録画権（91 条）

実演家は，著作隣接権者として，録音・録画権を専有する（91 条 1 項）。録音・録画には録音・録画物をさらに増製することも含まれる（著作 2 条 1 項 13 号，14 号）。なお，録音・録画以外の複製には権利が及ばないから，実演を写真に撮ることは隣接権侵害にはならない。また，著作権の複製権の場合と同様に，私的使用目的での録音・録画については権利が制限されるが，デジタル方式での録音・録画に関しては補償金請求権を取得することになる（著作 102 条 1 項による 30 条 1 項の準用）。

ただし，実演家が自己の実演を映画の中に録音・録画することを許諾している場合には，以後，映画を DVD 化するなどして利用する場合については権利が及ばない（ワン・チャンス主義，著作 91 条 2 項：ただし，影像を伴わずに実演家の音声のみを取り出してサントラ盤などとして増製する場合は除かれている）。また，放送事業者が実演家から放送の許諾を得た場合には，その実演を放送するために録音・録画することができる（93 条 1 項：有線放送事業者は含まれていない点に注意）が，放送のために録音・録画したものを DVD 化するなど別の目的で使用した場合には，実演家の録音・録画権を侵害したものとみなされる（同条 2 項）。

なお，実演家には上演権・演奏権や上映権はないから，許諾を得て作成された録音・録画物はもちろん，無許諾で作成された録音・録画物であっても，これを再生上演・上映することに対しては権利が及ばない。

---

② 放送権および有線放送権（92条）

　実演家は自己の実演を放送または有線放送する権利を専有する（著作92条1項）。ただし，(i)録音・録画権と同様に，実演家が自己の実演を映画の中に録音・録画することを許諾している場合には，その映画を放送・有線放送することには権利が及ばない（ワン・チャンス主義，著作92条2項2号ロ）ほか，(ii)放送された実演をさらに有線放送する場合（92条2項1号）や，(iii)実演家の許諾を得て録音・録画されている実演を放送や有線放送する場合（92条2項2号イ）にも権利は及ばない。また，実演家から放送の許諾を得た者が適法に作成した録音・録画物を用いて，自らまたは他の放送事業者にこれを提供して再放送等する場合（93条の2第1項）にも権利は及ばないが，この場合には，実演家に相当な額の報酬を支払わなければならない（同2項）し，(ii)の場合の有線放送事業者も実演家に相当な額の報酬（ただし，営利を目的とせずかつ聴衆または観衆から料金を受けないで有線放送する場合は除かれている）を支払わなければならない（94条の2）。

　また，放送事業者や有線放送事業者が商業用レコードを用いたりその音源を直接配信して*3放送や有線放送した場合には実演家に二次使用料（ただし，営利を目的とせずかつ聴衆または観衆から料金を受けないで放送を受信して同時に有線放送する場合は除かれている）を支払わなくてはならない（95条）*4。

　*3　2017（平29）年著作権法改正により従前は商業用レコードを用いた場合に限定されていた二次使用料を請求できる場合が，音源を直接配信する場合にも広げられた。

　*4　商業用レコードが放送・有線放送された場合に実演家が取得する二次使用料請求権は，現在，国内において実演を業とする者の相当数を構成員とする団体として文化庁長官が指定した団体によってのみ権利行使が可能である（著作95条5項）。現在は公益社団法人日本芸能実演家団体協議会（芸団協）が指定団体となっている。なお⑤で述べる商業用レコードの貸与報酬請求権の権利行使についても著作権法95条5項から14項の規定が準用されており（95条の3第4項），芸団協が文化庁長官の指定団体となっている（同条5項）。二次使用料の額は，毎年，当該団体と放送事業者等またはその団体の間で協議して決めるものとされており（95条10項），協議が成立しない場

合には文化庁長官に裁定を求めることもできる（同条11項）。

③　送信可能化権（92条の2）

　実演家は，その実演を送信可能化（著作2条1項9号の5）する権利を専有する（92条の2第1項）*5。ただし，許諾を得て録画されている実演には送信可能化権は及ばない（著作92条の2第2項1号：許諾を得て録音されている実演の場合には送信可能化権が及ぶことには注意しておく必要がある）し，実演家が自己の実演を映画の中に録音・録画することを許諾している場合には，以後これを送信可能化するのに対しても権利は及ばない（同項2号）。

　　*5　実演家以外の著作隣接権者にも後述のように送信可能化権が与えられているが，著作権法に規定する送信可能化とは自動公衆送信（公衆からの求めに応じて自動的に行う送信）しうるようにすること（著作2条1項9号の5）をいうから，いわゆるオンデマンド送信のほか，インターネットラジオなどのウェブキャスティング（インターネットを通じて音声や動画等を配信するサービス）などにも著作隣接権者の送信可能化権がはたらくことになる。

　実演家から放送の許諾を得た者が適法に作成した録音・録画物を用いて，自らまたは他の放送事業者にこれを提供して再放送等する場合（93条の2第1項）には権利は及ばず，実演家に相当な額の報酬を支払えばよい（同2項）とされ，また商業用レコードを放送または有線放送する場合にも実演家には二次使用料を支払えばよい（95条）とされていることは前述したが，これらを放送や有線放送ではなくインターネットを用いて配信することは実演家の送信可能化権の侵害となり，各別に許諾を得なくてはならず，これがわが国でインターネットを利用したウェブキャスティング事業が展開しにくい要因であるとの指摘があった。そこで2021（令3）年著作権法改正では以下のとおりの新規定を創設した。条文も長文かつ要件も多義にわたる改正であるため，ここではその概要を説明するに止め，正確には文化庁著作権課「著作権法の一部を改正する法律（令和3年改正）について」コピライト728号31頁以下を参照して欲しい。

　　ⓐ　放送と類似する制度を導入する送信可能化を放送同時配信（著作2条1項9号の7）とし，その事業を営む者を放送同時配信事業者（9号の8）として定義する。放送同時配信は放送と同時又は近接したタイミン

グで配信するものであって，放送事業者に準ずる放送同時配信事業者が主体となって行うものに限られる。

　　ⓑ　実演家が初回放送同時配信等の許諾をした際に，契約に別段の定めがない場合には，相当な額の報酬を払うことで，その後の放送同時配信を許諾なく行うことができる（著作 93 条の 3）。

　　ⓒ　実演が放送される場合に，措置を講じても実演家と連絡が取れない場合には，放送事業者又は放送同時配信事業者は補償金を指定補償金管理事業者に支払うことによって，当該実演の放送同時配信を行うことができる（著作 94 条）。

　　ⓓ　放送事業者，有線放送事業者や放送同時配信事業者は商業用レコードを用いたりその音源を直接配信して放送同時配信をすることができ，この場合には実演家に通常の使用料の額に相当する額の補償金を支払わなければならない（著作 94 条の 3）。

④　**譲渡権**（95 条の 2）

　　実演家は，その実演をその録音物または録画物の譲渡により公衆に提供する権利を専有する（著作 95 条の 2 第 1 項）。ただし，許諾を得て録画されている実演の録画物には譲渡権は及ばない（著作 95 条の 2 第 2 項 1 号：許諾を得て録音されている実演の録音物の場合には譲渡権が及ぶことには注意しておく必要がある）し，実演家が自己の実演を映画の中に録音・録画することを許諾している場合には，以後その映画（録音物・録画物）には譲渡権は及ばない（ワン・チャンス主義，同項 2 号）。

　　また，実演の録音物・録画物が国内外でいったん適法に譲渡された場合には，以後は当該録音物・録画物を再譲渡する行為について譲渡権は消尽する（著作 95 条の 2 第 3 項 1 号〜5 号）。

⑤　**商業用レコードの貸与権および貸与報酬請求権**（95 条の 3）

　　実演家は，その実演が録音されている商業用レコードを貸与することにより，その実演を公衆に提供する権利を専有する（著作 95 条の 3 第 1 項）。実演が録音されている商業用レコードについて発売から 1 か月以上 12 か月を超えない範囲では著作隣接権「差止請求権」であり*6，それを超えた後は「報酬請求権」である。

　　＊6　実際には，現在は業界団体と権利者団体の合意に基づいて，邦盤レコード

については，アルバムについては最長3週間，シングルについては最長3日間に限って貸与を禁止し，以降は許諾料の支払いによって貸与を可能とする運用が行われている（入門238頁）。

なお，著作権法95条1項の商業用レコード（送信可能化されたレコードを含む：前掲＊3を参照）の二次使用料請求権や95条の3の貸与報酬請求権は，排他的独占権である著作隣接権の定義には包含されない（著作89条6項かっこ書）ことに注意しておく必要がある。また，この場合の二次使用料請求権や貸与報酬請求権の存続期間は，対象となる商業用レコードの著作隣接権の保護期間と同じである。

第4節　実演家人格権[*1]

＊1　実演家人格権は，もちろん実演家に認められる財産権である著作隣接権とは異なる人格権であるから，本来は本章「著作隣接権」に含めて説明すべきではないが，実演家に認められる権利としてまとめて説明した方がわかりやすいと考えて，便宜上本章中の一節として説明することにした。

従来，実演は財産権である著作隣接権として保護されるのみで，著作権法には実演家の人格を保護する規定はなかった。情報のデジタル録音・録画が可能になった影響もあって，実演内容の録画物・録音物を改変して利用することが容易になり，それが実演家の名誉や声望を毀損するような態様で行われたとしても，場合によって民法（不法行為法）により損害賠償等を求められるのみであった。しかし，不法行為として民法で救済を求めるのでは，侵害行為の差止めが請求できないことなどから，実演家等からの批判が高まっていた。

レコード製作者や放送事業者・有線放送事業者と実演家とでは，著作権法上は同じ著作隣接権者とされているけれども，行為の創作性の程度において大きな差があり，実演を一律に著作活動より一段下の文化活動であるということはできないことや，「実演及びレコードに関する世界知的所有権機関（WIPO）条約」（WPPT）5条1項が実演家人格権

を認めたこともあり，2002（平14）年著作権法改正により実演家に対して実演家人格権が創設されることになった。

　実演家人格権は著作者人格権同様に一身専属的な権利であって，譲渡も相続もできず，実演家の死亡によって消滅する（著作101条の2）が，これもまた著作者人格権と同様に，実演家の死後においても，実演を公衆に提供しまたは提示する者は，実演家が生存していたならば実演家人格権の侵害となるべき行為をしてはならないとされている。ただし，その行為の性質，程度，社会的事情の変動その他により，その行為が実演家の意を害しないと認められる場合は，この限りでない（101条の3）*2。

> ＊2　第6章「著作者人格権」で説明した著作者死後の人格的利益保護のために遺族が訴訟を提起することができることを規定する著作権法116条は，著作者ばかりでなく実演家の死後の場合をもすべて包含するものであるから，実演家死後の実演家の人格的利益保護のための措置に関しては，第6章の説明を参照のこと。

　実演家人格権として著作権法で規定するのは，氏名表示権と同一性保持権のみである。生実演は公表されるのが前提であるし，CDやDVD化されて販売される実演の場合は販売業者と実演家との契約によって販売の時期等が協議されるのにふさわしいこともあって，公表権は規定されていない。

1　氏名表示権（90条の2）

　実演家がその実演を公衆に提供または提示する際に，どのような名前（実名，芸名，変名など）を表示するか，あるいは実演家名を表示しないかを決することができる権利である。実演を利用する者は，実演家が別段の意思表示をしていない限り，その実演について既に実演家が表示しているところに従って実演家名を表示すればよい（著作90条の2第2項）。

　実演家名の表示は，①実演の利用の目的および態様に照らして実演家がその実演の実演家であることを主張する利益を害するおそれがないと認められるとき，または②公正な慣行に反しないと認められ

るときは，省略することができる（著作90条の2第3項）。著作者の氏名
表示の省略を可能とする著作権法19条3項では，①が前提要件であり，
②が加重要件となっている（⇒第6章第3節氏名表示権）が，実演家の氏名
表示権の場合は①か②のいずれかを充足する場合は省略を可としている
点に違いがある。実演家の同一性保持権制限の場面で，二つの類似する
要件が選択的になっていることの問題点がより顕在化しているので，次
項でさらに検討を加える。

2 同一性保持権（90条の3）

実演家が，その実演の同一性を保持して，自己の名誉または声望を
害する実演の変更や切除その他の改変を受けない権利である。著作
権の同一性保持権が「意に反する」著作物の変更や切除その他の改変を
阻止できる権利と構成されている（著作20条1項）のに対して，実演家
の同一性保持権は，実演家の名誉または声望を害する変更や切除等のみ
を阻止できるとされている点は特徴的である。

著作権の場合も「意に反する」改変であるか否かは，著作者の気持
ち（主観・嗜好）に基づいて判断すべきではなく，著作物の改変の目
的および態様や慣行に照らして認定すべきであることは前述のとおりで
あるが（⇒第6章第4節同一性保持権），実演家の同一性保持権の場合はさ
らに，①実演の性質ならびにその利用の目的および態様に照らしてや
むをえないと認められる改変，または②公正な慣行に反しないと認め
られる改変は許されると規定（著作90条の3第2項）されている。実演家
の氏名の表示の省略を可能とする場合（90条の2第3項）と類似の規定で
あるが，実演家の同一性保持権が「名誉又は声望を害する」改変のみを
対象としていることから，以下に述べるように，氏名表示権の場合以上
に問題のある規定である。

すなわち，著作権法90条の3の規定文言から明らかなように，実
演の改変が許容されるか否かを検討する場面とは，当該改変が実演
家の名誉声望を害するものであることが前提となる。著作権の場合のよ
うに，かりに著作者の「意に反する」改変であったとしても，著作者の
名誉声望を害するものではない改変であるならば，やむをえない改変と

して許容することはありえないではない。しかし，実演家の名誉声望を
害する改変であるにもかかわらず，実演の性質や利用の目的等に照らし
て，やむをえない改変であるとして許容できる場合や，ましてやむをえ
ない改変であるとさえいえないが，公正な慣行に反しないという理由の
みからこれを許容すべき場合があるだろうか。そもそも，実演家の名誉
声望を害する改変であり，やむをえない改変でもないものを許容するよ
うな慣行は「公正」な慣行とはいえない（同旨：コンメンタール3 ［増山周］
55頁）＊3。

> ＊3　たとえば，放映のためのトリミングや再編集，他言語への吹き替えなど，
> 実演を利用するうえでやむをえない改変とすべき場合も多いであろうが，そ
> もそもこのような改変は，実演家に対する客観的な評価すなわち社会的な名
> 誉声望を害する改変ではないとして処理できる場合がほとんどであろうし，
> 改変する側としては実演家の名誉声望を害さないように工夫して改変すべき
> であろう。

これは，著作権の場合の同一性保持権の適用除外を規定する著作権
法20条2項の解釈が厳格にかつ融通性なく行われて，運用されて
きたといった過去の経験から，実演家人格権を創設するに当たって，そ
の適用除外規定の解釈・運用に柔軟性を持たせようとして工夫した結果
なのだろう。しかし，「公正な慣行」とか「名誉声望」といった用語は，
法律解釈においても社会生活上においても最も重視されなければならな
い概念であることを，忘れてはならない。

第5節　レコード製作者

一般社会ではレコードは既に過去の言葉といってもよいが，著作権
法におけるレコードとは，音を固定したもの一般を指す（著作2条1
項5号：ただし，影像が主体となっている映画やDVDなどは除く）から，昔の
SP，ソノシートやドーナツ盤，LP，CDやMD（これも既に過去の言葉と
いってもよいかもしれない），ROM など音を機械的に再現することが可能

なものはすべて含まれる。レコード製作者とはレコードに固定されている音を最初に固定した者である（2条1項6号）。レコード製作者が著作隣接権者として保護されるのは，著作物を伝達する手段として，設備や機材を準備するなどしてレコード製作に当たる者であるが故であり，実演家のような準創作的行為をしたことに主眼を置いたものではない。したがって，レコード製作者は，物理的なミキシング等といった録音行為の従事者ではなく，自己の計算と責任において録音する者，通常は原盤制作時における費用の負担者であるとされる（東京地判平19・1・19判時2003・111〈THE BOOM事件〉，大阪地判平30・4・19判時241780〈ジャコ音源事件〉）*1ので，結果として法人がレコード製作者になることもある。なお，わが国の著作権法で保護されるレコードは，日本国民をレコード製作者とするレコードやレコードでこれに固定されている音が最初に国内において固定されたものなどであって，著作権法8条に規定されているので参照のこと。

> *1 「自己の計算と責任において録音する者」とは，映画製作者を「映画の著作物の製作に発意と責任を有する者」とする定義（著作2条1項10号）と類似している。映画の場合は映画の「全体的形成に創作的に寄与した者」が著作者となる（16条）。レコードの場合には映画における著作者ではなく，映画における映画製作者と同様に資金を提供したといった財産上の行為に着目して，この者をレコード製作者としているといえるだろう。

レコード製作者の権利の内容

① 複製権（96条）

　レコード製作者は，そのレコードを複製する権利を専有する（著作96条）。レコード製作者の複製権は，レコードに固定されている音の複製にしか及ばないから，同じ実演家の同じ曲の生演奏を録音しても複製権侵害とはならない。逆に，レコードに固定されている音が再製されていれば常に複製権が及び，著作権の場合のように創作性のある部分の再製についてのみ複製権が及ぶのではないことは前述（⇒本章第1節総説*4）した。

　レコードが映画に収録されている場合でも，レコード製作者には実演家とは違ってワン・チャンス主義（本章第1節総説*6）が適用されず，以後の映画の複製に対してはレコード製作者の複製権が及ぶ。

レコード製作者には実演家同様に上演権や演奏権はないから，許諾を得て作成されたレコードはもちろん，無許諾で複製されたレコードを再生上演することに対しては権利が及ばない。

② 　送信可能化権（96条の2）

　🔘　レコード製作者は，そのレコードを送信可能化する権利を専有する（著作96条の2）。送信可能化権についても，実演家とは異なりレコード製作者にはワン・チャンス主義ははたらかないから，録画物や映画に許諾を得てレコードが収録されていたとしても，以後の録画物や映画の送信可能化に対してはレコード製作者の送信可能化権が及ぶ。なお，2021（令3）年著作権法改正で，放送事業者，有線放送事業者や放送同時配信事業者は，商業用レコードを放送同時配信できるとされた（著作96条の3第1項）が，その場合には通常の使用料に相当する額の補償金をレコード製作者に支払わなくてはならない（同2項）。

③ 　商業用レコード（送信可能可されたレコードを含む*2）の二次使用料請求権（97条）

　▶　レコード製作者には放送・有線放送権は認められておらず，商業用レコードを用いた放送や有線放送に対して二次使用料を請求できるとされている*3。この場合，国内において商業用レコードの製作を業とする者の相当数を構成員とする団体として，文化庁長官が指定する団体によってのみ二次使用料請求権を行使することができる（著作97条3項）。現在は一般社団法人日本レコード協会が指定団体となっている。その他，指定団体を通じた二次使用料請求権行使については実演家の規定が準用されている（97条4項）。

　　＊2 　第3節＊3で述べたのと同様に2017（平29）年著作権法改正で，従前は商業用レコードを用いた場合に限定されていた二次使用料を請求できる場合が，音源を直接配信する場合に広げられた。

　　＊3 　したがって，レコード製作者は送信可能化権によって商業用レコードをインターネット放送などで自動公衆送信することは禁止できるが，デジタル放送を含めて放送されることに対しては二次使用料請求権を有するのみで，これを禁止することはできないことになる（東京地判平12・5・16判時1751・128〈スターデジオ事件〉参照）。

④ 　譲渡権（97条の2）

レコード製作者は，そのレコードを複製物の譲渡により公衆に提供する権利を専有する（著作 97 条の 2 第 1 項）。実演家の譲渡権の項で述べたのと同様に，権利消尽の規定が設けられている（著作 97 条の 2 第 2 項）。

⑤ **貸与権および貸与報酬請求権**（97 条の 3）

レコード製作者は，そのレコードに複製されている商業用レコードを貸与することにより，そのレコードを公衆に提供する権利を専有する（著作 97 条の 3）。商業用レコードについて発売から 1 か月以上 12 か月を超えない範囲では著作隣接権「差止請求権」であり，それを超えた後は「報酬請求権」である。実演家に認められている商業用レコードの貸与権と貸与報酬請求権の場合と同様の規定となっているので，同項を参照されたい。二次使用料請求権を行使するための指定団体は，一般社団法人日本レコード協会である。なお，二次使用料請求権や貸与報酬請求権は，排他的独占権である著作隣接権の定義に包含されないことなども，実演家の場合と同様である。

第 6 節　放送事業者・有線放送事業者

放送とは公衆送信のうち，公衆によって同一の内容の送信が同時に受信されることを目的として行う無線通信の送信（著作 2 条 1 項 8 号）であり，有線放送とは同様の目的として行う有線電気通信の送信（同項 9 号の 2）である。放送事業者とは放送を業として行う者（同項 9 号：テレビ放送局やラジオ放送局など）であり，有線放送事業者とは有線放送を業として行う者（同項 9 号の 3：ケーブルテレビ局や有線音楽放送局など）である。

放送事業者や有線放送事業者は，ある特定の放送や有線放送により送信された音や影像に対して著作隣接権を取得する。保護されるのは著作物としての音や影像ではなく，「放送という電波に乗った音声信号又は影像信号に転換されている音又は影像」（加戸 716 頁）というべき

ものであるから，放送内容を再放送（著作権法において，放送を受信して行う放送のこと）した場合には再放送した放送事業者等が別の放送として著作隣接権を取得する。送信という行為は，実演はもとよりレコード製作よりも一層準創作的といった色合いの薄い行為であって，まさに著作物を伝達する手段として設備や機材を準備するなどして放送に当たる事業者の投資を経済的に保護するものということができる。なお，わが国の著作権法で保護される放送や有線放送は，日本国民である放送事業者や有線放送事業者の放送・有線放送や国内にある放送設備や有線放送設備から行われる放送・有線放送などであって，著作権法9条，9条の2に規定されているので参照のこと。

1　放送事業者の権利の内容

① 複製権（98条）

放送事業者は，放送された音や影像に対して複製権（録音・録画し，写真等によって複製する権利）を専有するほか，放送を受信して有線放送された音や影像に対しても複製権を専有する。放送を受信して再放送する場合には，再放送した放送事業者が著作隣接権者として複製権を取得することは前述したが，放送を受信して有線放送する場合には，有線放送事業者は著作隣接権を取得せず（著作9条の2第1号かっこ書），放送事業者が著作隣接権として複製権を取得するわけである。

放送事業者には実演家同様に上演権・演奏権や上映権はないから，許諾を得て複製された放送はもちろん無許諾で複製された放送を再生上演・上映することに対しては権利が及ばない。この点は有線放送事業者も同様である。

② 再放送権および有線放送権（99条1項）

放送事業者は，その放送を受信して，これを再放送または有線放送する権利を専有する。この場合再放送された音や影像を複製することに対しては再放送事業者が著作隣接権を取得するが，有線放送された音や影像を複製することに対しては有線放送事業者ではなく，放送事業者が複製権を有することは何度も述べた。

なお，放送事業者の有線放送権は，難視聴地域における有線放送のよ

うに，法令により放送を受信して有線放送することが義務付けられた者がする有線放送には及ばない（著作 99 条 2 項）。

③　送信可能化権（99 条の 2）

　　放送事業者は，放送された音や影像に対して送信可能化権を専有するほか，放送を受信して有線放送された音や影像に対しても送信可能化権を有する。放送を受信して再放送された音や影像に対しては，再放送した放送事業者が著作隣接権者として送信可能化権を取得することは複製権の場合と同様である。

④　伝達権（100 条）

　　放送事業者は，そのテレビジョン放送またはこれを受信して行う有線放送を受信して，ビル壁面の巨大スクリーンのような影像を拡大する特別の装置を用いて，その放送を公に伝達する権利を専有する。テレビジョン放送の再放送については再放送事業者が著作隣接権としての伝達権を取得する。

2　有線放送事業者の権利の内容

　　以下の有線放送事業者の権利の内容の説明において，いずれも有線放送事業者が放送を受信して有線放送した場合ならば，著作隣接権を一切取得しない（著作 9 条の 2 第 1 号かっこ書）ことには注意しておく必要がある。

①　複製権（100 条の 2）

　　有線放送事業者は，有線放送された音や影像に対して複製権（録音・録画し，写真等によって複製する権利）を専有する。有線放送を受信して行う放送や再有線放送から音や影像を複製することには権利は及ばない。

②　放送権・再有線放送権（100 条の 3）

　　有線放送事業者は，その有線放送を受信してこれを放送し，再有線放送する権利を専有する。

③　送信可能化権（100 条の 4）

　　有線放送事業者は，有線放送された音や影像に対して送信可能化権を専有する。

④ **伝達権**（100 条の 5）

有線放送事業者は，その有線テレビジョン放送を受信して，影像を拡大する特別の装置を用いて，その有線放送を公に伝達する権利を専有する。

第8章

著作権侵害とその
救済手続

《この章の課題》

　著作（財産）権・著作者人格権・出版権・著作隣接権・実演家人格権
は物権的な権利として構成されており，これまでの各章で学んだとおり，
規定された内容に違反すると，権利の侵害となる。そこで本章では，侵
害があった場合，また，侵害の危険がある場合に，権利者は侵害者に対
して，どのような請求ができるのか，その救済手続について学習する。

　まず，上記すべての権利に共通の救済手段として，差止請求（著作
112条1項）と損害賠償請求（民709条）の2つがあり，それぞれ第1
節，第2節で説明する。著作者人格権または実演家人格権の侵害に対す
る救済については，上記2つの救済に加えて名誉回復等の措置請求（著
作115条）が定められている（⇒第3節）。

　これらの請求ができる相手の範囲はどこまでか。直接ではなく間接的
な著作権侵害でも，侵害主体として認められるか。この問題については
第4節で扱う。

　第5節では，著作物性が否定されてしまった場合（＝著作権の保護範
囲外）でも，不法行為として救済できるかという問題を解説し，第6節
では，著作権侵害に対する刑事罰の内容を紹介する。

第1節　差止請求

　著作権，著作者人格権，出版権，著作隣接権や実演家人格権は物権的な権利として構成されており，その侵害に対しては妨害の差止めを請求することができる（著作112条1項）。差止めが認められるためには侵害行為に対する故意・過失は要件とされていない。

　差止めは，現実に妨害行為が行われている場合に，現在および将来において妨害行為をしないように命じること，すなわち不作為義務の履行を命ずることであり，認容確定判決の執行は間接強制（民執172条1項）による。また，現在妨害行為が行われていなくともその危険性がある場合には，先手を打って妨害予防として不作為義務の履行を命じることもできる。

　差止めの対象となる行為は，著作権侵害に該当する具体的な行為である。たとえば，被告が出版している書籍が複製権を侵害している場合であれば，具体的な書籍を「出版してはならない」とか「製造して販売してはならない」などという主文（請求の趣旨）となる[*1]。この場合に，複製権侵害行為自体は既に終了してしまっている場合であっても，今後さらに複製される可能性が高い場合は予防請求として差止めを求めることができる。

> ＊1　複製された書籍の販売・頒布の差止めを複製権に基づいて求めることはできず，販売行為の差止めは譲渡権侵害を理由として請求するのが理論的である。著作権は支分権の束であり，支分権ごとに訴訟物が異なるとの理解に立つものであるが，譲渡権が法定されていなかった時代であっても，自ら違法に複製した書籍の頒布は著作権法113条1項2号にいうみなし侵害行為として差止対象となったし，違法に複製された書籍は112条2項により廃棄を求めることができた。

　差止めの対象物の特定は，書籍，映画，CD等の著作物ごとに執行上の問題が生じないように具体的に行う必要があり，通常は「別紙

目録」が利用され，書籍であれば，書籍名，題号，著者，発行日，発売元，発行人等を記載し，CD であれば，アルバムの題名，発売日，収録されている曲名，実演者名等を記載することになる。ただし，具体的すぎる記載をした場合には，認容判決確定後に被告が著作権侵害とかかわりのない部分を変更することで執行を免れることになったり，形式的な事項の変更によって認容確定判決の既判力の範囲が問題になったりすることがありうるから注意が必要である。

　現実に被告が行っている著作権侵害行為の差止めだけでなく，将来にわたり行われるであろう侵害行為の差止めを予防請求として行うことも，必要性があれば認められる。ただし，この場合でも，複製権がない者が許諾なくして著作物を複製できないことは当然であるから，被告が将来行うことが予想される侵害行為を抽象化して「原告著作物を複製してはならない」などといった判決を求めたのでは，被告の行為を特定するための要素が何ら挙げられていないので適当でない*2。被告が将来行うことが予想される行為が，現在行っている侵害行為の延長線上にあって，差止めの対象となる行為を客観的，具体的に表現できる例外的な場合に限って，将来にわたり行われるであろう侵害行為の事前差止めを許容すべきである。

　*2　東京地判平 15・12・17 判時 1845・36〈ファイルローグ事件〉は，原告（社団法人日本音楽著作権協会＝ JASRAC）が，被告の運営するサービスにおいて，原告管理著作物について，MP3 形式によって複製された電子ファイルを受送信の対象としてはならないと請求したのに対して，このような請求は法律が一般的，抽象的に禁止している行為そのものの不作為を求めるのと変わらず，差止めの対象になるか否かの実体的な判断を執行機関に委ねることになって相当でないと判示している。

　さらに，侵害行為によって作成された物（たとえば違法複製された CD や書籍など）や，侵害行為のために専ら使われる機械や器具の廃棄など侵害行為の停止や予防に必要な措置を請求することができる（著作112 条 2 項）*3。著作権法 112 条 2 項の廃棄等は同条 1 項の差止請求に付随してのみ請求できる。これは，特許権と同様に著作権等の保護期間の制限のある権利については，たとえ保護期間中に製造された侵害組成物であっても，保護期間満了後にその廃棄を請求することはできず，差止

請求ができる期間内に限り廃棄請求もできることを理由とする*4。これらの作為を命じる認容確定判決の執行は間接強制または代替執行の方法による。

> *3　廃棄等が求められる物は侵害者が所有している物でなくてはならないし，侵害者が占有している物でなければ執行することができない（高林「工業所有権関係事件の主文例」牧野利秋編『裁判実務大系 9 工業所有権訴訟法』〔1985 年・青林書院〕21 頁）。したがって，販売されて既に店頭に並んでいる書籍や，図書館が所蔵している書籍の廃棄を，複製権侵害者等の侵害者を被告とする訴訟で求めることはできない（東京地判平 19・1・18 LEX/DB 28130256〈再分配とデモクラシーの政治経済学事件〉参照）。

> *4　実際には被告から保護期間が経過しているとの主張がされた場合に初めて争点となる場合も多いだろうが，訴訟の対象となる著作権が保護期間内にあることは原告の主張すべき請求原因事実と考えるべきである。また，事実審口頭弁論終結時の時点で保護期間内にあったため差止請求が認容されて判決が確定したとしても，執行段階において保護期間が満了している場合には相手方は請求異議の訴えによって執行を免れることができる。

　たとえば，300 頁からなる書籍中に複製権を侵害している部分が遍在しているような場合であれば，複製権侵害部分を削除したうえで書籍として頒布することは不可能であるから，書籍全体の頒布の差止めを命じることができるし，書籍全体の廃棄を命じるほかないことになる。一方，複製権侵害部分がたとえば 300 頁中の 3 頁分だけであって，該当箇所だけを削除することができるのであれば，「当該 3 頁分を含む書籍」と特定してその頒布の差止めと廃棄のみを認めるべきである*5 *6。

> *5　東京地判平 25・3・14 LEX/DB 25445511〈雪解けの尾根　JAL123 便の墜落事故事件一審〉参照。本文の場合，当該 3 頁分のみの頒布の差止めや廃棄を命ずるのではなく，当該 3 頁分を含む書籍の頒布の差止めや廃棄を命ずれば，被告において当該 3 頁分を削除したうえでの頒布は可能であるし，3 頁分が削除された書籍の廃棄の執行をすることはできない。ただし，東京地判平 19・8・30 LEX/DB 28132001〈最強営業軍団事件〉は，著作権侵害部分を含んだ書籍全体の販売・頒布の差止めを命じたが，廃棄は侵害部分のみに限定して命じている（田村 308 頁参照）。廃棄については権利者側が率先して限定された部分のみの廃棄を執行するのか，書籍全体の廃棄の執行を避けるために，侵害者側が率先して限定された部分を廃棄することを促すのかに差異が生ずることになろう。

> *6　なお，わが国では，著作権侵害に対しては著作権法 112 条により当然に行

為の差止めが認められる。ただし，たとえば那覇地判平 20・9・24 判時 2042・95〈写真で見る首里城事件〉は，延べ 177 点の写真が掲載された写真集のうちの 1 枚が複製権侵害であった場合に，写真集の販売差止請求を権利濫用（民 1 条 3 項）であるとして棄却している。建築の著作権を侵害する建物の除去請求だとか，侵害部分を除去しての販売は不可能な，機械に組み込まれたプログラムの複製権侵害を理由とする機械全体の販売差止請求のような場合ならば，差止めや除去請求は権利濫用であるとして棄却するのが相当な場合もあろうが，写真集の場合であれば，たった一枚であったとしても，その部分のみ黒塗りするなどして除去して販売することは可能であるから，請求を全部棄却した判断には疑問がある。

　なお，特許の場合も侵害行為があった場合は当然に差止めが認められる（特許 100 条）が，技術標準化団体に属する者どうしで標準必須特許の侵害差止仮処分申請があった場面において，仮処分申請が権利の濫用となるとした判断（知財高大決平 26・5・16 判時 2224・89〈アップル対サムスン事件〉）が示されている（高林・特許 309 頁参照）。

侵害行為のために使われる機械や器具が，かりにそれ以外の用途があったとしても「専ら」侵害行為に供されている物であれば廃棄等を命じることができるが，著作権侵害以外の用途にもたとえば 20% の比率で供されているような物の廃棄は認められない（名古屋地判平 15・2・7 判時 1840・126〈社交ダンス教室事件〉）。なお，廃棄に代えて撤去等を「侵害行為の停止や予防に必要な措置」として命ずることができる場合がある[*7]。

　　*7　カラオケ装置による演奏権侵害差止めを命じた事案で，クラブ内に設置されたカラオケ装置の店内からの撤去を命じたものとして東京地判平 10・8・27 知的裁集 30・3・478〈ビッグエコー上尾店事件〉等がある。ただし，他の用途にも使用できるピアノの搬出を命じたり，演奏目的を限定して搬入を禁止したりした大阪高判平 20・9・17 判時 2031・132〈デサフィナード事件控訴審〉の判断には疑問も残る（高林・百選〔第 4 版〕188 頁〔2009 年〕）。

第2節　損害賠償請求

① 総　説

故意・過失により，著作権，著作者人格権，出版権，著作隣接権や
実演家人格権といった権利を侵害した者は，権利者が被った損害を
賠償する義務を負担する（民709条）*1。

　*1　著作権侵害による損害賠償請求の根拠規定は，特許権等の工業所有権（産
　　業財産権）侵害の場合と同様に民法であり，不正競争防止法が損害賠償請求
　　の根拠規定（不正競争4条）を置いているのと異なっている。なお，以下で
　　は，著作（財産）権侵害による損害賠償請求に関する著作権法の特別規定を
　　中心に説明する。

著作権や特許権などの知的財産権は，権利が侵害されている間でも，
権利者は重畳的に権利を利用することができるから，権利者の被っ
た損害額の立証には困難を伴う。有体物の場合は，侵害者がこれを使用
している間は権利者の占有が奪われているから，その物を使っている侵
害者にその間の使用料相当額を損害賠償として請求できることは疑いが
ないのに対して，知的財産権侵害の場合には，その間の使用料相当損害
額の賠償を請求できるかすら疑問が生じてしまう場合も出てくる可能性
がある。また，知的財産権の侵害は，有体物の破壊（この場合は有体物の
価格を賠償させることになる）とは異なるから，侵害によって権利者に生ず
る損害は，通常は侵害行為がなかったならば権利者が得られたであろう
利益（逸失利益）となるが，侵害行為と権利者が得られたであろう利益
との間の相当因果関係の主張立証や，かりにこれが認められたとしても
具体的な額の認定は困難なものとなる。

そこで，著作権法 114 条と特許法 102 条，実用新案法 29 条，意匠法 39 条，商標法 38 条や不正競争防止法 5 条は，ほぼ内容を同じくする損害賠償額の算定方法に関する条文を置いている[*2]。本節では，各算定方法などについて説明するが[*3]，その前に，簡単に侵害者の故意・過失の認定について触れておくことにする。

> [*2] なお，2017（平 29）年著作権法改正により 114 条 4 項に，後述のとおり一般社団法人日本音楽著作権協会（JASRAC）のような著作権等管理事業法に基づく事業者（⇒第 5 章第 5 節権利の信託・管理）が管理する著作物の侵害の事案では，事業者が定める侵害著作物に対して適用される使用料規程による最も高い額を請求できるとの規定が新設された。
>
> [*3] 権利者は，著作権法 114 条の 1 項から 4 項までの規定を利用して損害額を計算して主張するか，民法 709 条により通常の方法で逸失利益を計算して損害額として主張するかは任意に選択できる。また，場合によっては民法 703 条や 704 条による不当利得の返還請求ができる場合もある。

② 故意・過失の認定

特許権は特許庁での実体審査を経て権利が登録され，特許権の存在と特許発明の内容が特許公報で公に知らされている（特許 66 条 3 項）ことからも，侵害者の過失が推定される（同法 103 条）。著作権の場合は創作と同時に権利は発生し，権利内容を公に知らせる制度も存在しないから，過失を推定する前提を欠いており，権利を侵害された者が侵害者の故意または過失を主張立証する必要がある。

複製権や翻案権のほか，無形的再製を禁止できる権利である上演・演奏権，上映権，公衆送信権，伝達権や口述権（⇒第 3 章第 1 節①総説）の侵害行為は，いずれも元になる著作物に依拠したうえで再製するものであり，依拠が，元になる著作物を利用しようとする意図といった主観的な要件が加わった概念であることは既に述べた（⇒第 1 章第 4 節①3⑴依拠性）。したがって，これらの支分権を直接侵害したと認定される者には原則として対象著作物の権利者の許諾を得るべき注意義務があるし，これを無許諾で行った場合には少なくとも過失があるといえる[*1]。

そのほかの，原作品やその複製物の提供・提示を禁止できる権利である展示権，頒布権，譲渡権や貸与権の侵害行為は，各権利の存在を知っていることや，かりにこれを知らなかったとしてもそれに過失があることが損害賠償請求の要件となる。

　＊1　これらの支分権を直接侵害する者であっても，著作権が保護期間を満了していると信じる事情があったとか，あるいは真の著作権者ではない者から了解を得ていたなどという事情から過失の存在が認められない場合もありえないではない。しかし，巷には多くの著作物が溢れていることは周知の前提であるから，これを利用する者には著作権を侵害しないように配慮すべき高度の注意義務があり，権利侵害をした張本人の「知りませんでした」などという弁解が通る可能性は極めて低い。

　著作権侵害行為を行った，たとえば盗作をした文芸家の作品を書籍として販売した者が，著作権侵害者として損害賠償を請求される場合，その者は直接元の著作物に依拠した者ではないので，過失の有無は問題になりうる。しかし，文芸家が盗作した作品を生み出すこと自体による元の著作物の権利者が被る損害は微々たるものであったとしても，実際にはこれが多数冊印刷されて販売されることによって損害は質的にも量的にも拡大することになるから，出版社などこれを広めた者＊2には，当該作品が著作権を侵害するものでないことを確認すべき法律的でありかつ社会的ともいえる高度の注意義務が課されており，過失を免れる場合は少ないといえる＊3＊4。

　＊2　なお，情報のデジタル化とインターネット時代において，インターネットを通じて電子情報の伝達を媒介する者が著作権侵害主体としての責任を追及される場面が頻発するに至っている。この点は第4節「侵害主体性」で検討する。

　＊3　東京地判平16・6・25 LEX/DB 28091876〈LECイラスト事件〉のように著作権侵害作品を出版した出版社の過失を肯定した判例がほとんどであるが，これを否定した下級審判例も数少ないながら存在する。東京地判平7・5・31判時1533・110〈ぐうたら健康法事件〉は，地方の小出版社が，地方で名の知れた医師の講演用資料を原稿化するに際して代筆までしたうえで出版した事例であるが，出版社には予め広く一般の雑誌記事にまで目を通して調査すべき義務があるとはいえないとした。仙台高判平9・1・30知的裁集29・1・89〈石垣写真事件控訴審〉は，出版社は，著者から提供された原稿中の表現や掲載写真の一つ一つについて，著作権侵害の問題が生ずることの有無

を調査，確認すべき義務があるとは解されないとした。しかし，両件とも大量の出版物を発行する者として注意義務の認定が甘すぎるように思われる。

* 4 最三小判平 24・1・17 判時 2144・115〈暁の脱走事件〉は，旧著作権法（昭 45 年法律第 48 号による改正前のもの）の下において興業された映画の著作物の複製物を輸入等した者が，その著作物の存続期間を満了したと誤信した点に過失があるとして，これを否定した知財高裁の判断を覆している。

③ 損害賠償額算定に関する特別規定[*1]

* 1 本項での説明も財産権である著作権，出版権または著作隣接権について共通しているが，以下では煩雑を避けるため著作権を代表して説明することにする。

1 権利者の販売利益減少による損害額の算定（114条1項）

著作権法 114 条 1 項は，著作権者が販売している製品と侵害者が著作権を侵害して製造販売している製品が市場における競合製品となっている場合において，著作権の侵害製品の譲渡（＝販売）数量に，著作権者が侵害行為がなければ販売できた物の単位数量当たりの利益率を乗じたもので，著作権者の販売能力に応じた額を超えない額を，損害額とするものである。ただし，著作権者には侵害者と同等の販売ができない場合もあるので，侵害者がこのような事情を主張立証すれば損害額が一部減額される。著作権者は著作権を利用した製品を市場で独占的に販売することができる地位にあるから，侵害品が販売されなかったとしたら，これに代替できる著作権者の製品は著作権者のみが販売できたはずであるとの理解を前提に構成された規定である。著作権の侵害製品の販売個数を立証することは，著作権法 114 条の 3 や民事訴訟法 219 条以下の文書提出命令の申立てを活用することなどによって，著作権者としてもある程度は可能であるが，侵害製品を販売することによって侵害者が得た利益額（売上額ではない）を立証すること（著作 114 条 2 項）は，他人の懐を覗かなければならないことであるだけに，難しい。そこで，外形的に明らかにすることが可能な侵害製品の販売個数に，著作権者自らが

販売することによって得られる単位数量当たりの利益率（これは著作権側の内部資料で容易に立証できる）を乗じることによって，権利者の被った損害額が計算できるとしたのが，2003（平15）年著作権法改正によって新設された本項である。

　著作権法 114 条 1 項と趣旨を同じくする特許法 102 条 1 項の解釈としては，権利者が侵害行為がなければ販売できた物とは，侵害された特許発明の実施品である必要があるか否かについては説が分かれる（高林・特許 297 頁）が，著作権法 114 条 1 項の解釈としてならば，より一層，著作権侵害品と同様の著作権を利用する製品を著作権者が販売等していることを前提とする必要がある。たとえば，侵害者は権利者の製品の一部分を侵害する製品を販売している場合であっても，侵害品への需要が著作者製品へ向かったはずだとの擬制は成立し難い場合が多い。東京高判平 16・6・29 LEX/DB 28091947〈国語テスト事件控訴審〉は，114 条 1 項適用のためには著作権者製品と侵害品とが代替関係にある必要があるとしたうえで，著作権者の単行本の一部を複製して設問等を付して作成された被告の国語テストは，原告の単行本と利用の目的，態様を異にし，販売ルートに大きな違いがあるとして，同項の適用を否定した。また，侵害者が翻案物を製造販売している場合，たとえば著作権者が映画を製造販売していて，侵害者がその映画を改変した別の映画やあるいは映画を翻案した小説を販売している場合も同様である（反対：山本隆司「損害額の算定」理論と実務 371 頁）。

　著作権者の利益率を算定するに当たっては，原材料費や仕入価など権利者が侵害数量分を追加的に販売するために必要となった経費（変動経費）のみが控除されるとする限界利益説が現在の通説・判例といえる（特許法 102 条 1 項に関してであるが知財高大判令 2・2・28 判時 2464・61〈美容器事件〉は限界利益説を採用している）。

　著作権者側で主張額が自らの販売能力に応じた額を超えていないことを主張立証し，逆に，侵害者側で著作権者には譲渡等数量の全部または一部を販売することができないとする事情があると主張立証することになる（特許法 102 条 1 項に関してであるが前掲知財高大判令 2・2・28〈美容器事件〉も同様の判断をしている）。販売することができないとする事情と

しては，侵害者の営業努力，侵害者製品と権利者製品の市場の非同一性，両製品のデザイン等著作権以外の特徴など諸々の事情がある。

2 侵害者利益による損害額の推定 (114条2項)

　著作権法114条2項は，著作権の侵害製品を製造・販売することで侵害者が得た利益額を直ちに著作権の著作権侵害により被った損害額と推定する，事実推定規定である*2。

> ＊2　114条2項（2003〔平15〕年改正前114条1項）は，無体財産である著作権の侵害と権利者の実際の売上減少（侵害行為がなかったならば権利者が得られたであろう利益の喪失）との間の因果関係を立証することが困難であることから設けられた推定規定であるが，2003（平15）年著作権法改正で権利者が得られたであろう利益額の算定規定である前記114条1項が新設された。そこで，現在では権利者の得べかりし利益を算定するための1項と，侵害行為により侵害者が得た利益を権利者の損害と推定する2項が並存することになっている。

　同様の規定は特許法102条2項にもあり，同項は損害額を推定するものであって，損害発生の事実まで推定するものではないから，権利者自らが特許発明を実施していない場合には損害の発生が推定されず，同項の推定規定を用いることはできず，特許発明を実施している場合にのみ適用が可能であるとされていた（高林・特許300頁）。しかし知財高大判平25・2・1判時2179・36〈紙おむつ処理容器事件〉は，権利者自らが特許発明を実施していない場合でも同項の推定規定を用いることができるとの新判断を示している。一方で，著作権法114条2項の場合も同項適用の前提として，著作権者が侵害者同様の著作物の販売等を行っていることを要求するのが従来の通説および下級審判例の傾向ではあったが，これを要求しない下級審判例も少ないながら存在していた*3。

　特許法102条2項が硬直的に解釈・運用されて，寄与率等を参酌した割合的認定がされなかった過去の状況は改善され，さらには前掲知財高大判〈紙おむつ処理容器事件〉が権利者自らは特許発明を実施していない場合においても同項による推定を認めたうえで推定の一部覆滅を認めるに至っている現状を踏まえるならば*4，今後は著作権法114条2項の解釈においても，同項適用の前提として著作権者が侵害者同様の著作物

の販売等を行っていることは要求せず，権利者が著作物の販売等を行っていないという事情も侵害者の得た利益額から権利者に還元すべき推定額を割合的に減額する一事情として考慮することによって，損害額を算定していくとの立場が主流となるのではないかと予想される*5。

* 3　東京地判昭 59・8・31 無体裁集 16・2・547〈藤田嗣治美術全集事件一審〉，東京地判平 12・2・29 判時 1715・76〈中田英寿事件〉，東京地判平 17・3・15 判時 1894・110〈グッドバイ・キャロル事件〉。グッドバイ・キャロル事件判決は，著作権法 114 条 2 項が適用されるためには，著作権者が侵害者と同様の方法で著作物を利用して利益を得られる蓋然性があればよい旨判示している。田村 325 頁，中山 636 頁も参照。

* 4　特許法 102 条 2 項の解釈としては，侵害者側が推定を覆す事情の主張立証に成功すると，全面的に同項の適用が排斥され，権利者側は民法 709 条に基づいて自らの損害を主張立証するか，特許法 102 条 3 項により実施料相当の損害金を請求するしかなくなるとするオール・オア・ナッシングの解釈が採用されてきた。しかし，1998（平 10）年改正特許法 102 条 1 項が割合的に損害賠償額を認定する途を開いたことを契機として，同条 2 項についても推定の量的な一部覆滅を認める判例（東京地判平 11・7・16 判時 1698・132〈悪路脱出具事件〉）が現れた。その後の前掲知財高大判平 25・2・1〈紙おむつ処理容器事件〉に引き続き，知財高大判令元・6・7 判時 2430・34〈二酸化炭素含有粘性組成物事件〉も同条 2 項においても 1 項同様に侵害者の営業努力，侵害者製品と権利者製品の市場の非同一性，両製品のデザイン等著作権以外の特徴など諸々の事情を一部覆滅事情として考慮することができる旨判示し，さらにはその場合の覆滅事由の主張立証責任は侵害者側が負担すると述べている。

* 5　ただし，東京地判平 30・6・19 LEX/DB 25449577〈久保田一竹美術館事件〉は特許法 102 条 2 項に関する前掲知財高大判平 25・2・1〈紙おむつ処理容器事件〉を引用したうえで，著作権侵害製品中で著作権者が同様の製品を実際に販売していた物といなかった物に区分して，前者については著作 114 条 2 項の適用を肯定し，後者については否定している。

侵害者が侵害製品を製造・販売することで得た利益とは，著作権法 114 条 1 項の場合と同様に，粗利益（売上高から売上原価を控除した額）や純利益（粗利益からその他の販売費や一般管理費などを控除した額）ではなく，売上高から原材料費や仕入価など権利者が侵害製品を追加的に販売するために必要となった経費（変動経費）のみが控除されるとする限界利益説が現在の通説・判例（東京地判平 7・10・30 判時 1560・24〈システムサイエン

ス事件〉など。なお，特許法 102 条 2 項に関してであるが前掲知財高大判令元・6・7
〈二酸化炭素含有粘性組成物事件〉も限界利益説を採用している）といえる。

🔘　著作権法 114 条 1 項および 2 項に共通する問題として，著作権と関係しない商品デザインなどが販売量の増加に貢献したような場合，あるいは一つの製品が当該著作権のほかにも，いくつかの別の著作権を利用していたり，商標権や意匠権をも侵害していたような場合に，侵害製品売上げへの当該著作権の寄与と，その余の要素の寄与割合を考慮すべきか（「寄与度考慮説」と呼ばれることがある），あるいは考慮する必要はないか（「全体利益説」と呼ばれることがある）という問題がある。

🔘　一つの製品を販売することによって得られる利益が，それぞれの知的財産権やその他の要因によって生み出されている場合には，そのうちの一つの著作権の侵害を理由にしてこの利益の回収を主張する者が請求できる相手方利益の額は，当該著作権がこの利益を生み出したことへの寄与率に従って配分される部分に限られるべきである。先に請求した権利者が全体利益のすべてを自らの損害として取得できるとしたり，あるいは侵害者は全体利益額をそれぞれの権利者に重ねて吐き出さなければならないとすることを，理論的に説明することは困難である。

🔘　ただし，訴訟の場面においては，侵害者利益に対する当該著作権の寄与率を当初から著作権者側に主張立証させることは困難であるから，まずは全体利益額の立証をもって原告側立証は一応終了したものとして，相手方（侵害者側）に全体利益額中の当該著作権の寄与分がどの程度であるかを立証させたうえで，その限度で減額した額をもって権利者の被った損害額と認定するのが妥当である*6。

　　*6　著作権法 114 条 1 項に規定する，「販売することができないとする事情」
　　　　として，侵害者の営業努力，侵害者製品と権利者製品の市場の非同一性，両
　　　　製品のデザイン等著作権以外の特徴など諸々の事情を考慮するのも，また 2
　　　　項による一部覆滅事情として 1 項同様の侵害者の営業努力，侵害者製品と権
　　　　利者製品の市場の非同一性，両製品のデザイン等著作権以外の特徴など諸々
　　　　の事情を考慮するのも著作権者や侵害者の得た利益額に対する当該著作権の
　　　　寄与率を考慮する一場面ということができる。したがって，各項の解釈と同
　　　　様に，寄与率を考慮した減額も，侵害者側に主張・立証責任を負担させるべ
　　　　きことになろう。

3 相当使用料額の請求 (114条3項)

● 著作権法114条3項は，土地の無断使用者に対して土地所有者が賃料相当損害金を不法行為による損害賠償として当然に請求できるのと同様に，著作権者が著作権利用者（侵害者）に対して，著作権の利用に対して受けることのできる金銭の額（相当使用料額）を損害賠償として請求できるとするものであり，賠償額の最低限度を法定している。

● 同項（当時2項。2003〔平15〕年改正により3項となる）は，2000（平12）年著作権法改正により，「その著作権又は著作隣接権の行使につき通常受けるべき金銭の額に相当する額」という従来の文言から，「通常」との文言が削除されたものである。「通常」との文言が削除されたのは，同項で請求できる相当使用料額は，当該事件の特殊性を考慮して決せられるべきであり，必ずしも世間一般で通用している使用料規程等によるものではないとの趣旨を明確にするためである。確かに，著作権を無断利用した者も，事前に著作権者と著作権の利用許諾契約を結んだ者も，結局は同額の使用料を権利者に支払えば足りるとしたのでは，権利侵害行為を助長することにもなりかねないが，従前は，侵害行為によって著作権者が受けるべき通常の金銭の額として，世間一般で利用許諾契約が行われる場合の約定による使用料を参考にして算出される率（たとえば侵害製品の販売価格の10%）を，損害賠償の際にも用いる下級審の判例が多かった。

● 著作権法114条3項に規定する相当使用料額は，具体的には，著作権者の権利利用状況や市場開発努力，著作物の重要性，他の者への利用許諾の状況などを考慮して決定されることになるが，侵害者が著作権を利用して得た利益額も重要な考慮要素となる*7 *8。

* 7　したがって，著作権をこれから利用させようとして契約を締結する際に決せられる約定使用料と，侵害行為が既に行われ，これによって侵害者の売上額等も判明した後に算定されるべき使用料が異なることは当然であり，このことは，「通常」との文言の有無にかかわらない。しかし，前述のような従前の下級審判例の動向を踏まえて，同項の趣旨をさらに明確化するために，「通常」との文言を削除する改正がされたものといえる。なお，著作権法114条3項と同様の趣旨で相当実施料額の賠償を認める特許法102条3項の

解釈に関して，前掲知財高大判令元・6・7〈二酸化炭素含有粘性組成物事件〉は，同項による損害は実施許諾契約における実施料率に基づく必然性はなく，侵害者に対して事後的に定められるものであるから，通常の実施料に比べて自ずと高額になると判示しており，同判決後に施行された 2019（令元）年改正特許法 102 条 4 項はその趣旨を明確にしている。

* 8　相当使用料額の算定基準となる販売価格を，権利者製品の販売価格に置くと，許諾を受けた者もこれと同等の品質の製品を同一の価格で販売することが前提となってしまうから，多くの場合には，著作権法 114 条 3 項の解釈としても侵害製品の販売価格を基準として相当額使用料が算定されている。しかし，たとえば海賊版 DVD が不当廉売されたような場合にも同様に廉売価格を基準に算定するのは相当でないとして，正規品 DVD の表示小売価格を基準に算定した判決（知財高判平 21・9・15 LEX/DB 25441297〈黒澤明映画 DVD 事件控訴審〉）や同種の DVD の実売小売価格を基準とした判決（知財高判平 22・11・10 判時 2102・136〈SLDVD 事件〉）などもあるし，使用料率についても 20% から 25% と他の侵害事例に比べると高めに認定される傾向がある（コンメンタール 3［松川実］540 頁）。なお，知財高判令元・10・23 LEX/DB 25570522〈テレビ放送再放送事件〉も参照。

4　法定損害賠償（114 条 4 項）

　環太平洋パートナーシップ協定（TPP 協定）は，著作権・著作隣接権の侵害に対する民事責任として法定損害賠償または懲罰的損害賠償を含む追加的な損害賠償の少なくともいずれかの制度を設けるものと定めているため，同協定締結に伴う 2017（平 29）年著作権法改正（2019〔平 30〕年 12 月施行）で法定損害賠償を可能とする 114 条 4 項が新設された。本項は，一般社団法人日本音楽著作権協会（JASRAC）のような著作権等管理事業法に基づく事業者（⇒第 5 章第 5 節権利の信託・管理）が管理する著作物の侵害の事案において，権利者が 114 条 3 項により相当使用料額の賠償を請求する場合には，事業者が管理事業法 13 条 1 項に従って定めた侵害著作物に対して適用される使用料規程による最も高い額を請求できるとするものである。本項は 3 項と違って被った損害額を立証せずとも，使用料規程による最も高い額を賠償請求できるという意味で，「法定」の損害賠償と位置付けることができる。

5 軽過失の場合の減額など（114条5項）

著作権侵害による損害賠償は民法709条に基づくほか，著作権法114条1項から4項を利用して請求することができる。この場合114条3項が最低限度の賠償額であることを注意的に示しているのが同条5項前段である*9。また，侵害者が権利侵害について故意または重過失がなかったこと，すなわち軽過失であったことを主張・立証した場合には，114条3項の賠償額を上回る部分に関して裁判所は賠償額を減額することができる。

> *9 著作権法114条3項と同趣旨の商標法38条3項の解釈において，最三小判平9・3・11民集51・3・1055〈小僧寿し事件〉は，侵害者は損害の発生がありえないことを抗弁として主張・立証して損害賠償の責めを免れることができるとしている。これは，商標権の価値に着目したうえでの判断であって，創作（保護）法である著作権法や特許法の場合に射程が及ぶものではない。

6 相当な損害額の認定（114条の5）

1996（平8）年民事訴訟法改正で，損害額の認定に関する248条が新設された。同条は，損害が生じたこと自体は認められるが，損害の性質上その額を立証することが極めて困難である場合に，裁判所が弁論の全趣旨や証拠調べの結果を総合して相当な損害額を認定できるとしたものである。

2000（平12）年著作権法改正では，上記民事訴訟法248条と同様の趣旨の規定である著作権法114条の5が新設された。同条は，民訴法248条の「損害の性質上その額を立証することが極めて困難であるとき」との要件に代えて，「損害額を立証するために必要な事実を立証することが当該事実の性質上極めて困難であるとき」と規定している。たとえば，被告の著作権侵害製品の販売数量の立証が困難な場合は，民訴法248条の場合に該当するか疑義が生ずる可能性があるため，これらの場合も含めて裁判官の自由心証に委ねる趣旨を明確にしたものといえる*10。

> *10 以前の下級審の判例中には，損害の発生自体を認めながらその額の立証が

ないとして請求を棄却した例もあった。上述の民事訴訟法や著作権法の改正
は，裁判官のこのような安易な処理を禁じたものである。もっとも，この法
改正以前においても，損害の発生自体の立証があるのであれば，最小限度の
額の認定が不可能なことは通常はありえなかったのではないかと思われる。

第 3 節　名誉回復等の措置請求

① 総　説

🔵 著作者・実演家は，故意または過失によって著作者人格権・実演家
人格権が侵害された場合には，損害賠償に代えてまたは損害賠償と
ともに，著作者・実演家であることを確保する措置や，訂正その他著作
者・実演家の名誉声望を回復するために適当な措置をするように請求す
ることができる（著作 115 条）。

🔵 特許権が侵害された場合には信用回復措置請求（特許 106 条）ができ，
同様の規定は商標法にもある（商標 39 条）。商標の場合は商標に化
体される信用が当然にあるから，財産権侵害による信用毀損はもちろん
ありうる（参考判例として大阪地判平 20・3・11 判時 2025・145〈DAKS 事件〉が
ある）。特許権を侵害された場合でも，たとえば侵害品の品質が粗悪な
ため，特許権者の実施品も同様の粗悪品であるとの評価が広まることな
どによって，特許権者の信用が害されることもありえないではない。一
方で，著作権法 115 条は著作者・実演家が著作者人格権・実演家人格権
が侵害された場合について名誉回復等措置請求ができるとするのみで，
著作権，出版権や著作隣接権といった財産権侵害による信用回復措置請
求に関する規定を置いていない。しかし，財産権的側面しか規定されて
いない特許権の侵害の場合でさえその侵害に対して信用回復措置請求が
できるとされているのであるから，著作（財産）権侵害の場合にも信用

毀損される場合も想定される。この点，民法 723 条は，他人の名誉を毀損した者に対しては名誉回復措置請求ができると規定しているが，この場合の名誉には信用も包含されると解釈されているから，著作 (財産) 権が侵害されて信用が毀損された場合には，少なくとも民法 723 条によって信用回復措置請求をすることは可能であろう（コンメンタール 3 ［飯村敏明］597 頁参照）。

② 故意・過失

著作権法 115 条には「損害の賠償に代えて，又は損害の賠償とともに」とあるように，故意・過失なくして現在行われている侵害行為に差止請求ができる場合とは異なり，あくまで，過去に行われた行為に対する損害の補塡の一工夫として採られる措置であるから，故意・過失が要件とされている。

③ 著作者または実演家であることを確保する適当な措置

「著作者であることを確保する」という規定文言からも，氏名表示権侵害行為が行われた場合に真の著作者であることを示す措置のことをいう。通常は説明文の作成・公表などのことをいう*。

   *　彫刻の著作物に著作者以外の者が著作者と表示されている場合について，知財高判平 18・2・27 LEX/DB 28110507〈ジョン万次郎彫刻事件〉は，著作権法 115 条の請求として謝罪広告までの必要性は認めなかったが，著作者であることを確保するための措置として，被告に対して彫刻の所有者宛にこの彫刻の著作者が原告であることを通知するように命じた。

④ 訂正その他著作者または実演家の名誉や声望を回復するための適当な措置

最二小判昭 61・5・30 民集 40・4・725〈パロディーモンタージュ事件第二次上告審〉は，この措置を求める前提として著作者人格権侵害行為があっただけではなく，これによって名誉もしくは声望を害されたことが要件として加重されるとしている。

他の知的財産権法，たとえば特許法 106 条では「特許権者又は専用実施権者の業務上の信用を害した者に対しては」と，信用毀損があったことは回復措置請求の前提要件となっているが，著作権法 115 条の規定文言上は，名誉声望が毀損されたことではなく人格権侵害があったことだけが要件となっている。そこで，たとえば著作者人格権としての同一性保持権であるならば，著作者の「意に反する」改変がされれば同一性保持権侵害となり，名誉声望が害されること自体は同一性保持権侵害の要件となっていないから，かりに名誉声望を毀損しない同一性保持権侵害行為であったとしても，著作者として損害賠償だけではなくその訂正を求めることができるのかという疑問が生じうる。この点は，氏名表示権の侵害の場合にも，その侵害が名誉声望を毀損しないとしても，著作者として「著作者・実演家であることを確保する適当な措置」に加えて「訂正」措置を求める必要性がある場合も想定されるから，「訂正」措置は名誉声望が毀損された場合に限らず請求することもでき*1，「その他の名誉声望を回復するための適当な」措置に限って，名誉声望を毀損されたことを要件とするものと解するべきであろう*2。

*1　著作権法 115 条の「訂正」として，すげ替えられた仏像の首を原状回復するように命じた判例として東京地判平 21・5・28 LEX/DB 25440818〈駒込大観音事件一審〉があるが，その控訴審知財高判平 22・3・25 判時 2086・114 は，首をすげ替えて原状回復をするように命じることはむしろお焚き上げ（観音像全体を焼くこと）を奨励するものであって適当な措置とはいえないとして，名誉声望を維持するための措置としては，事実経緯を記載した広告文を公衆の閲覧に供することで足りるとした。

*2　名誉回復措置として謝罪広告を命じたものとして，東京地判平 5・8・30

知的裁集 25・2・310〈目覚め事件〉，東京高判平 8・10・2 判時 1590・134
〈市史事件〉などが，謝罪広告までの必要はないとして事実経過を明らかに
する新聞広告の掲載を命じたものとして東京地判平 11・10・18 判時 1697・
114〈剣と寒紅事件〉がある。

第 4 節　侵害主体性

１　総　説

　　著作権法 112 条 1 項が，著作権，著作者人格権，出版権，著作隣接
　　権や実演家人格権は，各権利を侵害する者または侵害するおそれが
ある者に対して侵害行使の停止や予防を請求できるとしていることは第
1 節で述べた。また，これらの権利を故意または過失で毀損した者は損
害を賠償する義務があることも第 2 節で述べた。損害賠償は民法の不法
行為法を根拠とするものであるから，権利侵害だけではなく権利の周辺
にある保護すべき利益を毀損する者（民 709 条）のほか，不法行為を教唆
したり幇助した者（719 条 2 項）に対しても請求できる。したがって，著作
権侵害行為をするように命じただけで実行行為は何らしていない者であ
ったり，あるいは侵害行為に対して資金提供をしただけの者であったと
しても，損害賠償義務を負うことはありうる。しかし，112 条 1 項は，著
作権等を物権的な権利として構成して，故意または過失といった不法行
為の成立要件の具備不具備とかかわりなく，その侵害に対して物権的請
求権として差止請求ができることを規定したものであるから，差止めを
命じられる行為者は，損害賠償義務を負担する者と同一ではなく，あく
まで各「権利」を侵害する者または侵害するおそれがある者に限られる。
　　有体物の侵害行為に対する妨害排除請求の場合には，物理的に存在
　　する物に対して妨害が行われているのであるから，実際の妨害行為

者の行為を排除すれば足り，有形力の行使を教唆ないし幇助している者に対して，損害賠償に加えて，その行為を排除しなくてはならない場面は想定しにくい（高部眞規子「著作権侵害の主体について」ジュリ 1306 号 126 頁〔2006 年〕参照，反対：牧野利秋「著作権等侵害の主体」裁判実務大系 361 頁等）。しかし，無体物に対する侵害行為とは，観念的に存在する財物に対する法的に妨害と評価される行為のことをいうのであって，その範囲の判断に価値的評価が入り込む側面（規範的側面）があることは否定できない。著作権侵害主体の判断は，有体物に対する侵害主体との比較よりは，むしろ，国家刑罰権の行使の要請といった視点から実行行為を規範的に捉え，判例法によって共謀共同正犯なる概念が構築されてきた経緯を参考にして考察した方が理解しやすい*1。

> *1　刑法 60 条は共同正犯について「2 人以上共同して犯罪を実行した者は，すべて正犯とする」と規定している。教唆犯は正犯として処罰される（刑 61 条 1 項）が，幇助犯は正犯ではなく従犯とされ（同法 62 条 1 項），正犯の刑より減軽される（同法 63 条）。そこで，2 人以上の者が犯罪を実行することを共謀し，共謀した一部の者が実行行為を行った場合に，実行行為に関与しなかった者も含めて共謀者全員に共同正犯が成立するとするのが共謀共同正犯である。実行行為を行っておらず，幇助としてしか捉え難かった者が，実際には犯罪の首謀者であることが多い。そのため，共同実行の意思があり，あるいは実行行為者の行為を支配していたといった観点に着目して，大方の学説が反対する中で，大判大 11・4・18 刑集 1・233 以来，判例法においては一貫して採用されてきた考え方であり，現在では刑法学者の多くも賛同するに至っている。

　たとえば実際の演奏行為や複製行為を行っている個々人ではなく，その行為をさせている店や会社が「演奏している」「複製している」と理解することには抵抗がないであろう。このように著作権侵害主体を規範的に捉える考え方は，後述の最三小判昭 63・3・15 民集 42・3・199〈クラブキャッツアイ事件〉以前においても存在していた。たとえば名古屋高決昭 35・4・27 下民集 11・4・940〈中部観光事件〉は，常置の楽団による演奏についてキャバレー営業主を演奏主体としており，このような考え方は既に定着していた（板倉集一・百選〔第 3 版〕211 頁〔2001 年〕，茶園成樹「著作権侵害の行為主体」大阪大学法学部創立 50 周年記念『21 世紀の法と政治』〔2002 年・有斐閣〕297 頁）。このような事案は，いわば実際

の演奏者も演奏をしているし，その演奏を命じてこれを実行させている
キャバレー営業主も規範的に捉えれば演奏していると評価できるとして，
共同実行行為者であるとしたものということができ，このような立場は
「手足論」といわれていた。

　一方で，権利を直接侵害している主体の概念を規範的に捉える考え
方とは別に，法規によって権利を間接侵害する者を権利侵害と構成
する考え方がある。たとえば特許法 101 条は特許発明の実施にのみ用い
る物を製造等すること（1 号，4 号）や，発明の課題の解決に不可欠な物
を特許発明の実施に用いられることを知りながら製造等すること（2 号，
5 号）を，特許権の侵害行為とみなしている。特許請求の範囲に記載さ
れた要件の一部しか実施していない場合には特許権の直接侵害は成立し
ないが，特許法 101 条（1 号，2 号，4 号，5 号）は要件の一部の実施行為
を，いわば直接侵害を幇助する従犯的なものと捉えて侵害行為と擬制す
る規定であり，このような侵害行為は間接侵害と呼ばれている*2。

　しかし，著作権法には特許法 101 条のような間接侵害を権利侵害と構
成する規定はない。そこで，著作権法の解釈としては，侵害主体を規範
的に捉えるといった方向性のほかに，特許法 101 条のような間接侵害規
定が存在しなくとも，直接侵害の主体ではなく直接侵害行為を幇助する
従犯的な行為主体を，直接，著作権法 112 条の規定する著作権の侵害者
に包含して理解することができるという考え方が登場するに至ってい
る*3。

　　*2　特許法 101 条も著作権法 113 条も「侵害とみなす行為」を規定しているが，
　　　　特許法 101 条 3 号，6 号や著作権法 113 条の各項は，権利侵害として法定さ
　　　　れていない一定の範囲の行為を法律によって侵害と擬制するものであって
　　　　「擬制侵害」と呼ぶには相応しいが，「間接侵害」ということはできない。た
　　　　だし，特許法 101 条 1 号，2 号，4 号，5 号の規定も，直接侵害を幇助する
　　　　従犯的なものであるか否か，すなわち直接侵害行為が行われているか否にか
　　　　かわらず法によって侵害と擬制されるのであるから，間接侵害というべきで
　　　　はなく，すべてを擬制侵害と呼ぶべきであるとする説（独立説）も存在する。
　　　　この点は高林・特許 175 頁以下を参照願いたいが，直接侵害が成立すること
　　　　が，特許法 101 条の侵害（間接侵害）が成立する要件であるとする従属説で
　　　　一貫して理解するのが妥当である。
　　*3　大渕哲也「著作権侵害に対する救済(1)」法教 356 号 142 頁（2010 年）参

照。大阪地判平 15・2・13 判時 1842・120〈ヒットワン事件〉は，通信カラオケ装置のリース業者が，これをリースして使用している飲食店が許諾なくカラオケ演奏をする行為を幇助している行為に対しても，侵害行為の主体に準じる者として著作権法 112 条による差止めを命じた（大阪地判平 17・10・24 判時 1911・65〈選撮見録事件一審〉も同旨）が，根拠が明確でないとする批判や，理論的整合性に疑問を呈する者も多い。なお，侵害行為を幇助・教唆する者を 112 条の侵害主体ということはできないと明示したものとして，東京地判平 16・3・11 判時 1893・131〈2 ちゃんねる事件一審〉がある。

2 最三小判昭 63・3・15 民集 42・3・199（クラブキャッツアイ事件）

🔵　クラブキャッツアイ事件は，いわゆる「カラオケ法理」を確立したものとして著名であるが，論者によって「カラオケ法理」の理解が一定していないので注意を要する。本判決は，当時，カラオケスナックにおいてカラオケテープを再生して客（公衆）に聴かせることを演奏権侵害とすることが著作権法およびその附則 14 条（録音物による演奏についての経過措置）によって困難であったという特殊事情の存在下において，客がカラオケ装置を伴奏に歌唱することは演奏権侵害にならない（著作 38 条 1 項）ものの，客に歌唱を勧め，他の客の面前で歌唱させるなどして，店の雰囲気作りをし，客の来集を図って利益をあげることを意図しているスナックの経営者が，客の歌唱の主体となると判示した。著作権侵害主体を規範的に捉える考え方は，本判決以前にも前述のように名古屋高決昭 35・4・27〈中部観光事件〉をはじめとして多数存在しており，このような考え方は既に定着していたのであって，本判決として注目すべきは，むしろ，客自身の行為が著作権侵害とならない状況下において[*1]，客ではなくスナックの経営者が歌唱していると擬制したところにある[*2]。いわば，刑法における共謀共同正犯はもちろん従犯の成立さえ認められない場面において，客の行為は経営者の単なる道具，すなわち犬猫の行為と等しいとして間接正犯[*3]の成立を認めたものということができる。ただし，1999（平 11）年著作権法改正で附則 14 条が廃止され，録音・録画物の再生が全面的に上演権・演奏権で禁止できることとされ

た（著作2条7項，22条）から，クラブキャッツアイ事件が，客の歌唱を
もってスナック経営者の歌唱であると構成せざるをえなかった特殊事情
は既に解消している。

* 1　本判決は，客やホステス等の歌唱が公衆たる他の客に直接聴かせることを
目的とするものであること（著作22条参照）は明らかであると判示してい
るから，スナック経営者が歌唱の主体であると構成することによって，その
いわばその道具である客やホステス等の歌唱も公衆に対するものと評価でき
るとするものである（田村177頁。なお，＊2の伊藤正己裁判官の意見も参
照）。

* 2　本判決でも伊藤正己裁判官は意見で，歌唱するかしないかは全く客の自由
に任せられているのであり，その自由意思によって音楽著作物の利用が行わ
れているとして，客による歌唱は，ホステス等従業員の歌唱とは区別して考
えるべきであって，これをスナック経営者による歌唱と同視するのは擬制的
にすぎて相当でないとしている。しかし，その後，より一層，客がその自由
意思で歌唱しているといえるカラオケボックスでの歌唱も店の経営者を演奏
主体とする下級審の判断（東京地判平10・8・27知的裁集30・3・478〈ビ
ッグエコー上尾店事件一審〉，東京高判平11・7・13判時1696・137〈同控
訴審〉）なども現れている。

* 3　責任無能力者または故意のない者を利用して犯罪を実行する者を間接正犯
という。本事件の例でいうならば，客は犬猫の如き責任無能力者でスナック
経営者のいわば道具として歌唱していることになるのだろう。このような妙
な論理が採用された背景には，本判決以前に前掲名古屋高決昭35・4・27
〈中部観光事件〉などで採用されていた前述の「手足論」が，実際に演奏し
ている楽団員を演奏権侵害主体から解放する論理であるとの誤解，すなわち
手足論においても，楽団員は経営者の犬猫の如き単なる道具に等しいとする
論理であるとの誤解が広まっていたことがあるように思われる。クラブキャ
ッツアイ事件においても，ホステス自身は責任能力のある共犯者としてスナ
ック経営者の指示に従って歌唱していることになるのであって，「手足論」
においても，実際に演奏している楽団員は演奏権侵害責任を免れる論理など
存在しない。近時に至り，ようやくこのような「手足論」が誤解であること
が指摘されるに至っていること（上野達弘「いわゆる手足論の再検討」飯村
敏明先生退官記念『現代知的財産法』〔2015年・発明推進協会〕1122頁）は，
むしろ私には驚きである。

③ カラオケ法理の展開

著作権法に特許法のような間接侵害規定が存在しないこともあって，情報のデジタル化とインターネット時代において，インターネット等を通じて実際に電子情報の発信する個々の者ではなく，その場を提供して情報伝達を媒介する者などを著作権侵害主体と認定するためのひとつの方策として，クラブキャッツアイ事件最三小判の用いた法理が「カラオケ法理」として用いられるようになった[1]。

* 1　東京地中間判平 15・1・29 判時 1810・29〈ファイルローグ事件中間判決〉，知財高決平 17・11・15 LEX/DB 28102485〈録画ネット事件控訴審〉，東京地判平 19・5・25 判時 1979・100〈MYUTA 事件〉，大阪高判平 19・6・14 判時 1991・122〈選撮見録事件控訴審〉，東京地判平 20・5・28 判時 2029・125〈ロクラクⅡ事件一審〉などはカラオケ法理を適用することによって，実際にソフトウェアや機器を利用している者ではなく，それらを提供して管理している者を権利侵害者と認めた事案であり，クラブキャッツアイ事件の判旨に沿って，実際の機器等を利用する者に対して機器等を管理している状況や機器等の管理に対して経済的な利益を得ていることなどを理由付けに用いている。一方で，知財高判平 20・12・15 判時 2038・110〈まねき TV 事件控訴審〉や知財高判平 21・1・27 民集 65・1・632 所収〈ロクラクⅡ事件控訴審〉などは，機器の管理者は権利侵害主体とは認められないと判断された事案である。また，東京高判平 17・3・3 判時 1893・126〈2 ちゃんねる事件控訴審〉，知財高判平 22・9・8 判時 2115・102〈TV ブレイク事件控訴審〉はカラオケ法理を直接用いたものとはいえないが，個々の情報発信者にインターネットを通じて著作権侵害情報を広く伝達する場を提供しながら，これを抑止せずに誘引した者を権利侵害主体と認めた事案である。

基本書としての性格上，多数の下級審の判決の個別的な評釈をすることはできないが，* 1 に掲げた下級審の判決のうちで，他者の提供・管理する機器を利用している者の行為も著作権侵害行為となる事案は，ファイルローグ事件中間判決[2]と 2 ちゃんねる事件控訴審判決および TV ブレイク事件控訴審判決[3]に限られる。他の事案においては，他者の提供・管理する機器を利用している者に着眼したならば，それらの者の行為は個人的・家庭内における複製として著作権が制限されたり（著作 30 条），公衆の要件を充足せずに支分権に包含されず，著作権侵害

行為と評価することはできない行為であった（この点を指摘するものとして，前掲知財高判平20・12・15〈まねきTV事件控訴審〉参照）。

* 2　ファイルローグ事件中間判決は，いわゆる中央サーバーとしてピア・ツー・ピア方式（ネットワーク上で対等な関係にある端末間を相互に直接接続して，データを送受信する通信方式）のファイル交換サービスを提供している者は，著作権を侵害するファイルを交換する場を管理・支配し，それによって利益を得ているとして直接侵害主体であると認めた。少なくとも著作権を侵害するファイルをサーバーを通じて他へ提供することは公衆送信権を侵害するものであるから，サーバーの場を利用して違法ファイルを交換している実際の物理的行為者も著作権の直接侵害行為主体といえる。このことは2ちゃんねる事件においてインターネットの電子掲示板に著作権侵害情報を投稿している者や，TVブレイク事件において動画投稿サイトに著作権侵害情報を投稿している者についても同様である。

* 3　インターネット接続環境の提供サービスだけを行っているプロバイダは，たとえホームページに著作権侵害物が掲載されたとしても，通常は掲載者の侵害行為を管理できる立場にないから著作権侵害者とはならない。しかし，権利者からその登載を止めさせるよう要望があったのにこれを放置していたような場合には，条理上の義務違反として責任を追及される場合もありうる。そこで，2001（平13）年に，一定の義務を果たすことによってプロバイダの責任を制限する方向から，いわゆるプロバイダ責任制限法（特定電気通信役務提供者の損害賠償責任の制限及び発信者情報の開示に関する法律）が制定された。TVブレイク事件控訴審判決は動画投稿サイトの運営者が著作権侵害主体と認定される場合は，責任が制限されるサイト運営者ではなく，侵害情報を発信している者に該当すると判示している。

④ 最一小判平23・1・20民集65・1・399（ロクラクⅡ事件上告審）と最三小判平23・1・18民集65・1・121（まねきTV事件上告審）

カラオケ法理が前記のように展開する過程で，知財高裁が知財高判平20・12・15判時2038・110〈まねきTV事件控訴審〉，知財高判平21・1・27民集65・1・632所収〈ロクラクⅡ事件控訴審〉と相次いで，TV放送の転送サービス業者の侵害主体性を否定したことから，その上告審判決が注目されていたところ，最高裁はいずれの事件においても知財高裁の判断を否定して業者の侵害主体性を認めた。

ロクラクⅡ事件もまねき TV 事件も，いずれも地上波アナログ放送のTV 番組のインターネット回線を利用した転送サービスを行う業者の著作権侵害主体性が問題になった事案である。当該地上波が届かない，たとえば海外の顧客が子機を所持し，これと一対一に対応している親機を地上波が受信できる地域内で業者が維持・管理している。この親機は業者が管理しているアンテナで受信した地上波アナログ放送の複数のTV 番組を，デジタルデータ化して親機に継続的に流入させている。海外から顧客が子機でインターネット回線を利用して視聴したい番組を親機に指示すると，ロクラクⅡ事件においては子機に対応した親機に指定された番組が録画され，顧客は任意なときにこれをインターネット回線を利用して転送させて海外で視聴することができ，まねき TV 事件では親機に録画機能はないので，海外の顧客は指定した番組が放映されるのと同時にインターネット回線を利用して転送させて海外で視聴することができるというシステムである。1 台の親機からはこれに対応する 1 台の子機にしか番組は転送されない点に特徴があり，ロクラクⅡ事件では主として番組の複製主体が，まねき TV 事件では主として番組の送信主体が問題になった。

　　最高裁はロクラクⅡ事件においては，アナログ地上波放送番組をアンテナからデジタルデータ化して複製装置といえる親機に入力するという複製のための枢要で必要不可欠な行為をしている業者が複製主体といえると判示し，まねき TV 事件においても同様の行為をして自動送信装置といえる親機にデジタルデータ化した情報を入力して送信可能化状態を作出しているのは業者であるから，かりにこの継続的な親機からの現実の送信先は一対一に対応している個人であったとしても，当該装置（親機）からみるならば不特定の者に対する送信すなわち公衆に対する送信といえると判示した。

⑤ 検 討

🔘 著作権の侵害行為である複製や演奏などを実際に行っている個々の者ではなくとも，侵害主体を規範的に捉えるべき場合があることは何度も述べた。しかし，たとえば個人的にあるいは家庭内で行われる行為を著作権侵害であるとして逐一捕捉することが煩雑であり経済的でないなどの理由から，これを管理・支配している者を著作権侵害の行為主体であると擬制するためには，最低限，個々の行為者の行為が直接侵害行為といえることが要件となる（大渕・前掲①＊3法教356号142頁参照）。このことは特許法101条のような間接侵害規定が設けられている場合でも同様である＊1。教唆や幇助が不法行為となるためには，いわゆる直接行為者による不法行為が行われることが前提であること，すなわちその意味で従属説が妥当することは，民法の解釈においても刑法の解釈においても，そして知的財産法の解釈においても不変の原則である。

> ＊1　特許発明の実施が業としてではなく家庭内でしか行われないといった稀有の事例を想定したうえで，この場合家庭内での実施にのみ用いられる機械を業として製造する行為は特許法101条に規定する間接侵害を構成すると考えるいわゆる折衷説があるが，この場合でも従属説で一貫して，間接侵害の成立を否定しても問題はない（高林・特許177頁）。

🔘 著作権侵害主体を規範的に捉えた最高裁判例として著名なクラブキャッツアイ事件最三小判は，スナック経営者によるカラオケテープの再生を演奏権侵害として捉えることができなかったという時代背景に起因して，顧客の歌唱をもってスナックの経営者の歌唱と評価したという特殊な事例的な判断であったためか，その後のロクラクⅡ事件最一小判は，このような規範的な侵害主体の捉え方をせずに＊2，顧客の行為とはかかわりなくサービス提供業者の行為そのものを複製権の直接侵害行為としたものと解され＊3，このような認定手法はまねきTV事件最三小判にも共通している。いわば両判決ともに著作権侵害主体を規範的に捉えるのに代えて，複製概念や自動公衆送信概念について事例に対応した解釈をしたものであって，その射程はアナログ地上波TV番組をデジ

タルデータ化してインターネットを通じて顧客に転送するといった事例に限定されたものというべきであろう*4。

> *2　ただし，金築誠志裁判官は補足意見で，本判決も規範的に著作権侵害主体を捉えたものであるとしたうえで，クラブキャッツアイ事件最三小判の示したカラオケ法理は法概念の一般的な解釈手法の一つにすぎないと述べている。
>
> *3　前述のようにクラブキャッツアイ事件最三小判は客の行為は経営者の単なる道具，すなわち犬猫の行為に等しいとして刑法の間接正犯の成立を認めたのに対して，ロクラクⅡ事件最一小判は犬猫の行為などに着目するまでもなくサービス提供業者自身が刑法の実行正犯であるとしたものといえる。
>
> *4　大渕・前掲①総説*3法教356号の指摘するいわゆるジュークボックス法理，すなわちコンテンツの提供も経営者が行って，顧客にジュークボックスのような完全自動利用可能状態作出装置を利用させる場合には，たとえ演奏開始のボタンを押すのは顧客であったとしても，経営者が直接行為主体であるとする法理が適用になる場合もあるではあろう。しかし，ロクラクⅡ事件やまねきTV事件において，アナログ地上波放送番組はアンテナからデジタルデータ化して親機に継続的に流入しており，その間に顧客から子機による録画や送信の指示がされない限り，番組はアンテナから親機を経由して流れ去っているにすぎないから，いわゆるジュークボックス法理が適用になる場面でもないし，このように番組を親機に流入させる行為を捉えて「複製」とか「送信可能化」と評価できるかには疑問なしとしない。もっとも，いずれにせよ両判決の射程は顧客自らが情報を提供して自らに一対一で返送させているいわゆるストレージサービスなどに及ぶものではない。

　最後に，著作権の侵害行為である複製や演奏などを実際に行っている個々の者の行為が著作権侵害となることを前提とした場合であっても，それらの者に行為をさせていると評価できる者も侵害者であると認定する手法としても2つの立場がありうる。ひとつは直接侵害者を規範的に捉える立場であり，もうひとつは民法の不法行為でいう幇助者・教唆者であっても著作権法112条にいう侵害者に準じる者として差止請求の主体と認める立場である。観念的に存在する財物に対する法的に妨害と評価される行為が，無体物に対する侵害行為なのであるから，侵害行為を実際に行っている者に指示してこれを行わせている者が，不法行為法の概念でいうならば教唆的なあるいは幇助的な行為者であったとしても，無体財産権の侵害主体を規範的に捉えることによって行為主体であるということができる場合もある。したがって，この両説の違いは理

論的なものであって，実質的にはほとんど差異がないともいえるが，後者のように幇助者であっても侵害主体であるとする説明は，刑法の分野で，従犯である幇助犯であっても正犯であるというに等しく，違和感がある。これを避けるために形式的には幇助犯である者の実質を捉えて正犯であるとする共謀共同正犯概念が判例法で確固たる地位を築いてきた歴史に思いを致すならば，これはまさにクラブキャッツアイ事件最三小判が登場する以前から判例の分野で定着していた「手足論」と共通するものであることを知ることができる*5。そして，共謀共同正犯の場合には共同実行意思と行為支配の2要件が要求されていることをも参考にするならば，規範的に著作権の直接侵害主体と認定するためには，クラブキャッツアイ事件最三小判やその後の下級審の判決が判示しているように，実際の個々の著作権侵害者の行為を管理し，利用し，支配する意思とその実質を備えていることを要するものと解するべきであろう*6。

> *5　本文にいう「手足論」は②*3で指摘した誤解された「手足論」ではなく，実際の物理的行為者である楽団員もこれらの者に行為を指示した経営者もいずれもが演奏権等の侵害者であると構成する論理である。
> *6　前掲東京高判平17・3・3〈2ちゃんねる事件控訴審〉は，著作権侵害が行われていることが極めて明白なときに何らの是正措置をとらなかったのは故意・過失による著作権侵害加担行為であるとして，損害賠償だけでなく差止請求も認めたものである。判旨は明確ではないが，実際の個々の情報投稿者は著作権侵害の直接行為主体であることが明らかな場合において，いわば侵害行為を止めさせることができる地位にある者がこれを放置して継続させているという不作為をもって著作権侵害の直接行為主体といえるとする考え方に基づくものであろう。

その後，クラブキャッツアイ事件さながらの，音楽教室や生徒の居宅でのレッスンで教師や生徒が楽器を弾いたり歌唱したりする行為が，音楽教室運営者の演奏行為として演奏権侵害になるか否かが争われた事件が現れた（知財高判令3・3・18判時2519・73〈音楽教室事件〉）。同判決は，ロクラクⅡ事件上告審を引用したうえで，演奏主体の判断は演奏行為を物理的・自然的に観察するのみでなく，事業実態を踏まえて，その社会的，経済的側面からの観察も含めて総合的に判断すべきであるとしたうえで，教師は音楽教室との雇用契約等により公衆といえる生徒に聞

かせるために演奏しており，その演奏主体は音楽教室事業者であるとしたが，生徒は教師に聞かせるために任意かつ自主的に自ら演奏しているのであって音楽教室事業者が演奏主体であるとはいえないとの判断を示した。教師の演奏についての知財高裁の判断は上告不受理によって確定したが，生徒の演奏については上告され，その結果はクラブキャッツアイ事件での客の歌唱との対比からも注目されていたところ，最高裁は口頭弁論を開いたうえで知財高裁の判断を是認して上告を棄却した（最一小判令 4・10・24 LEX/DB 2557370〈音楽教室事件上告審〉）。

第 5 節　著作物性が否定される場合と不法行為責任の成否

1 総 説

　民法 709 条は「他人の権利又は法律上保護される利益」の侵害行為を不法行為としているから，著作権侵害は不法行為の典型例であるが，著作物性が否定される場合であっても，その侵害が「法律上保護される利益」に対する侵害として不法行為となる場合がある。ただし，著作権法は，保護対象を法律に明記して，これに排他的独占権を付与している。特許法の場合はより明確であるが，排他的独占権といった権利を与える範囲は特許公報によって一般に広く明示され，強力な権利が与えられる一方で，その範囲外の技術の研究開発の自由を確保することで，特許発明とその周辺の技術双方を利用した産業の発展を図ろうとするものである。このような知的財産権保護の基本は著作権法においても異ならないから，著作権として保護される範囲を確定しつつ，その範囲外にある情報を活用した文化的創作活動の自由を確保する必要があることを忘れてはならない*。

　　*　いわゆる物のパブリシティ権（⇒ 論点研究 4 ）を否定した最二小判平 16・

2・13民集58・2・311〈ギャロップレーサー事件〉は，「現行法上，物の名称の使用など，物の無体物としての面の利用に関しては，商標法，著作権法，不正競争防止法等の知的財産権関係の各法律が，一定の範囲の者に対し，一定の要件の下に排他的な使用権を付与し，その権利保護を図っているが，その反面として，その使用権の付与が国民の経済活動や文化的活動の自由を過度に制約することのないようにするため，各法律は，それぞれの知的財産権の発生原因，内容，範囲，消滅原因等を定め，その排他的な使用権の及ぶ範囲，限界を明確にしている」として，各知的財産権法の保護の範囲に属するとはいえないいわゆる物のパブリシティ権に基づく差止めはもちろん不法行為の成立も認められないとした。

🔘 民法における権利侵害と違法性・過失概念の理解やその変遷の歴史は著作権法の基本書としての本書の性格上，詳論することはできない（たとえば窪田充見『不法行為法（第 2 版）』〔2018 年・有斐閣〕85 頁以下参照）。しかし，いずれにせよ，各知的財産権法の保護が否定される場合にその侵害が不法行為となるか否かは，上記＊のギャロップレーサー事件最二小判の判旨を常に念頭に置きつつ，侵害されたと主張する利益が，知的財産権として保護されるべき利益と同質のものにとどまるのか，あるいはこれとは異質のたとえば営業上の利益とか人格的な利益かといった利益の性質の見極めやその保護の必要性と，さらにはそれに向けられた行為の悪質性などといった個別的な事情をも考慮したうえで判断されることになるだろう。

② 従来の判例の動向

🔘 創作性が欠如しているとして著作物性が否定される場合，たとえば事実を羅列したにすぎない情報であるならば，このような情報はいわゆるパブリックドメインとして誰もが自由に利用できる情報であって，その利用が不法行為になるのは，それが競業者による営業利益の侵奪といえるなどといった特別な場合に限られることになろう。このことを指摘したものとして東京地判平 16・3・24 判時 1857・108〈YOL 事件一審〉がある。同判決はインターネットのウェブページに掲載されたニュ

ース記事見出しは，著作権法10条2項の「事実の伝達にすぎない雑報及び時事の報道」に該当して言語の著作物として保護されず，第三者がこれを利用することは自由である以上，不正に自らの利益を図る目的により，あるいは相手方に損害を与えることを目的としていたというような特段の事情がない限り，その利用が一般不法行為となることはないと判示している。

　　一方で，著作権法による保護が否定される場合にその侵害を不法行為を認めたものも数は少ないながら存在していた。代表的なものとして東京高判平3・12・17知的裁集23・3・808〈木目化粧紙事件〉は，天然木の木目のパターンを組み合わせた化粧紙の図案の著作物性は否定したが，このような物品を製造販売して営業活動をしている場合に，これをそっくりそのまま模倣したもの（いわゆるデッドコピー）を競合する販売地域で廉価で販売した行為は，公正かつ自由な競争原理によって成り立つ取引社会において，著しく不公正な手段を用いて他人の法的保護に値する営業活動上の利益を侵害するものとして不法行為になるとした。本判決で保護すべき対象とされた利益は，著作権法による保護対象とは異質のものであり，販売開始から3年間は競業者の模倣品の販売を禁止して市場で先行して製品を販売することができる利益と位置付けられ，1993（平5）年改正不正競争防止法2条1項3号として結実している*1。また，第6章第1節で指摘した最一小判平17・7・14民集59・6・1569〈船橋市西図書館事件〉は，公共図書館の職員がある蔵書の記述内容に対する反感からこれを廃棄したことが，著作権法で著作者人格権として認められている名誉等の利益とは異なる利益，すなわち，閲覧に供されていた蔵書の著作者が公立図書館において著作物によって思想，意見等を公衆に伝達する人格的利益を侵害するものとして国家賠償法上違法になるとしている。

　　＊1　なお，タイプフェイスについて知的財産法上の保護が認められない場合に不法行為として損害賠償を請求できる余地があることを指摘した判例として，論点研究 **1** 記載の大阪地判平元・3・8無体裁集21・1・93〈写植機用文字書体事件〉や，大阪地判平9・6・24判タ956・267〈ゴナ書体事件一審〉などがあるが，いずれも対象となった書体をデッドコピーではないことなどを理由に不法行為の成立を否定している。

⏵ 東京地中間判平13・5・25判時1774・132〈翼システム事件〉は，自動車検査証に記載する必要のある項目と自動車の車種を網羅して作成されたデータベースの創作性は否定したが，費用や労力をかけてデータベースを作成して，これを製造販売することで営業活動している場合に，これをそのまま複製して競合する販売地域で販売する行為は，公正かつ自由な競争行為を逸脱するものであって不法行為になるとした。データベースにおいて，素材の選択と体系的な構成に求められる創作性のレベルは通常の著作物同様に低くてもよいことは前述（⇒第1章第5節⑤データベース）のとおりである。本判決は，事案としても創作性が認められるか否かの限界事例であったうえ，データベースの保護が著作権法だけで十分なのか，他の特別立法が必要であるかについて論じられているとの時代背景のもとで，競業者である相手方の悪質な行為による営業上の利益の侵害を不法行為としたものということができる。

⏵ その後，知財高判平17・10・6 LEX/DB 28102000〈YOL事件控訴審〉以来，知財高判平18・3・15 LEX/DB 28110817〈通勤大学法律コース事件控訴審〉，知財高判平20・12・24民集65・9・3363所収〈北朝鮮映画事件控訴審〉と連続して，著作物としての保護を否定する[*2]一方で，これを利用する行為が，公正かつ自由な競争行為を逸脱するものであるか否かといった著作権法の保護法益とは異なる利益の侵害であるか否かを指摘することなく，社会的に許容される限度を超えたものであるとして，不法行為の成立を認める判決が出現し，従来の判例の流れを変更するものなのかと一時注目された。

＊2　YOL事件控訴審は前述の一審判断と異なり，当該情報は著作権法10条2項の事実の伝達にすぎない雑報や時事の報道ではないが，創作性を欠くとして著作物性を否定した。通勤大学法律コース事件控訴審は，侵害されたと主張する記述はありふれたものであることなどを理由に，すべて創作性がないとして著作物性を否定した。北朝鮮映画事件控訴審は，北朝鮮はベルヌ条約加盟国ではあるが日本は国家として承認していないから，北朝鮮で製作された映画についてわが国はその著作物を保護すべき義務を負担しないとした。

③ 最一小判平 23・12・8 民集 65・9・3275（北朝鮮映画事件上告審）

🔵 最一小判平 23・12・8 民集 65・9・3275〈北朝鮮映画事件上告審〉
は、「同条〔著作 6 条〕各号所定の著作物に該当しない著作物の利用
行為は、同法が規律の対象とする著作物の利用による利益とは異なる法
的に保護された利益を侵害するなどの特段の事情がない限り、不法行為
を構成するものではない」と明確な判断を示して、原判決の該当部分を
破棄して、原告の請求を棄却した。本件事案は、北朝鮮の国家の現状等
を紹介する 6 分間のテレビニュース番組において、2 時間を超える（北
朝鮮で製作された）映画のうちの合計 2 分 8 秒間分を、原告の了解なくし
て日本のテレビ局が放送した事案であり、このような事実のみをもって
するならば、著作物の利用による利益とは異なる、たとえば営業上の利
益の侵害などを認めるには足りないとしたものであり、このような事情
の有無を参酌することなく不法行為の成立を認めた前述の知財高裁の判
断傾向を是正した。

第 6 節　刑事罰

　著作権侵害に対する刑事罰はすべて故意を罰するものであって、過失
犯に対する罰則規定はない。また、以下で非親告罪であると特に記述し
た罪のほかは、基本的に親告罪*1である。なお、日本国民が外国で著作
権法の罰則規定に該当する行為を行った場合は、日本に帰って来たとき
に処罰される（刑施 27 条 1 号、刑 3 条）*2。以下では刑事罰の内容をごく
簡単に紹介しておく。

　　*1　犯罪の被害者が告訴することによって初めて公訴が提起できるとされる犯
　　　　罪が親告罪である。告訴は犯人を知ったときから 6 か月を経過したときはす
　　　　ることができない（刑訴 235 条）。告訴がない段階では、将来起訴する可能

性がないのであるから，強制捜査は行われないのが原則である。なお，特許
権侵害罪は公益を害する度合いが高いものとして，いずれも非親告罪となっ
ている。なお，2017（平 29）年著作権法改正により，有償で販売されてい
る著作物を原作のまま複製して譲渡したり公衆送信したりするいわゆる海賊
行為に関しては非親告罪と改正された（著作 123 条 2 項，3 項）。
* 2　刑法施行法 27 条は，刑法 3 条に規定された刑法上の犯罪（現住建造物放
火等）以外の国外犯を処罰する特別法に規定した罪として，著作権法に掲げ
た罪のほか，移民保護法に掲げた罪のみを規定しており，特許法等他の工業
所有権法（産業財産権法）に掲げた罪は該当しない。

1　著作権等侵害罪（119 条関係）

　著作権（出版権と著作隣接権）侵害罪は 10 年以下の懲役もしくは 1000
万円以下の罰金またはこれらの併科に処せられる（著作 119 条 1 項）。

　著作者人格権・実演家人格権侵害をした者や（著作 119 条 2 項 1 号）や
侵害物の輸入や知情頒布等（著作 113 条 1 項）や違法作成プログラムの知
情による業務上使用行為（同 5 項）をして侵害者とみなされる者は，5 年
以下の懲役もしくは 500 万円以下の罰金またはこれらの併科に処せられ
る（119 条 2 項 3 号，6 号）。

　公衆の使用に供されている自動複製機器（文書複製を除く）を営利を目
的として権利侵害となる複製に使用させた者は，5 年以下の懲役もしく
は 500 万円以下の罰金またはこれらの併科に処せられる（119 条 2 項 2 号）。

　公衆を侵害著作物等に殊更に誘導しまたは主として公衆による侵害著
作物等の利用のために用いられるリーチサイトまたはリーチアプリ（著
作 113 条 2 項 1 号，2 号）を公衆に提示提供した者は，5 年以下の懲役もし
くは 500 万円以下の罰金またはこれらの併科に処せられる（119 条 2 項 4
号，5 号）。

　著作権等を侵害する自動公衆送信を受信して行う録音・録画は，たと
え私的使用目的であっても，その事実を知りながら行う場合には，それ
が録音録画有償著作物等である場合には 2 年以下の懲役もしくは 200 万
円以下の罰金またはこれらの併科に処せられ（119 条 3 項 1 号），録音・録
画以外のダウンロードであってもこれを「継続的に又は反復して行っ
た」場合には同様の刑に処せられる（同 2 号）。

リーチサイトまたはリーチアプリにおけるリンク情報の提供（著作113条2項），技術的保護手段等を回避する指令符号の譲渡等（同7項）を行った者，権利管理情報の故意改変等（同8項）を営利として行った者および国外頒布目的商業用レコードの輸入等（同10項）営利として行った者は，3年以下の懲役もしくは300万円以下の罰金またはこれらの併科に処せられる（120条の2第3号，4号，5号，6号）。

2　著作者・実演家が存しなくなった後における著作者・実演家の人格的利益の侵害罪（120条）

500万円以下の罰金のみであって，自由刑（懲役刑）は規定されていない。なお，著作者人格権侵害罪は親告罪であるが，本条による罪は親告罪ではなく，遺族の意向にかかわりなく捜査機関が犯罪捜査をして訴追できることになっている点に注意しておくべきである。

3　技術的保護手段・技術的利用制限手段の回避装置等の譲渡罪等（120条の2）

著作権法2条1項20号に規定する技術的保護手段の回避を専らの機能とする装置やプログラムを公衆に譲渡したり，譲渡等の目的で製造したりした者や，業として公衆からの求めに応じて技術的保護手段の回避を行った者（以上の者に対する罪は非親告罪である）などは，3年以下の懲役もしくは300万円以下の罰金またはこれらの併科に処せられる。また，2018（平30）年12月発効の環太平洋パートナーシップ協定（TPP協定）の締結に伴う2017（平29）年著作権法改正により，技術的保護手段の場合と同様に技術的利用制限手段（著作2条1項21号⇒第3章第2節⑤技術的利用制限手段の回避行為）の回避装置等についての刑事罰が新設された。

4　著作者名詐称複製物頒布罪（121条：非親告罪）および商業用レコード原盤無断複製等罪（121条の2）など

1年以下の懲役もしくは100万円以下の罰金またはこれらの併科に処せられる。出所不明示罪（著作122条：非親告罪）は50万円以下の罰金に処せられる。

5 秘密保持命令違反罪 (122条の2)

　著作権法114条の6に規定する裁判所の秘密保持命令に違反した者は5年以下の懲役または500万円以下の罰金またはこれらの併科に処せられる。

6 両罰規定 (124条)

　法人の代表者やその他の従業者が法人の業務に関して違反行為を行った場合には，行為者のほかに，法人にも罰金刑を科するとする規定であり，両罰規定と呼ばれる。たとえば，著作権法119条1項に規定する著作権侵害罪の場合は行為者に対する法定刑は10年以下の懲役または1000万円以下の罰金またはこれらの併科であるが，法人の場合の罰金は3億円以下とされており，罰金の上限が30倍となっている。

論点研究 4　パブリシティ権

1 総 説*1

> *1　最一小判平24・2・2民集66・2・89〈ピンク・レディー de ダイエット事件上告審〉は，パブリシティ権を，人の氏名，肖像等の有する顧客吸引力を排他的に利用する人格権に由来する権利，と明確に定義し，少なくとも判例上はパブリシティ権の法的性質等についての議論は収束した。しかし，同判決に至るまでのわが国のパブリシティ権をめぐる学説や判例の動向を踏まえておくことは重要である。そこで以下ではこの点について説明を加え，その後にピンク・レディー de ダイエット事件最一小判の位置付けや射程，その後の動向について検討を加えることとする。

　▶ パブリシティ権は，判例法によって形成されてきたものであって，著作権法等の知的財産法はもちろん他の法律でも規定された権利ではないため，定義すること自体が難しいが，一応，本書では「人がその氏名や肖像等の自己の属性表示を他者が商業的に利用することを禁じ，また他者によるその利用を認めることができることを内容とする権利もしくは法律上保護される利益」と定義しておく。人の名前や肖像等は，知的

創作物ではないから，著作権法や特許法等の創作（保護）法の保護対象
ではない。商標法や不正競争防止法といった標識法の保護要件を具備し
た場合にはそれらの法によって保護されることがあるが，パブリシティ
権は標識法としての保護要件の存否とかかわらずに保護の可否を論ずる
ものであるから*2，知的財産として扱うべきものであるか否かを含め
て検討する必要がある。

> *2　ただし，パブリシティ権の根拠を不競法 2 条 1 項 1 号（商品等出所
> 混同惹起行為）に求める説（井上由里子「パブリシティの権利と標識
> 法体系」日本工業所有権法学会年報 25 号 37 頁〔2001 年〕）や，著作
> 隣接権に隣接する権利とする説（阿部浩二『新版注釈民法(18)』〔1991
> 年・有斐閣〕578 頁以下）もある。

●　人の氏名は人が個人として尊重される基礎であり，その個人の人
格の象徴であって，人格権の内容を構成するものである（最三小判昭
63・2・16 民集 42・2・27〈NHK 日本語読み事件〉）。人は氏名を他人に勝手
に利用されない権利・利益を有しているし，人の肖像も，個人の属性そ
のものであって，人格権の内容を構成するから，人は自分の容貌や姿態
を勝手に撮影されたり，肖像を他人に勝手に利用されない権利・利益を
有している。これらの氏名や肖像を勝手に利用したり公開することが，
個人の知られたくない私生活上の情報を暴露するいわゆるプライバシー
侵害として違法となることがあったり，名誉または声望を害する方法で
氏名や肖像を利用することが個人の人格権を侵害するものとして違法と
なるのは明らかである*3。パブリシティ権はこのようなプライバシー
侵害行為や名誉声望の毀損行為といった人格権侵害の場面とは異なり，
むしろ自分の氏名や肖像等を商業的に積極的に広く利用している俳優や
歌手などの著名人の場合に，氏名や肖像等を無許諾で商業的に利用する
行為がされた場合を問題とするものである。とはいえ，俳優や歌手など
の著名人の場合に，その著名人の氏名や肖像を主体として広告に利用し
たり，商品に付したり，肖像自体を商品化したような場合には，著名人
が有する顧客吸引力が商品の売上げの増進に寄与することは明らかであ
って（知財高判平 21・8・27 判時 2060・137〈ピンク・レディー de ダイエッ
ト事件控訴審〉参照），勝手にこのような行為をすることが少なくとも法
律上保護される利益の侵害として不法行為となることは疑いがなく，現
時点でその成否を論じる意味はないといってよい*4。問題なのは，①
侵害されたとする権利・利益の法的性質，②氏名や肖像等の商業的利

用とされる行為の範囲とその場合の侵害判断基準，などである*5。以下では，これらの点について権利侵害の要件として説明する*6。

* 3　後述のように著名人の氏名や肖像を含んだ雑誌記事などについても，氏名や肖像の商業的利用の場合に含まれるとしてパブリシティ権侵害の成否が問題になる事案もあり，その場合には，名誉毀損やプライバシー侵害と，名誉声望等の毀損とはかかわりのないパブリシティ権侵害とが併せて審理されることになるが，両者は法的構成を別にするものとして区分して判断されるべきものである（東京地判平 12・2・29 判時 1715・76〈中田英寿事件一審〉参照）。ただし，実際には両者の判断の分離が困難な場合もある（東京高判平 18・4・26 判時 1954・47〈ブブカスペシャル 7 事件控訴審〉参照）。この点は後に検討する。

* 4　パブリシティ権という名称は用いていないが，わが国でパブリシティ権侵害を認めて損害賠償を命じた著名な判例が，東京地判昭 51・6・29 判時 817・23〈マーク・レスター事件〉であるが，この事案は人気子役マーク・レスターの了解なく映画のワンシーンをテレビコマーシャルに用いて「マーク・レスターも大好きです」というナレーションを挿入したという現代では考えられない事案であって，法的構成の点はともかくとして，請求認容しかありえない事案といえる（なお，映画俳優等の実演家は著作隣接権として録音・録画権は有しているが，広い意味での複製権は有していない〔著作 91 条〕から，映画のワンシーンの利用に対して著作隣接権としての保護を求めることはできない）。また，東京高判平 3・9・26 判時 1400・3〈おニャン子クラブ事件控訴審〉は，当時の人気グループ「おニャン子クラブ」のメンバーの芸能人らの氏名・肖像を用いたカレンダーを無断で販売したという事案である。財産権的構成を積極的に採用しながら差止請求まで認容した点では後述のとおり問題があるが，少なくとも損害賠償請求が認容されるべきなのは余りにも明らかな事案といえる。

* 5　本章第 5 節①で説明した最二小判平 16・2・13〈ギャロップレーサー事件〉以前においては，人の氏名や肖像等だけでなく，競走馬や犬などといった物の名称や形状等もパブリシティ権としての保護を認める下級審判決や学説もあったが，同判決はこれを完全に否定した。その判旨は極めて妥当であって，以後は物のパブリシティを論じる実益はなくなった。したがって，本書でもパブリシティ権の主体は人の氏名や肖像等のその属性表示に限定して説明することにする。

* 6　パブリシティ権については，内藤篤＝田代貞之『パブリシティ権概説〔第 2 版〕』（2005 年・木鐸社）という 450 頁を超える単行本をはじめ，大いに論じられており，一方で著作権法の基本書としてパブリ

シティ権について一切触れていないものもあることから，本書ではご
く簡単な説明にとどめることにする。

2 パブリシティ権侵害の要件

(1) 法的性質

🔘 もともとパブリシティ権はプライバシー権から派生して生成して
きた権利であって，俳優や歌手などといった著名人の氏名や肖像等の属
性表示を商業的に利用することで売上げ促進に果たす力（顧客吸引力）
から生ずるものであるから，財産的価値を基盤とする権利であることは，
その出自からも明らかである。そこで，パブリシティ権の法的性質とし
て財産権説と人格権説の両説が対立することになる。しかし，その名称
や形状が顧客吸引力を有しているからといって，それが生み出す利益が
それだけで法的に保護されることにならないことは，いわゆる物のパブ
リシティ権を否定した前掲最二小判平 16・2・13〈ギャロップレーサー
事件〉を引用するまでもなく明らかである。パブリシティ権の主体を，
人であることに着目せず，単なる「顧客吸引力を有する主体」と把握す
るのが財産権説であるならば[7]，物のパブリシティ権が否定されるの
と同様の理由によって人の氏名や肖像等のパブリシティ権も否定される
ことになる。

> ＊7　財産権説の代表のようにして引用されることの多い前掲東京高判平
> 　　　3・9・26〈おニャン子クラブ事件控訴審〉も，人の氏名や肖像等の属
> 　　　性表示を対象とするものであるから，これが財産権説に立つものであ
> 　　　るとの理由のみから，物のパブリシティ権を認める根拠とするのは妥
> 　　　当ではない。

🔘 しかし，人の氏名や肖像等の属性表示は人の尊厳の源として保護
されるべきものであって，物の名称や形状と同一に論ずることはできな
い。人の氏名や肖像等の属性表示が有する財産的な価値も，人の尊厳を
源とする自己決定権の一つとして，その人がどのように利用し，また利
用させないかを決定できるというべきであるから，パブリシティ権は人
の人格，すなわち人の尊厳および自律（personal dignity and autonomy）
に根拠をおく権利と理解すべきである[8]。

> ＊8　設樂隆一「パブリシティの権利」新・裁判実務大系 546 頁，田村善
> 　　　之『不正競争法概説〔第 2 版〕』507 頁（2003 年・有斐閣）など参照。
> 　　　前掲最二小判平 16・2・13〈ギャロップレーサー事件〉以降，パブリ

シティ権を人格権に由来する経済的利益・価値を排他的に支配する権利と構成する判例が主流となっているといえる。たとえば，東京地判平17・6・14判時1917・135〈矢沢永吉パチンコ事件〉，前掲知財高判平21・8・27〈ピンク・レディーde ダイエット事件控訴審〉など。ただし，学説上はどちらが優勢とはいい難い状況にある。財産権説に立つものとして，たとえば小川憲久「パブリシティの権利」椙山敬士ほか編『ビジネス法務大系Ⅰ ライセンス契約』（2007年・日本評論社）237頁参照。

🔘 不法行為を理由として侵害行為の差止めを請求することはできないが，パブリシティ権を人格権に由来するものと構成する場合には，これを毀損する行為は，物権以上の法的保護客体である人格を毀損するものであるとして，物権的請求権としての差止請求が可能となる。また，たとえパブリシティ権について人格権説を採用したとしても，あくまでパブリシティ権は人の氏名や肖像等の属性表示の経済的利益・価値を排他的に支配する権利であるから，その侵害によって生ずる損害は財産以外の損害に対する慰謝料等（民710条）に限られるものではない。氏名や肖像等を利用させることによって対価を得ることもできるのであるから，その無断利用に対して少なくとも使用料相当額の損害賠償を請求できると解しても何ら問題はない*9。その他，パブリシティ権について人格権的構成をする場合には，主体を著名人に限定する必然性はない。ただし，一般人の場合には，氏名や肖像等が顧客吸引力を有しているとして，これを利用したり利用させたりする可能性が少ないし，著名人とは異なりあらゆる人格にかかわる事項をマスメディア等によって紹介や批判されることを甘受すべきであるとはいえないから，後述のようにパブリシティ権侵害の判断基準において著名人の場合と異なる扱いが必要になる。

  *9 たとえば人の労働力などといった人の尊厳にかかわる対象であっても，人身事故をめぐる損害賠償などではその経済的利益・価値を算定している。あるいは髪の毛などといった人体の一部であっても，自己決定権によって対価を得て売買することも可能である。なお，後掲のピンク・レディーde ダイエット事件上告審の判示するところではないが，担当調査官解説（中島基至「最判解民事篇平成24年度上」55頁〔2015年〕）は，パブリシティ権の侵害による損害は経済的なものであるとしたうえで，同書61頁ではパブリシティ権の利用許諾契約の締結も可との立場を述べている。

⑵ 侵害行為の範囲と侵害判断基準

🔵 俳優や歌手などの著名人の氏名や肖像を主体として広告に利用したり，商品に付したり，肖像自体を無断で商品化したような場合が，パブリシティ権の侵害となることは明らかであることは前述した。これは，このような行為が著名人の氏名や肖像等が有する顧客吸引力そのものを直截に利用する行為であるからである*10。しかし，著名人の氏名や肖像等が有する顧客吸引力を商業的に利用する行為はこれに限らない。たとえば，著名人の氏名や肖像を用いた雑誌記事や写真集なども，対象となる著名人が注目される人物だからこそ，その氏名や肖像を利用しているといえるのであって，ある意味では著名人の顧客吸引力を利用しているといえるからである。

> *10　東京地判平 17・8・31 判タ 1208・247〈@BUBUKA 事件〉は，著名人の氏名や肖像等を利用した情報発信が違法となる場合を，名誉毀損，侮辱やプライバシー侵害等の不法行為となる場合のほかは，著名人のキャラクターを商品化したり広告に用いるなどした場合に限られると判示しており，パブリシティ権侵害の場合を限定的に捉えている例といえる。

🔵 前述のような著名人の氏名や肖像等が有する顧客吸引力そのものの直截的利用行為ではない行為がパブリシティ権侵害になるか否かが問われた事案として，東京高判平 11・2・24 LEX/DB 25462869〈キング・クリムゾン事件控訴審〉がある。これは，英国のロックグループ「キング・クリムゾン」の肖像写真やレコードのジャケットの写真が多数掲載された「キング・クリムゾン」という題号の書籍が対象となった事案である。判決は，著名人の全人格的事項がマスメディアによる紹介，批判，論評の対象となることは免れないし，マスメディアには言論，出版，報道の自由が保障されていることを指摘したうえで，パブリシティ権侵害の成否は，他人の氏名，肖像等を使用する行為が，「『専ら』著名人の顧客吸引力に着目しその経済的利益ないし価値を利用するものである」か否かによって決するべきであり，単に著名人の顧客吸引力を承知のうえで紹介等したというだけでは足りないと判示し，原告の請求を一部認容した一審判決を取り消して，請求をすべて棄却した。この基準は「専ら基準」として以後の判例の中で何度も使用され，ある程度は定着したといってもいい状況にあった（上野達弘「パブリシティ権をめぐる課題と展望」高林編『知的財産法制の再構築』〔2008 年・日本評論社〕294 頁参照）。

前述のような著名人の氏名や肖像等が有する顧客吸引力そのもの
の直截的利用行為が「専ら」基準に適合することは明らかであるが，著
名人の氏名や肖像等が有する顧客吸引力を「専ら」利用するものではな
いという場合はどのような場合なのかが取り上げられたのが，前掲の知
財高判平21・8・27〈ピンク・レディー de ダイエット事件控訴審〉で
ある。この事案では，パブリシティ権侵害の判断基準として，侵害を主
張する原告は，著名人の肖像等が出版物の販売促進のために商業的に利
用されたことをもって足りると主張し，被告は「専ら基準」に拠るべき
であると主張した。裁判所は，商業的利用であるというだけで侵害を認
めるのでは，出版における正当な報道，評論，社会的事象の紹介のため
の著名人の氏名・肖像の利用も許されない結果となるから妥当でないと
した一方で，「専ら基準」も顧客吸引力の利用以外の目的がわずかでも
あれば，「専ら」に当たらないとしてパブリシティ権の侵害とされるこ
とがないという意味であるとすると一面的にすぎるとして，「専ら基準」
も妥当でないとした。そのうえで，「その氏名・肖像を使用する目的，
方法，態様，肖像写真についてはその入手方法，著名人の属性，その著
名性の程度，当該著名人の自らの氏名・肖像に対する使用・管理の態様
等を総合的に観察して判断されるべきもの」であると判示した。この基
準はいわば「総合考慮基準」ともいうべきものであり，本判決前の前掲
東京地判平17・6・14〈矢沢永吉パチンコ事件〉も同様の判断基準を示
していた。

　　　法の解釈は，いずれの場面においても利益間の調整を念頭に置い
て行われるものであり，人の氏名や肖像等の属性表示の有する経済的利
益・価値を排他的に支配する権利と，表現の自由の保障やその社会的に
著名な存在になるに至る過程で許容されることが予定されていた負担と
の間の利益を衡量して総合的に判断すべきは当然であるから，「総合考
慮基準」はいわば当然の判断基準であるとはいえるが，「専ら基準」以
上に解釈の指針としては曖昧というほかはない。そこで，以下ではより
明確な判断基準の検討を試みる。

　　　権利の保護と利用間のバランスを図ることが解釈を通じた根本理
念である著作権法の基本書を記述し，書き終えた者として，パブリシティ
権侵害の判断基準についての諸説を検討していると，これが著作権の保
護と利用間のバランスを図る基準を提示している，著作権制限規定であ

る引用に関する著作権法 32 条の解釈と通じるところがあるように思う。著作物は創作されるだけで保護される財産物であり，その創作性のある部分を主として引用して利用することは許されないが，従として引用して利用するのであれば，報道，批評，研究その他の引用の目的上正当な範囲内であり，かつ公正な慣行に合致するものである限りにおいて許される。人の人格の淵源たるべき氏名や肖像等といった属性表示の経済的利益・価値が利用される場面においても，その経済的利益・価値を主体として直截に利用することは許されないが，これを従として利用するのであれば，少なくとも報道，批評，研究その他の利用の目的上正当な範囲内であり，公正な慣行に合致するものである限り許されるだろう。それ以上に，俳優や歌手といった著名人である場合であれば，自らが著名性を獲得するに至る過程においてマスメディア等による紹介等が大きくあずかって力となっていることは否定できないから，著作物の引用の場面以上に，たとえば面白半分だったり興味本位の紹介であったとしても，それが名誉声望の毀損やプライバシー侵害といった著名人の人格権を侵害するものでない限り，許容されることになるというべきであろう*11。

> *11　この場合，著名人とはいえ，芸能人の場合とスポーツ選手の場合など，著名性を獲得するに至った歴史的背景によって，許容すべきとされる紹介記事等のレベルに差異が生ずるし，名誉毀損やプライバシー権といった人格権侵害の成否の判断にも差異が生ずることなる。

　以上をまとめると，まず，俳優や歌手などの著名人の氏名や肖像を主体として広告に利用したり，商品に付したり，肖像自体を商品化するような，著名人の氏名や肖像等が有する顧客吸引力そのものの直截的利用行為はパブリシティ権侵害になる。一方，それ以外で著名人の氏名や肖像等を利用する行為は，著名人が著名性を獲得するに至った歴史的背景によって差異はあるものの，それが名誉声望の毀損やプライバシー侵害といった著名人の人格権を侵害するものでない限り，パブリシティ権侵害になる場面は，極めて限られることになるといってよい。

3　最一小判平 24・2・2 民集 66・2・89〈ピンク・レディー de ダイエット事件上告審〉

　ピンク・レディー de ダイエット事件最一小判は，パブリシティ権を人の氏名，肖像等が有する顧客吸引力を排他的に利用する権利であり，その法的性質は人格権に由来するものであるとの明確な判断を示し，

パブリシティ権侵害として不法行為上違法となる場合を，①氏名，肖像等それ自体を独立して鑑賞の対象となる商品等として使用し，②商品等の差別化を図る目的で氏名，肖像等を商品等に付し，③氏名，肖像等を商品等の広告として利用するなど*12，専ら氏名，肖像等の有する顧客吸引力の利用を目的とするといえる場合と判示した。原審判決が「専ら基準」の不明確性を指摘していたこともあり，「専ら基準」に該当する3つの具体的な場面を示しているが，このいずれにも該当しないがパブリシティ権侵害が成立する場合は想定し難い。また3つの場合いずれにおいても，顧客吸引力の客観的な利用形態のみが検討対象となっており，総合考慮説では考慮対象とされることのあった肖像写真の入手経路とか，その利用が個人に与える影響などといった行為の悪質性とか保護を求める者の事情等は考慮の対象とされていないことが特徴的であり，本判例の立場は，従来の下級審の判決の中ではもっとも不法行為の成立する場合を制限していた前掲東京地判平17・8・31〈@BUBUKA事件〉の立場に近く，また本書の立場にも近いものと評価される。

　　*12　①としてはブロマイド，ポスターやステッカーなどとしての利用が，②としてはTシャツやマグカップとかキーホルダーなどとしての利用が，③としては肖像の商品の宣伝としての利用などが典型例として想定される。

🌑 ピンク・レディー de ダイエット事件最一小判の法廷意見は，不法行為の成立する前記①の場合の商品に，冊子の一部を構成するグラビア写真などが包含されるかについては触れていないが，金築誠志裁判官は補足意見で，グラビア写真としての利用であっても，肖像それ自体を独立して鑑賞の対象となる商品等として使用する場合には①に含まれると述べている。本書の立場であっても，グラビア写真を利用した報道や批評の自由は十分に尊重されるべきとはいえ，グラビア写真以外の部分は写真の解説などとして独立した存在と認められないただの添え物にすぎないような場合には*13，肖像写真の顧客吸引力を独立して利用するものとして，①に含まれると評価することができるだろう。東京地判平25・4・26判時2195・45〈嵐・KAT-TUNグラビア事件〉は，グラビア写真以外の説明文などは添え物にすぎないとして，パブリシティ権侵害を認めて出版差止めと損害賠償請求を認容し，同日の東京地判平25・4・26判タ1416・276〈ENJOY MAX事件〉も同様の理由により損害賠償請求を認容しており，最高裁判例後の初の判断として注目され

る。

＊13　著作物の引用に関する事例である前掲東京高判昭60・10・17無体
　　裁集17・3・462〈藤田嗣治美術全集事件〉は，美術評論中に絵画を
　　引用した例において，絵画が主であり評論は従であるから著作権法
　　32条が規定する適法引用のための要件を充足しないと判断している。
　　この事案での評論は単なる絵画の添え物ということはできないであろ
　　うが，絵画を引用しないでする評論も可能であることから，評論の自
　　由よりも創作物としての著作物の保護を優先させたものといえる。本
　　書の立場では，顧客吸引力を有するが故に保護されるにすぎない肖像
　　等の場合には，創作物に対する保護の場合より一層，批評等の表現の
　　自由が優先されるべきことになる。

⬤ ピンク・レディー de ダイエット事件最一小判がパブリシティ権
を人格権に由来する顧客吸引力を排他的に利用する権利と位置付けたた
め，一身専属的な権利であり譲渡や相続はできないとするほかないであ
ろうが，一身専属性が法定されている著作者人格権でさえ死亡後におい
ても人格権侵害となるような行為をしてはならないとされている（著作
60条）ことからも，死亡後の氏名や肖像の利用はすべて自由となるとす
るのは常識的ではない。一方で，人格権に由来するとはいえ保護利益は
顧客吸引力という経済的なものであるから，これを他者に利用許諾する
ことは可能であると考えられる（中島・2⑴法的性質＊9前掲担当調査官解
説のほか，大阪高判平29・11・16判時2409・99〈フィットネストレーナーパ
ブリシティ権事件〉）ことなど，パブリシティ権の経済的利用に際して生
ずる問題は山積みであり，不正競争防止法による保護の可能性など，引
き続いての検討が必須である。

第9章

著作権をめぐる条約

《この章の課題》

　著作権法はわが国の著作権法と条約に齟齬がある場合，条約の規定が優先されると掲げている（著作5条）。これは，知的財産保護の特色，国際協調の重要性を表したものといえる。知的財産権を利用・実施した商品は，国内にとどまらず，世界的に流通する場合が多々あるからである。そこで，世界各国は国際条約に加入することにより，権利を互いに保護し合っている。

　本章では，著作権をめぐる8つの国際条約を学習する。規定内容はそれぞれ異なるが，すべて，著作権と著作隣接権についての国際的な共通ルール確立を目指している。

　このうち，ベルヌ条約と万国著作権条約は著作権，実演家等保護条約とレコード保護条約は著作隣接権の保護を定めている。WIPO著作権条約とWIPO実演・レコード条約はデジタル化やネットワーク化の進展に対応するため，策定された条約であり，TRIPs協定は知的財産権全般について，最低限の保護基準を定めたものである。

① ベルヌ条約 (文学的および美術的著作物の保護に関するベルヌ条約)

▶ ベルヌ条約は 1886 年 9 月 9 日にスイス，フランス，ドイツ，イギリスなど 10 か国によってスイスのベルヌにおいて署名され，リベリアを除く 9 か国によって発効した著作物の保護に関する条約であり，1896 年以来何度か改正されており，2021 (令3) 年 3 月現在加盟国は 179 か国であり，加盟国はベルヌ同盟国と呼ばれている。わが国は 1899 (明 32) 年に加入し，以後の改正条約にもすべて加入している。

▶ ベルヌ条約の主な特徴は以下の 2 点である。なお，複製権に関してこれを制限できる場合を定めた 9 条(2)は，「スリーステップテスト」と呼ばれていることは，第 4 章第 3 節②のフェア・ユースの法理の項で説明した。

① 無方式主義

著作権の享有および行使について，登録，寄託，著作権の表示などの方式は一切不要である (5 条(2))。著作権の享有や行使に何らかの方式を求めている国は，無方式主義に転換しない限り条約に加盟できないとされていたことから，著作権登録や著作権表示を要求していた米国はベルヌ条約に加盟せず，米国連邦著作権法を改正して加盟したのは条約成立から 100 年以上を経過した 1989 年である。

② 内国民待遇 (内外人平等) の原則

ベルヌ条約の加盟国は，外国の著作者も内国人と同じ権利を享有できることとする原則 (内国民待遇の原則) を採用しなければならない (5 条(1))。ただしベルヌ条約でも，限られた条項は相互主義 (外国人に権利を与える際に，その外国人の本国が自国民に同等の権利を与えていることを条件とする主義) を採用している。その一つが保護期間である。保護期間は著作者の生存期間およびその死後 50 年以上であればよいとされるが (7 条(1))，保護が求められる同盟国が著作物の本国において定められた保護期間より長期の保護期間を規定していたとしても，同盟国の法令に別段の定めがない限り，その長期の保護を求めることはできない (7 条(8))。

ただし，ベルヌ条約の改正には全会一致を必要とすることから，加盟国が多数に及ぶに至り，改正すべき課題に対する各国の認識にずれが生ずることもあって，1971 年以来改正されていない。そこで，現在ではベルヌ条約の役割を後述する TRIPs 協定や WIPO 著作権条約等が担っているという側面もある。

②　万国著作権条約

著作権の享有および行使については無方式主義を採用する国のほかに，米国を代表とする方式主義を採用する国が存在していたため，その間を架橋する条約として 1952 年 9 月 6 日にスイスのジュネーブで署名され，1955 年 9 月 16 日に発効したのが万国著作権条約（Universal Copyright Convention）である。2021（令3）年 3 月現在の加入国は 100 か国であり，わが国も 1956（昭31）年に加入している。

万国著作権条約の特色は，著作物のすべての複製物に©の記号，著作権者の氏名または名称，最初の発行年を表示すれば，方式主義の国においても著作権の保護が受けられることである。ベルヌ条約と万国著作権条約の双方に加入している国にあってはベルヌ条約が優先適用される（万国著作権条約 17 条）ところ，方式主義を採用している代表国であった米国が 1989 年にベルヌ条約に加盟し，万国著作権条約に加入している国の多くがベルヌ条約加盟国となった現在においては，万国著作権条約の重要性が薄らいできているといえる。

③　実演家等保護条約（ローマ条約）

実演家等保護条約（ローマ条約）は正式には「実演家，レコード製作者及び放送機関の保護に関する国際条約」である。1961 年 10 月 26 日にイタリアのローマで署名され，1964 年 5 月 18 日に発効した。2021（令3）年 3 月現在の加入国は 96 か国であり，わが国は 1989（平元）年に

加入した。

　　実演家等保護条約は，実演家，レコード製作者および放送事業者の
　　権利を著作権に隣接するものとして認めるものであり，その加入国
は，ベルヌ条約または万国著作権条約の加盟国でなければならないとし
ている（23条，24条）。

4 レコード保護条約

　　レコード保護条約は正式には「許諾を得ないレコードの複製からの
　　レコード製作者の保護に関する条約」である。1971年10月29日
にスイスのジュネーブで署名され，1973年4月18日に発効した。2021
（令3）年3月現在の加入国は80か国であり，わが国は1978（昭53）年
に加入した。

　　レコード保護条約は，実演家等保護条約がレコード製作者ばかりで
　　なく，実演家や放送事業者を著作権に隣接するものとして一括して
保護を図ったために，1964年に発効したにもかかわらず加入国が増え
なかった事情に鑑みて，とりあえずレコード製作者に限り，許諾を得な
いレコードの複製からの保護を図るものとして採択されたものである。

5 TRIPs協定

　　GATT（関税及び貿易に関する一般協定）加盟国の交渉の結果成立した
　　WTO（世界貿易機関）設立協定の，知的財産権に関する付属協定
（Agreement on Trade-Related Aspects of Intellectual Property Rights：知的所有権
の貿易関連の側面に関する協定）である。1994年4月に署名され，1995年1
月1日発効した。2021（令3）年3月現在の加盟国は164か国であり，
わが国は1994（平6）年12月に加盟している。

　　WTO加盟国は各付属協定を一括して受け入れなければならないが，
　　このうちのTRIPs協定は，知的財産権の保護に関して，最低限遵

守すべき条項を定め，これにつき加盟各国に対して国内法令の整備を義務づけるものである。TRIPs 協定加盟国は，まずはベルヌ条約を遵守し（9 条：ただし著作者人格権に関する部分は除かれている），内国民待遇（3 条）を与えなければならない。

　各国の知的財産保護法制にはそれぞれの国の発展レベルに連動する相違があり，世界的に共通化されているわけではないが，TRIPs 協定はそのなかでも一致できる部分を定めて共通化していこうとするものである。特に，コンピュータ・プログラムおよびデータベースの著作権による保護，コンピュータ・プログラム，映画およびレコード製作者の貸与に関する権利の付与，実演家，レコード製作者及び放送事業者の保護に関する規定を置いている。

⑥ WIPO 著作権条約 (WCT)

　世界知的所有権機関（WIPO）において 1996 年 12 月 20 日に採択され，2002 年 3 月 6 日に発効した正式名称「著作権に関する世界知的所有権機関条約」であって，ベルヌ条約 20 条に規定された特別の取極め（special agreement）と位置づけられている（WCT 1 条）。2022（令 4）年 2 月現在加入国は 113 か国であって，わが国は 2000（平 12）年 6 月に加入している。加入国はベルヌ条約の同盟国である必要はないが，加入した以上は，前述の TRIPs 協定とは異なり，著作者人格権も含めたベルヌ条約の規定を遵守することが求められる。

　特に，コンピュータ・プログラムの保護，データの編集物の保護，譲渡権・貸与権，公衆への伝達権，写真の著作物の保護期間を著作者の死後 50 年以上とすること（ベルヌ条約 7 条(4)では 25 年以上とされている），コピープロテクション（技術的保護手段）解除等の禁止，権利管理情報の改変等の禁止などを規定している。

7 WIPO 実演・レコード条約 (WPPT)

🔘 世界知的所有権機関（WIPO）において 1996 年 12 月 20 日に著作権
条約とともに採択され，2002 年 5 月に発効した正式名称「実演及
びレコードに関する世界知的所有権機関条約」である。2022（令4）年 6
月現在加入国は 111 か国であって，わが国は 2002（平14）年 7 月に加入
している。

🔘 特に，実演家人格権（ただし，生の音の実演・レコードに録音された実演に
限定しており，生の視聴覚的実演や視聴覚的固定物は除外されていることに注
意すべきである），実演家の生演奏に係る複製権・放送権・公衆への伝達
権，レコードに係る実演家・レコード製作者の経済的権利，コピープロ
テクション解除等の禁止，権利管理情報の改変等の禁止などを規定して
いる。

8 視聴覚的実演に関する北京条約

🔘 WIPO 実演・レコード条約（WPPT）は前述のように音の実演家に
対する保護を定めたものであったが，本条約は同様の保護を視聴覚
的な実演家（俳優や舞踊家等）にも認めるものである。2012 年 6 月には条
約が採択された。なお，発効は締約国となる資格を有する国のうち 30
の国が批准書または加入書を寄託した 3 か月後とされており，30 か国
目のインドネシアが 2020（令2）年 1 月 28 日に批准したことから，同年
4 月 28 日に発効した。2021（令3）年 8 月の時点の加盟国は 43 か国であ
る。

第5版あとがき

　本書の姉妹本ともいうべき私の「標準特許法」は2002年に初版を出版して以来，3年ごとに改訂を重ねて2020年には第7版を出版した。特許の分野では，法改正や新たな注目すべき判例が頻繁に言い渡されているため，これらの事情に対応するためには3年ごとの改訂は必然であったが，著作権法の分野においても事情は全く同様である。否，一般の人々であっても日々著作物に接し，これを利用していることからも，法改正や新たな重要判例の動向を取り込んで概説書を改訂していくことの必要性は，著作権法においてはさらに高いということができるだろう。そこで，本書も2010年の初版以来，3年ごとに改訂を重ねこの度第5版を刊行することにした。

　本書や「標準特許法」双方の3年ごとの改訂は，学者にとって纏まった研究期間が確保できる貴重な機会である夏休みをフルに使ってきた。2017年に刊行した標準特許法第6版のあとがきで，私は以下のように述べている。

　「今回も改訂作業も一段落した8月末，40年ぶりに山小屋4泊で北アルプスに妻と行った。40年前は，山小屋5泊で槍だ穂高だ大キレットだと目ぼしい山々を縦走し，山のピークを極めることに充実感を抱いた。その日の目的のピークを極め，次の山小屋に到達するために山道を歩いた。その25年ほど後の2002年に発行した本書（標準特許法初版）のあとがきには，知的財産権法を理解して貰うためには，ピークともいえる重要論点だけではなく，ピークとピークとを結ぶ稜線部分をも含めて説明することが重要であることに気付かされたと書いている。ピークを極めるためには稜線部分もあるのだということにやっと気付いたということだろう。今年の山行は雨に祟られた。山のピークでは展望はきかず，風雨が激しく3分と留まることができない。しかし，ピークに達するまでの稜線部分には，雪渓があり，可憐な植物が咲き乱れ，ほんの僅かの間であれ，遠くに山々のピークが眺められる時がある。山はピークに達する稜線があり，その稜線の山行が美しく楽しいからこそピークは輝くのだと心底から思った。これは，まさに，山行を通じて実感した私の40年の間の人生観の変化であり，そして研究や教科書執筆の姿勢の変化でもある。」

今回，改訂後のゲラをチェックする段階で，第5版の帯に書く標語について相談を受けた。その段階で本書を通読して改めて実感したことがある。それは，本書は，著作権法の重要論点を漏らさず掲げて，重要論点に対する自分の考え方を述べることに注力していることは勿論であるが，重要論点と重要論点の周辺にあるいわば稜線ともいえる箇所にも触れて，これから辿り着く重要論点への道筋を示し，全体として著作権法の峰々を楽しく巡るために読んで楽しむ旅行本のようだなとの感覚である。箇条書き的な論点抽出型の概説書ではなく，一文は長くて，索引的な利用には馴染まないのかも知れない。旅行ガイド本でも，マニュアル的なものと，読み物風のものがあるのと同様なのではないかと思うが，これは私が初版のあとがきに書いているように，夏休み期間中に妻の実家である屋久島の自然の中であれこれ思索を楽しみつつ執筆したことにも起因しているのだろうと思う。そこで，今回の改訂版では，改訂のたびに帯の下部に記載していた「著作権法を楽しく旅するためのGPS」との標語を帯のメインに据えることにした。

　思えば1995年以来，私の研究者・教育者としての活動期間は27年となり，裁判官としての勤務年数である17年を優に超えることとなった。そして遂に，本改訂版発行の2022年度には70歳となり早稲田大学を定年退職することになる。その27年の間，毎年のように著作権法と特許法の自分の教科書・概説書の執筆・改訂をするといった夏休みの過ごし方のできる研究者・教育者であれたことを大変にうれしく思っている。

　今回の改訂も，標準特許法と同様に適度な厚さであるとの本書の特色を維持すべく，法改正はもちろん最新判例も取り込みつつ，全体としてわずかな増頁にとどめることに苦心した。その結果，3年ごとの「律儀な改訂」が「重なる信頼」に繋がるよりも，「複雑で難解」になり，ピークに達する道筋がむしろ見え難くなってしまっているのではないかとの一抹の不安もあるが，とにかく今回も9月2日には脱稿し，12月18日に発行する目処が立って安堵しているところである。初版，第2版，第3版そして第4版にひき続き，読者の皆様からご指摘・ご批判を得て，さらに改良した概説書をめざしたい。

　2022年11月

高 林 　 龍

初版あとがき

　1995 年に学者に転じて 15 年の歳月を経た。

　私は，学者に転じた当初から特許法と並んで著作権法の講義も学部で担当して来た。2002 年には『標準 特許法』（有斐閣）を執筆・刊行して，同書を利用して特許法の授業を進めるようになって，教える方も格段に楽になったし，受講する学生にとっても授業内容を理解しやすくなり，予習・復習も便宜になったと思う。その後も相変わらず著作権法の講義も担当し，毎回，学生用にレジュメを作成して配布してはいたが，授業で扱う範囲は，著作権法が扱う広さに比べれば，学生が興味を持ってくれそうで，また自分も教えやすい範囲に留まっていた。著作権法全体を網羅した基本書を執筆できるようなレジュメの作成は遅々として進まなかったが，いずれは著作権法についても教科書を執筆しなければと，強迫されているような気持ちを持ち続けていた。それは，著作権法の概説書は多く出版されているといえるものの，その扱う範囲が前述のように広いこともあって，多くの者を納得させられるような一貫性をもってかつ平易に説明されているといえるものを探すのは難しいし，また他方では，著作権侵害をめぐる紛争や訴訟は多いにもかかわらず，実務的な観点から記述されているといえるものを探すのも難しく，授業やゼミを始めるに当たって，学生にどの概説書を推薦するのかいつも悩んでいたことにも，起因していたのだと思う。

　幸いなことに学者にはまとまった夏休みがある。私の妻の実家は屋久島であり，3 回の夏休みに，自然に囲まれた屋久島でパソコンに向かい，著作権法についてあれこれ思索にふけったうえで執筆することができた。妻の母は，私が幼稚園児の頃から私を可愛がってくれた人であって，3 年前の夏休みには，執筆中の私に色々と気を使ってくれ，むしろ気を使ってくれすぎるくらいであったが，その後に病を得て，2 年前の夏休みには，妻とともに母を介護しながらベッドの横でパソコンに向かった。そして，昨年の夏休みには，妻の母の位牌の納められた仏壇の横でパソコンに向かって執筆した。私にとって本書の執筆は，屋久島のあの部屋でパソコンに向かっていた思い出そのものである。

　本書は，現時点における私の実務家兼研究者兼教育者としての集積を示すもの

である。本書の執筆があまりにも遅々としたものであったために，その間に中山信弘先生の優れた概説書や，島並良先生らによるわかりやすい入門書が同じく有斐閣から出版され，先を越されたとの感が強いが，ここにようやく自分なりに何とか完成することができ，いささかの感慨に浸っている。読者諸兄のご指摘を得て，さらに改良した概説書を目指したい。

　本書の執筆に当たって，有斐閣書籍編集第一部の辻南々子さんには，共同執筆者と呼びたくなるほどにお世話になった。心から感謝している。また，巻末の索引の作成は早稲田大学大学院法学研究科博士課程で助手の志賀典之君にお願いした。読者にとって役に立つ素晴らしい索引を作ってもらった。この場を借りてお礼を申し上げる。

　本書は，父の 11 回目の命日である 2010 年 9 月 2 日に脱稿し，母のやはり 11 回目の命日である 2010 年 12 月 18 日に発行する。私の最も尊敬する父高林克巳と，私を最も愛してくれた母高林敬子に本書を捧げる。そして，私をいつも支えてくれる妻と 3 人の娘とともに本書発行の喜びを分かち合いたいと思う。

　　2010 年 11 月

高 林 　 龍

事 項 索 引

か行

● か

● き

● く

● け

● こ

わ行

判 例 索 引

［国内判例］

［米国判例］

著者紹介　　　高林 龍（たかばやし りゅう）

1952 年生まれ
1976 年 早稲田大学法学部卒業，司法修習生（第 30 期）
1978 年 東京地方裁判所判事補，その後，那覇，東京，松山の各
　　　　地方裁判所判事補
1988 年 松山地方裁判所判事
1990 年 最高裁判所調査官
1995 年 早稲田大学法学部助教授
1996 年〜現在 早稲田大学法学部教授

専攻：知的財産権法

科学技術振興機構の researchmap（https://researchmap.jp/）
にアクセスし，ページの上部にある「研究者をさがす」をクリ
ックしてから「高林龍」と入力して検索することで最近の活動
状況を見ることができるので，研究業績等についてはそちらを
参照されたい。

標準 著作権法〔第 5 版〕

Copyright Law From the Ground Up, 5th ed.

2010 年 12 月 18 日 初　版第 1 刷発行　　　2019 年 12 月 18 日 第 4 版第 1 刷発行
2013 年 12 月 18 日 第 2 版第 1 刷発行　　　2022 年 12 月 18 日 第 5 版第 1 刷発行
2016 年 12 月 18 日 第 3 版第 1 刷発行

著　者　　高林 龍

発行者　　江草貞治

発行所　　株式会社有斐閣

　　　　　〒101-0051 東京都千代田区神田神保町 2-17

　　　　　http://www.yuhikaku.co.jp/

装　丁　　与儀勝美

印　刷　　大日本法令印刷株式会社

製　本　　牧製本印刷株式会社

装丁印刷　株式会社亨有堂印刷所

落丁・乱丁本はお取替えいたします。定価はカバーに表示してあります。
©2022, TAKABAYASHI Ryu
Printed in Japan ISBN 978-4-641-24361-3